法と心理学

藤田政博 編著

法律文化社

はしがき

　本書は，日本ではじめての法と心理学の教科書である。法と心理学とは，法の分野に心理学の方法と知見を適用して，現実的または理論的問題について追究する学問分野である。

　心理学の歴史をさかのぼると，19世紀には法と心理学的テーマについての実験が行われていた。刑事法の分野を見ても，20世紀には，刑事法学者と心理学者が組んで実験を行っていたことがわかる。

　しかし，法と心理学という言葉がよく聞かれるようになったのはそれほど昔のことではない。日本では，「法と心理学会」の第1回大会が龍谷大学深草学舎で開催されたのが2000年のことであるから，10数年である。それだけに，法と心理学が目新しい分野のように感じられるのも無理はない。法と心理学は新しいというより，長く忘れられてきたというほうがあたっているだろう。

　法と心理学が再び学問の表舞台に出てきた理由は，一つには，「法と心理学会」のような研究の場が多くの研究者・実務家の努力によってつくられたことがある。また，記憶の誤りによって冤罪（えんざい）に苦しむ人々がおり，その人々に社会の注目が近年集まってきたという事情もある。法と心理学の研究は，目撃証言や記憶の認知心理学の分野から発展してきたために，冤罪を晴らすのに役立つ場面があった。冤罪が晴れたことが大きく報道されることは，法と心理学にも社会の関心の目が向けられるきっかけになった。加えて，2009年から裁判員制度による刑事裁判が開始されたことが大きい。裁判員制度は司法制度改革審議会の検討段階から社会の注目を浴びた。2004年に裁判員法ができ，2009年に第1回の裁判員裁判が行われ，現在まで社会の注目が絶えることはなかった。そして，裁判員の判断や評議過程，裁判員裁判での有効なコミュニケーション法

などをテーマにした研究が注目された。このように，法と心理学は，この領域に関わる人々の努力と社会のうねりのような動きが合わさって，再度表舞台に出てきた。

本書は，その「法と心理学」を概観するための教科書である。これまで法と心理学の様々なテーマを集成した書籍が出版されてきたが，法と心理学の幅広いテーマを取り上げ，かつ大学の授業で使える分量とレベルのものはなかなかなかった。そこで本書は，大学で法と心理学の授業に使うことを念頭に，内容を精選し，かつこの分野の現在までの成果を概観できるよう，それぞれの執筆者に執筆をお願いした。

本書では，目撃証言や供述分析など，日本における法と心理学で長く扱われてきた領域はもちろん，これまで手薄だった，被害者に関する研究や民事訴訟の領域に関する研究が含まれるよう配慮した。もちろん，社会的関心の高い犯罪心理や裁判員制度に関する研究も盛り込んだ。加えて，先端的な「司法臨床」研究を執筆いただくこともできた。

出来上がった本書をみると，本書は大学の専門課程の教科書，大学院ではじめてこの分野を学ぶ人たちの教科書あるいは独習書，法律家やジャーナリストなどで法と心理学に関わるテーマを扱う人の参考書，といった位置づけがふさわしいものとなった。こういった形で本書が活用され，法と心理学のこれまでの成果がまとまった形で伝えられれば，本書を編む労をとったものとして大きな喜びである。

最後になるが，法律文化社の掛川直之氏には，本書を編む上で非常にお世話になった。本書が成ったのは，彼が辛抱強く的確に仕事をしてくださったからである。記して謝意を表したい。

2013年5月

藤田　政博

目 次

はしがき

I　イントロダクション

序章
法と心理学とは
心理学の観点から裁判を理解する

1　法と心理学とは …………………………………………………… 003
　法と心理学の定義／法と心理学の研究例／法／心理学／法「と」心理学

2　法における心理学の必要性 …………………………………… 008
　なぜ法に心理学が必要か／心理学を欠いた法学は……

3　「法」と「心理学」 ………………………………………………… 011
　法学から見た心理学／心理学から見た法学

4　法学と心理学の人間像 ………………………………………… 013
　法学における人間像／心理学の観点から見た人間像／心理学的人間像による法理論の革新の可能性

5　まとめ ……………………………………………………………… 015

　　　　　　　　　　　COLUMN01　自白の誘惑　017

II 捜　　査

01 章
犯罪捜査
犯罪捜査への心理学的アプローチ

1　犯罪捜査　　021
犯罪捜査とは何か／警察における捜査活動

2　面割りと面通し　　022
面割りと面通し／似顔絵とモンタージュ写真

3　ポリグラフ検査　　024
ポリグラフ検査とは何か／CQT（コントロール質問法）／CIT（隠匿情報テスト）／ポリグラフ検査の正確性

4　プロファイリング　　028
プロファイリングとは何か／FBI方式のプロファイリング／FBI方式のプロファイリングの問題点／リバプール方式のプロファイリング

02 章
公判前報道と選出手続
偏向をいかに防ぐかという政策的問題

1　市民参加と公判までの問題　　035
裁判の在り方と市民の多様性／裁判と市民の偏向／「偏向」に対する法心理学研究

2　公判前報道　　038
偏向ある報道の内容／報道内容の偏向を調査した心理学研究／偏向報道が市民に与える影響についての研究

3　市民の偏向に対する対処方法　　042
報道規制／呼び出すべき候補者の選定／選任手続／裁判官の説示と評議による解消

4　まとめ：公判までに生じうる事態と裁判の関係　　048

03章
取調べ
取調べの科学化・可視化

1 はじめに ……………………………………………………………… 050
　　取調べの機能と目的／取調べが生んだ誤判えん罪／取調べの心理学

2 取調べの可視化 ……………………………………………………… 053
　　可視化前史／可視化論争／全面的可視化に向けた動き

3 可視化の心理学 ……………………………………………………… 056
　　取調べ技法と心理学／取調べ撮影と心理学

4 おわりに ……………………………………………………………… 059

　　　　　　COLUMN02　科学捜査における心理鑑定の役割　062

04章
目撃証言
目撃供述の心理学

1 目撃供述による誤起訴・誤判 ……………………………………… 064

2 目撃者の識別能力に影響する要因 ………………………………… 066
　　推定変数とシステム変数

3 推定変数 ……………………………………………………………… 066
　　出来事にかかわる変数／照明／距離／目撃の長さ／保持時間／情動と記憶／凶器の存在／目撃者にかかわる変数／識別前の要因としてのシステム変数／誤誘導情報／複数の目撃者／認知インタビュー／マグショットの提示

4 識別手続きにかかわる要因としてのシステム変数 ……………… 073
　　ラインナップの構成法／ラインナップの提示法／単独面通し／識別実施における教示／識別後の確証的フィードバック／目撃者の記憶に影響する諸要因について

05章
証言と面接法
子どもや知的障がいをもつ人から正確に情報を引き出す方法

1 証言能力と証言の信用性 ……………………………………… 078
　子どもの証言能力／エピソード記憶／嘘と本当の理解／証言の信用性

2 面接法 ………………………………………………………… 082
　司法面接／NICHDプロトコルと司法面接の構造／目撃者への面接と認知面接／被疑者面接法／関連する面接法／面接法の研修

3 法廷での尋問 ………………………………………………… 089
　主尋問と反対尋問／子どもへの法廷尋問／対処のあり方

06章
供述分析
「渦中の視点」から描かれるもうひとつの心理学

1 はじめに：きわめて日本的な課題としての供述分析 ………… 092

2 供述分析の基本的な視点 …………………………………… 093
　「供述の起源」という見方／供述聴取過程に忍び込む誤謬要因／「記憶を語る」ことと「事実を語る」こと／「体験した者にしか語りえない供述」

3 被疑者取調べにかかわる基本問題 ………………………… 098
　仮説検証型取調べと仮説固執型取調べ／「事実の認定は証拠による」という理念とその反転

4 嘘をめぐる問題 ……………………………………………… 101
　暴かれる嘘と支えられる嘘／無実の人の虚偽自白を見抜くための供述分析／自白撤回後の否認の供述分析／一見「不自然な」供述から見える真実

5 今後の展望：「渦中の心理学」をめざして …………………… 106

　　　　　　　　　　　　　COLUMN03　痴漢冤罪　　107

III 公判と処遇

07章
公判での意思決定
公判における意思決定と市民参加

1 公判について ……………………………………………………… 111
　公判とは何か／公判では何が行われるか／公判にかかる時間

2 公判における意思決定 …………………………………………… 118
　裁判官の意思決定／裁判官の心証形成の心理学／思考や認識のバイアス／市民と裁判官の意思決定

08章
法廷戦略
裁判員の心理を理解し，説得の技術を磨いて，法廷に臨む

1 裁判員裁判がもたらしたもの …………………………………… 124
　裁判とは何か／裁判員裁判における変化／裁判員の心理を理解する／法廷戦略の再構成

2 法廷戦略 …………………………………………………………… 126
　すべての手続は相互に関連する／ケース・セオリーがすべての基礎となる／最初に最終弁論を考える／削るべきところを削る／公判のスタートからゴールまでをイメージする

3 法廷技術の基礎 …………………………………………………… 129
　物語を語る／事実，事実，事実を語る／書面に頼らないで語る／論理的に語る／日常用語を用いて語る

4 視覚資料 …………………………………………………………… 133
　なぜ視覚資料なのか／何を利用するか／どのようなモノが許容されるか／視覚資料には副作用がある／パワーポイント，パネル，書画カメラ，ホワイトボードなどのどれを使うか

5 立ち居振る舞い …………………………………………………… 136
　非言語情報／注意すべき立ち居振る舞い／重要なことは何か

| 6 | 刑事裁判の原則・証明基準 | 138 |

最強の武器／刑事裁判の原則の伝え方

| 7 | 被告人の権利と利益 | 139 |

09章
量刑と賠償額の判断
一般市民の判断に関する心理学的考察

| 1 | 量刑判断 | 140 |

はじめに／量刑判断にはたらく直感／直感の決まり方／直感に関するその他の心理学的研究／熟考や教示・評議の影響／問題と展望／量刑判断を通じてみえる心理

| 2 | 賠償額の判断 | 148 |

はじめに／理論的モデル／心理学的諸問題／その他の知見

COLUMN04 「修復的司法」と「法と心理学」　153

10章
被害者参加
法的判断との関連を中心とした心理学的検討

| 1 | はじめに | 155 |

被害者参加に関する制度／被害者参加に関する問題点

| 2 | 被害者参加と法的判断 | 156 |

英米法圏における実証研究の紹介／日本における研究

| 3 | 検　　討 | 161 |
| 4 | 総　　括 | 164 |

11章
司法臨床
情状心理鑑定をめぐって

| 1 | 責任能力鑑定と情状鑑定 | 169 |
| 2 | 情状鑑定の事例 | 170 |

殺人事件（裁判員裁判）

3	刑事裁判と情状鑑定	175
4	光市母子殺害事件にみる法と心理臨床	176
5	刑事司法と司法臨床	178
6	法と心理臨床の協働	180

COLUMN05　刑事法学者，心理学と出会う　182

IV　民　事

12章
商　標
心理学の商標分析への応用と課題

| 1 | はじめに | 189 |
| 2 | 商標と心理学 | 190 |

商標の定義／商標の主な機能

| 3 | 商標の諸問題 | 192 |

商標の混同／商標の普通名称化／商標の稀釈化

| 4 | 商標の識別力に関する基礎研究 | 199 |
| 5 | まとめ | 201 |

13章
調　停
古くて新しい紛争解決の方法

| 1 | 裁判と調停 | 202 |

ふたつの法廷の写真／裁判と調停のメリットデメリット／調停の政策的目的／裁判外紛争解決（ADR）と調停，あっせんの概念的関係／司法型，行政型，民間型の区別／ADR法／仲裁・審判と調停

| 2 | 現代調停の理論 | 208 |

調停への批判／現代調停のモデル─声と選択肢（voice and choice）

| 3 | 人は自らの利害に合致する主張をするとは限らない | 209 |

交渉支援者としての調停人／合理的意思決定を妨げる認知バイアス／根源的ニーズとしての所属欲求

| 4 | 話し合いのための望ましい手続モデルが存在する | 213 |

手続的公正研究の成果／小集団研究の成果／調停トレーニングにおけるプロセスモデル

| 5 | 現代調停のさまざまな分野での活用期待 | 214 |

COLUMN06　心理学者，裁判と出会う　216

V　歴　史

14章
法心理学の歴史
欧米と日本における足跡

| 1 | 法心理学の歴史の始まり | 221 |
| 2 | 第一次世界大戦前までの法心理学の歴史 | 222 |

前史　犯罪心理学から法心理学へ／活動期／法学と心理学の縄張り争いの時期／初期における日本の法心理学

| 3 | 第一次世界大戦後の法心理学の歴史 | 229 |

犯罪捜査，特に虚偽検出／法廷における専門家証人の地位／供述分析ルネッサンスと目撃証言ルネッサンス／1920年代以降の日本における法心理学

| 4 | 被害者の問題 | 233 |

COLUMN07　黎明期における法心理学の国際的展開　235

文献リスト
人名索引
事項索引

I

　イントロダクション

序章 法と心理学とは
―― 心理学の観点から裁判を理解する

近年,法はわれわれにとってますます身近なものになってきた。とくに,裁判員制度導入（2004年／実施は2009年）からは,裁判や法に対する一般の関心が劇的に高まっている。それも,われわれが主体的にかかわるものとして裁判に関心が集まるようになった。「法と心理学」は,まさにそのような問題を扱う分野である。

本書では,主な流れとしては刑事裁判を念頭に,犯罪発生から裁判,裁判後の処遇まで,事件の処理過程にそって法と心理学の知見を紹介していく。すなわち,捜査,裁判までの過程,取調べ,目撃証言,面接法,供述分析,公判と市民参加,法廷戦略,量刑や賠償額の決定,被害者参加,司法臨床の各分野の研究成果を紹介する。

しかし,法と心理学の対象は刑事事件に限られるわけではない。そこで,裁判外紛争解決（ADR）や商標や著作権など,民事関係の法と心理学の研究を紹介していく。そして,最後に「法と心理学」の歴史について紹介する。

本章では,まず,導入として法と心理学とは何かについて説明したうえで,法に心理学がなぜ必要か,そして心理学から見た法について述べていきたい。ただ,抽象的すぎると感じられるようであれば,まず01章以降を先に読み,最後にこの章に戻ってくるという形で読んで欲しい。

1 法と心理学とは

法と心理学の定義

「法と心理学」を定義すると,「法が作動する場面における人間の行動の特徴を記述し,またその法則性やメカニズムを明らかにすることを目指す学問領

域」となる。

ここでいう「法が作動する場面」は，裁判の過程を中心として，その前後の手続きを含んでいる。それは，「法と心理学」の成り立ちが，裁判における目撃証言と目撃の記憶の研究を中心として始まり，現在でも多くの研究がされていることによる。「法と心理学」の関心は，捜査から裁判に至る段階を中心にして始まり，裁判のあと，そして民事事件に広がるという姿をとっている。

初めての人が「法と心理学」という言葉からイメージすることが多いのが犯罪捜査，犯罪被害者の心のケア，少年や犯罪をした人の処遇，などである。たしかに，法と心理学にはそういった分野が含まれている。しかし，「法と心理学」はそれにとどまらず，裁判過程における人間行動の法則性やメカニズムについて幅広く扱う分野である。

なお，ここでいう「行動」は，日常的にわれわれが使う意味での「行動」ももちろん含まれるが，心理学でいう意味の「行動」である。

法と心理学の研究例

法と心理学の研究イメージを持ってもらうために，ここで3つの研究例を紹介しよう。

(1) 目撃証言

目撃証言とは，事件や事故の現場を見た人が，後で捜査機関や裁判の場で見た内容について報告することである。現在はさまざまな携帯機器にカメラが搭載されているが，それでも事件や事故の瞬間の記録がないことも多い。その際に，目撃者がいる場合には，記憶に基づいて証言してもらうことで裁判官や裁判員の判断材料となる。

目撃者がきちんと認識できるだけの目撃の条件は何か，きちんと記憶できるための状況の条件は何か，確信があるときには記憶は正しいのかなどについて法と心理学は常識的な思い込みとは違った知識を提供してきた。これは，刑事訴訟法の注意則を補完したり，あるいは塗り替えたりする可能性を持っている。

(2) 手続的正義

手続的正義とは，正しいルールに則った方法で事件が処理されたならば，そ

の処理結果についても正しいものとするという正義についての考え方である。たとえば，刑事手続では公正なルールに則って証拠の収集や取り調べが行われ，裁判では被告人の弁解も聞き，被告人に不利な証拠とともに有利な証拠もとりあげて調べ……というような，正しいルールで処理されたならば，被告人が有罪とされあるいは無罪とされてもその結果は正しいとするという考え方である。

　人は手続でどのように扱われたときに公正と感じるのか，満足するのか，などが社会心理学で研究されてきた。

　社会心理学における手続的正義研究の古典，Thibaut & Walker［1975］には，「この本は，法と社会心理学の学際的研究を志して編まれた本である」と書かれている。そして，その本のタイトルでもある"procedural justice"は，「手続き的公正」と訳され，社会心理学の用語として定着した。法学の用語としては現在でも訴訟法を中心とした手続法の用語と認識されているが，社会心理学では企業の人事考課などの手続にも適用可能な幅の広い概念として理解されている。

(3)　責任とその帰属

　われわれは，自分たちの思考は時系列にそって行われるのが普通であると考えている。たとえば大きな事故が起こったとすると，事故の原因を発生させ，それをそのまま放置しあるいはより大きくし，その結果として事件を生じさせた人に責任があると考えている。

　しかし，実際にはわれわれは大きな事故が起きるとそれに注意を引きつけられ，「誰が悪かったのか？」と考え，責任を負うのにふさわしい人を見つけると「その人が悪かった」と考える。ものごとが起こった順番とは逆の順番であるが，実際の思考過程では時間をさかのぼって考えている。これは責任帰属と呼ばれている。

　どのような要因があるときに誰にどのくらい責任帰属がされるのかが心理学で研究されている。これは事件が発生した後の観点から責任を考えることにならざるを得ない裁判によくあてはまる研究である。

　法と心理学の研究テーマについてある程度のイメージがわいたところで，「法」と「心理学」のそれぞれについて説明する。

法

　法と心理学でいう「法」は，法学の法である。法学の中心は法解釈学である。法解釈学は，法律の条文で使われている言葉の意味を追究する。法解釈の際には，理論や事例に即しながら，また採用した解釈からどのような法規範が導き出されるか，他のケースとの均衡や他の理論との整合性にも十分注意しながら解釈を選択する。

　「法と心理学」は「法学と心理学」とは呼ばれていない。なぜなら，「法と心理学」が扱うのは，法解釈だけでなく，より広く，法にかかわる現象や人間の行動，法的な社会規範，それらに関わる原理的問題が含まれるからである。それには，法解釈学よりも広く，人が社会の規範として従い，また人が生み出すものという意味での「法」が含まれている。われわれは国会が定めた法律以外にも，さまざまな決まりごとを守りあるいは生み出しながら生活している。われわれが従っている決まりごとには，言葉にされていない，場合によっては意識にすら登っていないものもある。そういった決まりごともまた，広い意味では法に含まれる。「法と心理学」はそのような社会的規範も興味関心の対象とする。その意味を込めて，「法学と心理学」ではなく「法と心理学」と呼ばれている。

心理学

　心理学に対する世間一般のイメージとして，「心を読む」「占いの一種」といわれることがある。しかし，それらはいずれも誤解である。心理学は，人間や動物の精神作用の法則やメカニズムを明らかにする学問分野であり，心理学とは「生体の行動についての科学的研究」といえる。法と心理学で扱うのはほとんど人間の行動であるから，法と心理学の「心理学」は，人間の行動についての科学的研究といえる。

　実は，心理学をこのように定義することは，心理学のなかで特定の立場をとることに等しい。ただ，その意味を理解するには心理学史について理解する必要がある。その詳細は本書の **11** 章に譲るとして，ここでは最小限述べるだけに留めておこう。

心理学は人間の精神作用について研究することを目的としている。心理学psychologyの語源はプシュケーpsyche（ψυχή）であり，その意味は息，生きること，命，精神，霊魂であった。身体とプシュケーが一体となった人間や生物の精神作用や命のあり方を明らかにするのが古代におけるプシュケー論（霊魂論）であった。

　しかし，近代に入って，身体と精神を明確に分ける心身二元論が提唱された。身体は物質であり，一方，精神は物質とはまったく別の因果関係のなかで存在するものとして明白に区分された。精神の本質は思惟することとされた。思惟することは意識的な思考であるため，近代以降の心理学は人間が意識できる思考の過程を対象とし，内省を使って研究されてきた。この研究方法が採られていたとき，心理学は哲学の一部といってよかった。

　19世紀以降，心理学を科学にしようとする行動主義の考え方が台頭した。その考え方では，客観的に研究するためには意識のような直接観察できないものではなく，精神的な反応が外に現れた行動を観察対象にするべきであるとされた。それを前提とすると，心理学は行動についての科学的研究であるという定義にいきつく。

　行動といえば，通常は目に見える身体的な動作のことをイメージするだろう。手を挙げる，下げる，歩く，などである。しかし，心理学では精神の作用を客観的に観察できるものという意味で行動という言葉を使っている。そのため，質問紙などへの回答といった意識的な行動で簡単に目に見えるものはもちろん，まばたきや呼吸，ボタンを押す際のタイムラグなどの意識的な行動の一部でありながら意識でコントロールできない行動，さらには脳の血流の変化など，意識ではコントロールできず機械を使わないと観察できないものまで非常に幅広く含まれる。

　法の作動する場面に関する研究でも，脳の反応を観察する心理学研究が行われている。そのため，法と心理学でも日常的には一見「行動」とは思えないような行動を観察しながら研究が進められている。

法「と」心理学：両者のかかわり方

　法と心理学では「法」と「心理学」が「と」でつながっているが，同じ立場

で互いにかかわっているわけではない。「法と心理学」は，心理学で明らかにされた人間の行動についての知識や心理学で使われている研究の方法を，法が作動する場面に適用したものである。

心理学から見ると，「法と心理学」は応用心理学の一種で，応用の場面が裁判であるといえる。これはたとえば「法と経済学」における「法」と「経済学」のかかわりに似ている。「法と経済学」では，経済学の理論と研究方法を用いて契約や不法行為における現象を分析する。法と経済学は，その結果わかったことを法解釈や立法政策にフィードバックすることが可能である。「法と心理学」も，人間行動に関して明らかにしたことを法解釈や裁判制度のあり方，司法政策に対してフィードバックすることが可能である。

2 | 法における心理学の必要性

なぜ法に心理学が必要か

「法と心理学」は，心理学の知見と研究方法を法の分野に適用するものである。法の分野に心理学が必要なのは，法律が人間社会を律するものだからである。法律学がその目的を全うするためには，人間の行動や社会の実情を知ることが必要になる。しかし，法律学自身は人間の行動や社会の実情を研究するすべを持たない。そのため，他の学問分野から，人間の行動や社会の実情についての知識をとり入れる必要がある。

社会の実情を知るためには，社会学や経済学等の社会科学が必要になる。社会学や経済学を法の分野に応用した学問分野はそれぞれ「法社会学」「法と経済学」と呼ばれ，ひとつの学問分野として認識されている。

一方，個人を単位とした人間の行動の特徴や人間ごとの個人差，性格などの人間の内的特性と行動のかかわり，人間の認識のありかたなどについては，心理学を応用することで知ることができる。このような知識を，法律学は議論の前提として必要とする。たとえば，目撃証言が信用できるのは，照度・距離・時間がどのような場合か，といったような知識である。

個別の事件の判断の際に，心理学から人間行動についての知識をとり入れて

おけば，法律学が議論の前提が人間行動の実情に沿ったものになり，より妥当なものになるのに役立つ。心理学での研究が進むに従って人間行動についての知識は新しくなるため常に新しい知識をとり入れる必要がある。

社会の実情や人間についての知識に基づかない法律学が展開されれば，人間社会を律するのが難しくなっていく。

心理学を欠いた法学は……

「概念的に美しく組み立てられた法律学がだんだんと世間離れしてゆくことは悲しむべき事実である。そうしてそれは従来の法律学がその対象たる『人間』を深く研究せずして単純にそれを仮定したことに由来するのである」。こういわれたのは，決して最近のことではない。大正時代の，法学者の末弘厳太郎博士の言葉［末弘1923］であった。

末弘博士は概念の操作のみに集中する法解釈学のあり方を批判し，判決の事実を調査することの重要性を説き，人間の生活や行動に内在する「生きた法」の重要性を説いた日本の法社会学の先駆者でもある。末弘博士は，日本が明治初期に近代西洋法をとり入れてから約50年後に，すでに人間の「心理作用」についての研究の必要性を説いていた。そうしないと，「世間離れ」するだけなく，実際の人間行動から遊離した判断を下すことにもなりかねない。法律学では，人間は理性的・合理的に思考し判断し，必要な情報を全て入手して行為できると仮定されてきたが，その仮定は人間を研究することで修正されなければならない。

「人間というものは理知だけで動いているものではない，あるいは信仰であるとか，あるいは悲しみであるとか，あるいは喜びであるとか，あるいは恋愛とか，あらゆる心理作用をもって，朝から晩まで動いているものであるから，それらの複雑な作用をも加えて万事を考えなくてはならぬ。理知のみを引き離して，それだけで法律現象を説明し規律しようなどとは全くだいそれた話である」［末弘1923］。

ここでいわれている「心理作用」の中身と心理学の研究対象はかなり重なっているがすこしずれているところがある。たとえば，「理知」がどのように動くのかも心理学の研究対象に含まれている。しかし，人間についての研究成果

をとり入れないと，法律学の人間像が現実の人間と乖離してゆくおそれがあるという指摘はそのとおりだろう。その点は，経済学が「合理的人間像」の修正を行い，社会心理学，あるいは意思決定の心理学そのものともいえる「行動経済学」という分野を興したのと同様のことが法律学にも必要になる。

　末弘博士の説では，法律学に必要なのは「社会学」であり「ロマンチシズム」であった。法律学に必要な「社会学」は「法律社会学」，現在の法社会学として成立している。人間について必要なのは，「ロマンチシズム」というよりは人間の行動についての科学的研究であり，それの一端を担うのが法と心理学である。

　人間の現実から離れた解釈や判断が行われるとどうなるだろうか。民事法であれば，損害を受けた人が適切に賠償を受けられなかったり，契約を守ってもらえなかった人に適切な救済がされなくなる。刑事法では，間違って有罪とされ，獄につながれ，あるいは人生を狂わされる人が出てくることになる。

　海外の研究であるが，205件の誤判の原因を調べた研究［Rattner 1988］では，その内の100件が目撃証言の誤りが原因であるとされている。また，40件の誤判をの原因を調べた研究［Wells et al. 1998］は，40件中36件に目撃証言の誤りがあったと指摘している。このように，目撃証言は誤判の原因のうちの多くを占めている。目撃証言についての実験研究は，法と心理学の得意分野のひとつである。それだけに，法と心理学が提供する知識は，誤判の軽減に役立つことが期待される。

　また近年，虚偽の自白により誤って有罪とされた例も広く知られるようになってきた。このような事件では，「法律家はしばしば合理性の尺度ですべてを割り切ってしまいがちである。しかし，いろいろな研究報告によると，こういう尺度ではとうてい測りしれない事態がある」［渡部1992］。そのような事態について理解を深めるには，虚偽自白をしてしまった人の手記が「心理学者などによって分析され，多くの法律家，法律学者，立法に従事する者などによって読まれることが必要であろう」［渡部1992］。

　このように，法律の運用を誤ると人びとの人生を誤らせることにもなりかねない。法律学が「世間離れしてゆく」ことは「悲しい」が，法律学は社会に対して直接力を持つだけに，感傷だけでは済まされない。なぜなら，多くの人の

人生がそれによって変わってくるからである。それだけに，法学は "Evidence based law"（事実と証拠に基づいた法律）であらねばならない［太田 2009］し，そのときに心理学が役に立つのである。

3 │「法」と「心理学」

法学から見た心理学

　法学から心理学を見た場合には，精神鑑定，少年の矯正処遇や鑑別，犯罪被害者などの心理的に課題を抱えた人の対応，家族法関係で生ずる問題に対応するための分野として認識されてきた。

　精神鑑定は，被疑者が十分な責任を負えるかどうかを判断するために，精神科医の所見を裁判で聞くものである。また，少年は大人よりも心が柔軟で教育によって立ち直る可能性が高いことや，性格に合わせた処遇が大事であることから，性格検査を経て処遇することが必要とされてきた。また，心理学などの専門家である家裁調査官が事件について調査し処遇について意見を述べられるようになっている。犯罪被害者に対するケアでは警察において心理学を修得した職員が対応にあたることがある。さらに，家族法的分野では両親が離婚した際の子の処遇などに，心理学の知識が活用されている。

　そして最近は，裁判員裁判を通じて裁判過程の市民参加を実効性あるものにするために心理学の知見が参照されるようになっている。同時に，冤罪事件が関心を集めるに連れ，供述を分析する供述心理学や取調べのあり方についての心理学的研究が関心を集めるようになった。

　このように，心理学は法学から見て，刑事手続で必要になる事実についての知識を提供する補助科学，と認識されてきた。そして，裁判員裁判や冤罪事件への関心の高まりに従って提供する知識の幅が増えてきた，と認識されてきた。これらはいずれも心理学の応用分野であり重要であることは間違いないが，心理学で得られた知識や影響力は実際にはもっと大きいといえる。

心理学から見た法学

　心理学から見た法学は，応用の対象のひとつであるという位置づけになる。

　心理学のなかの分け方として，対象で分ける方法と，基礎・応用という研究のあり方で分ける方法がある。対象でみていくと，たとえば生理心理学，発達心理学，社会心理学，人格心理学，教育心理学，認知心理学，学習心理学，組織心理学などの分野に分けられる。それぞれの分野は，人間や動物の生物学的過程，人間の一生の過程，対人関係とその認識，性格とその個人差，教室における効果的な教育方法，人間が世界を認識する仕組み，人間が行動を学習する仕組み，企業等における共同作業やチームワーク，といったものと行動の関係について研究している。

　それに対して基礎と応用という区分では，基礎的分野は人間や動物の行動が生起するメカニズムやその原理について仮設を立てて実証することを目的にするのに対して，応用的分野は人間が直面する問題に対して基礎的分野の研究でわかったことを適用し新しい知識を得たり現実的解決を案出したりする分野のことをいう。

　したがって，基礎的分野は対象を絞り，その対象のメカニズムを究めていくのに対して，応用的分野は現実的課題から出発し，それを解決するために，ときに複数の心理学の分野の知識を活用して課題にとりくんでいくのが特徴である。

　この観点からすると，法と心理学は，主に裁判の場面で生ずる現実的課題に対してさまざまな分野の心理学を適用する，応用心理学の一分野であると捉えられる。

　裁判の場面での問題では，目撃証言については認知心理学，子どもなどに対して聞き取りを行って捜査上の証拠とする過程の問題については発達心理学，証拠を示して裁判官を説得したり，複数の裁判官や裁判員が話しあって結論を決める際の問題には社会心理学の知識が応用される。

　法と心理学の研究者の仕事は，まず，現実の裁判過程のうち，どのような場面にどのような問題があるかを発見することである。問題を発見したあとは，それが心理学で扱える問題かを検討する。扱える場合にはどの分野のどの知識

を適用すればよいか洞察する。そして研究を計画して実施する。得られた知見を現実的課題の解決にどう利用できるか考察してその結果を広く提供する。

　問題によってはひとつの分野の心理学だけでは解決できないため，複数の心理学の分野にまたがる知識が必要になる。それだけでなく，裁判の場面の問題を正しく理解するためには裁判の仕組みをよく知っている必要がある。

　心理学から見た法学は，心理学が社会貢献する窓口と見ることもできる。近年，学問研究の社会的意義や社会への還元性が厳しく問われている。法と心理学は現実の裁判場面や司法制度の課題に取り組むことを目的としており，本来的に社会に貢献することが可能な分野である。

4 | 法学と心理学の人間像

法学における人間像

　法学における人間は，自ら及び周囲のことについて理性的に判断でき，判断の結果起こることについて推測でき，判断のための情報を十分に持っている存在と仮定されている。そして，契約当事者同士であれば，対等な交渉力をもって妥当な内容の契約を結べ，健全で公正な判断のできる（reasonable）人が想定されている。

　もちろん，実際には病気などによって理性的に判断できない人もいるし，未成年のように，類型的に保護されるべき人々もいる。また，大きな資本を持つ巨大組織と個人では，交渉力の差は歴然としている。

　そのため，未成年者などは，一旦契約してしまっても取消しができる。大企業と一人の労働者の交渉力の差は特別法で考慮されている。刑事裁判でも，善悪を判断する能力や行動をコントロールする能力を失っていれば，責任を問われない。ただ，それは例外である。原則は理性的判断ができ，対等な交渉力を持ち，十分情報を入手できる自律した主体，これが法学における人間像である。

心理学の観点から見た人間像

心理学は現実の人間の行動を観察して理論を絶えず訂正しながら，現実の人間により近い人間像を描こうとしている。それは常識的な人間についての理解を裏切ることもある。また，心理学者が切り取った人間の側面ごとに，いろいろな人間像が提唱されている。その人間像は，どれも私たちの人間に対する見方を揺さぶり，広げてくれる。

心理学の人間に対する見方を，あえて一言で要約すると「人は自分で思っているほど，自分の心の動きをわかってはいない」［下條1996］となろう。そして，「人は自分で思っているほど，自らの知覚・情動・行動の本当の理由を知ってはいない」。

この考え方は，今の私たちの常識的な考えとはかなり違う。そして，法学の人間観とも矛盾する。近代以降，意識できる思考こそが人間の精神作用の中心であると考えられてきた。意識できる思考が中心だからこそ自らの行動を律することができ，必要な情報を入手して判断することができる。そして判断した結果に基づいて，行動の選択が可能であり，行為の結果に対して責任を取ることもできる。

しかし，現代の心理学では，人間の意識では捉え切れない無意識的心理過程を認め，それが決定的な役割をしていることが前提になっている。心理学がいう無意識的な心理過程は日常的な用語で言う「無意識」よりもずっと広く，深い。私たちの感情はもちろん，記憶や判断も無意識的な心理過程が支配し，意識はむしろ後付け的にその理由を考え出しているだけである，とすら考えられている。

ここまで徹底して無意識の働きを認めることは，今の法の世界では難しい。しかし，心理学の知見をとり入れていくと，この働きを認めざるをえない。学問分野における革新的な知識は，数十年から数百年を経て常識となってきた。それと同じように，無意識過程の重要性も広く受け入れられていくだろう。

心理学的人間像による法理論の革新の可能性：責任判断を例として

心理学的人間像を突き詰めていくと自由意志の否定につながり，そして責任

概念は虚構であると認めざるを得なくなる［小坂井 2008］。

　通常，われわれが行動する時は，ある行動をしようと決意したうえで，意識でコントロールをしながら身体を動かすことで行動すると考えている。ある行動をとるかどうかに際しては意思決定の自由があり，自由があるなかである行動をとり，その結果他の人に損害を与えたりすれば，「最初にそのような意思決定をしたのは良くない」「他の人に損害を与える行動を選んだのは良くない」と非難されることになる。このような非難が責任の源泉になっている。

　このような責任のあり方はとくに刑事法で典型的である。これが否定されれば，人間の行為に対する責任非難はそもそも不可能になる。つまり，心理学の知見が，自由意志という近代刑法学の前提を直撃［小坂井 2011］しているのである。

　それにもかかわらず，われわれは起こった結果について誰かに責任を負わせる。そして場合によっては償わせることでわれわれは納得する。どのような場合に誰にどの程度の責任を負わせるのがよいかには，唯一真実の客観的な答えは存在しない。それを認めながらも，素朴な正義感覚や他の事件との均衡，事件関係者のおかれた状況や感情状態などのさまざまな要素を考慮して責任を判断し，それに対する償いを判断する。それは人間にしかできないことであるし，悩みながら決めなければならない。まさに，責任は虚構であるが，それがゆえに社会に必要とされる。

　心理学的人間像がこれまでの常識的な行為概念を覆せば，それにともなった概念枠組みを法学の議論として提供する必要が出てくる。これが，理論的な側面での法と心理学の役割であり，これに成功すれば法理論を塗り替える可能性を秘めているといえる。理論的な側面でも，法と心理学が重要な役割を担いうるのである。

5 | まとめ

　法と心理学は，法が作動する場面における人間の行動の特徴を記述し，またその法則性やメカニズムを明らかにすることを目指す学問領域である。つまり，法や裁判という場面を舞台にして，心理学の理論と研究方法を適用する分

野である。法に関する領域に心理学を適用することが始まったのは新しいことではなく，19世紀の近代心理学成立後から行われてきた。

　法と心理学が必要なのは，法律学が人間の行動についての知識を必要とするにもかかわらず，法律学の内部ではそのような知識を手に入れる科学的な方法を持たないからである。この必要性は，日本が西洋近代法導入後約50年後の大正時代にもすでに自覚されていた。近年は裁判員制度の導入や冤罪事件が大きく関心を集めるに従い，法と心理学が受け入れられる素地が広がっている。

　法の領域に心理学の理論と研究方法を適用する試みは，単に裁判運営上の現実的問題を解決し，法律解釈に必要な知識を提供するだけではない。「理知のみ」では動いていない人間の実情を考慮に入れた人間らしい法学を構築することにも役に立つ。ただ，20世紀後半以降の心理学の進展をふまえると，法学における人間観を刷新する必要が出てくる可能性がある。それは，無意識過程の重要性が心理学では広く認識されるようになってきたためである。これを徹底すると，自由意志が存在するかどうかも疑う必要が出てくる。

　法と心理学は研究の進展を通じて，法を人間の実情にあったものとすることに役立つ学問分野であるといえる。その意味で，法と心理学は本来的に研究が社会に貢献する学問分野といえる。

　「法律は一部の限られた人間のものでもなければ，権力階級のものでもない，われわれのものである。だからこの法律が真にわれわれの法律であるということが本当に実現される時代が一日も早く到来するようにわれわれは一致協力しなければならぬ」［末弘 1923］。

〔藤田 政博〕

COLUMN 01　自白の誘惑

　みんな「自白」が好きだ。
　裁判官も検察官も警察官も，そして多分弁護士も。それは皮肉でもなんでもなく，人が人を裁くことの過酷さを考えれば，ごくごくあたりまえのことなのだと思う。
　「自白」こそが，人が人を裁くうえでの最高の免罪符なのだ。
　「調書裁判」といわれる日本の裁判にあっては，自白調書さえあれば，ほぼ間違いなく有罪になる。たとえ法廷で否認に転じても，裁判官は密室で作られた供述調書の自白に任意性を認め，被告人の公判廷での供述は信用できないとして，自白調書を有罪の決め手としてきた。それはあたかも，人は公開の法廷では決して真実を話すことはないと，裁判官自らが宣言しているようなものである。もちろん，警察官も，検察官も法廷で真実が語られることはないと信じている。しかし，密室でなら，人は真実を語るものなのだろうか？
　そうではないことは，実際にあった数々の虚偽自白の例を見ても明らかだろう。
　そもそも取調室で作られる「調書」は，被疑者に取調官が質問し，被疑者が答えたその言葉を正確に記録したものではない。「調書」は，「私は」で始まる「一人称独白体」の文章となっていて，さも被疑者が積極的に自らの意志で発言したかのように書かれているが，実際は，被疑者に成り代わって取調官が一人称で作文したものにすぎない。にもかかわらず，被疑者自らの言い分，言葉として証拠になってしまう。それはまさに人間の尊厳を踏みにじる行為だ。ところが法廷では，その取調官が書いた「調書」の一言一句を被疑者がそう話したものであるとして，詳細に検討されたりもするのである。そんな取調官の作文が最も重要な証拠となるのが「調書裁判」なのだ。「調書」に被疑者の署名があるかぎり，その書面は被告人の話したことを正確に録取したものとして尊重されてしまうのである。
　ところで，日本のこの「調書」のルーツは江戸時代の「口書（くちがき）」にあるようだ。
　「口書」とは，『世界大百科事典〔第2版〕』解説によると，〈江戸時代の調書。武士，寺社などの場合は「口上書」と称した。吟味筋の裁判（刑事裁判）では，審理が熟すると各被疑者ごとに自白を録取した口書を作成し，原則として奉行の面前で朗読したうえで押印（印形またはつめ印，武士は書判）させる（「口書読聞（よみきけ）」の手続）。この口書を「吟味詰（つま）り之口書」といい，犯罪事実はこれによって認定され，あとは書面審理で刑罰が決定される〉ということらしい。

017

まあ，江戸時代である。証拠といえば，目撃証言やら関係者の話，そして自白くらいしかなかっただろう。物証といっても，まだ指紋鑑定や血液型鑑定などなかった時代の話である。
　「確かに私がやりました」。
　自白を書面に記録した「自白調書」が裁く側の拠り所であり，免罪符だったのだと思う。そうでもしなければ，人が人を裁くことなどできるものではない。本人が言っているのだから間違いない。裁く行為を正当化するには，自白させるしかなかった。自白があれば，安心して裁くことができる。その心情は江戸時代に限らない。結局，現代でも同じことだ。自白に安心するのは，裁く側だけではない。弁護士もまた，被疑者に「やっていません」と言われるよりは，「やりました」と言われた方が，気は楽だ。否認して無罪を争う裁判の大変さを思えば，当然のことだろう。
　「やってません」の一言は，すべての人を不安にさせる。
　だから，「自白」は「証拠の王様」でありつづけてきた。これさえあれば間違いないのだ。無実の人間が自白するはずがない。
　しかし歴史は，時には無理な取調べによって無実の人に虚偽の自白をさせてきたことを証明している。
　にもかかわらず，取調官は言うだろう。
　「取調べの目的は自白獲得にあるのではない。事件の真相を究明するには，密室での取調べは不可欠なものだ」。
　法制審議会・新時代の刑事司法制度特別部会でも「取調べの全過程の録音・録画は，真相の究明に支障をきたす」と断言する警察・検察関係者もいる。しかし，郵便不正事件やPCメール事件の例をあげずとも，密室での取調べによる「真相の究明」は「自白の獲得」と同義であることは明らかだ。彼らが求めているのは「真実」ではなく，彼らが信じ込む筋書きに沿った「自白」なのだ。
　もうそろそろ私たちは，安心して人を裁くことなどできない，ということを自覚すべきだ。そもそも人が人を裁くことなどできるわけがないのだ。それでも，この共同体を維持していくためには裁かなければならないのだから，少なくとも，人を裁くことに心底謙虚になって，すべての証拠を開示したうえで，確かな事実を一つひとつ積み上げ，被告人が有罪であることを合理的な疑いを差し挟む余地がないほどに立証しなければならない。「自白」が人を裁くうえでの最高の免罪符となることは決してないのだ，ということを肝に命じて。

〔周防　正行〕

II
捜　査

01章 犯罪捜査
——犯罪捜査への心理学的アプローチ

本章では，犯罪捜査と犯罪捜査への心理学の応用について学ぶ。警察における犯罪捜査について概観した後，心理学と関連の深い捜査手法3つについて解説する。まず，面通し，面割りなど，目撃者の見た顔を想起させるための方法，次に，いわゆるウソ発見器として知られているポリグラフ検査，そして最後に，犯行現場や被害者の状況から犯人がどのような人物であるのかを推定していくプロファイリングについて述べる。この章を通して，犯罪捜査と心理学の意外と深い結びつきについて理解したもらいたい。

1 | 犯罪捜査

犯罪捜査とは何か

犯罪が発生し，認知されると警察・検察は捜査を開始する。通常の場合，はじめに第一次捜査機関である警察が捜査を行う。捜査は犯罪現場の検証や捜索，差押え，証拠品の鑑定，被害者や目撃者などの参考人供述の聴取，被疑者の取調べ，各種の照会などによって行われる。捜査の目的は，犯人の検挙のみだと思われがちであるが，実際の捜査活動の中心は，むしろ，検挙した人物が確実に犯人であることを証明し，裁判で有罪にするための証拠の収集にある。

警察における捜査活動

警察で捜査活動の中心となるのは，所轄警察署の刑事課である。刑事課には，殺人事件や傷害事件，強姦事件などを担当する強行犯係，窃盗事件を主に捜査する盗犯係，詐欺事件などを捜査する知能犯係，暴力団などの組織犯罪を

捜査する組織犯罪対策係などが存在し，それぞれの犯罪を捜査している。ただし，捜査は刑事課のみで行われているわけではない。薬物犯罪は生活安全課で，少年犯罪は生活安全課少年係で，ひき逃げなどの交通犯罪は交通課の交通捜査係で，公安事件は警備公安係で捜査が行われている（組織は県警や警察署の規模によって多少異なっている）。多くの事件は所轄警察署のみで捜査が行われるが，重要事案になると警察本部から専門の職員が派遣されて所轄と合同の捜査本部を立ち上げる。所轄警察署の刑事は，管轄内の状況をよく把握しており，本部からの職員は担当の事件について豊富な経験を持っているので，相互に協力して効果的に事件解決を目指すのである。このような重要事件を捜査本部事件という。さらに重大な事件ではとくに初動捜査において周辺の所轄警察署から人員を結集させ，本部の専門職員とともに大規模な捜査本部を立ち上げて捜査にあたる。これを特別捜査本部事件（特捜事件）という。強行犯担当の本部の専門職員が属しているのが捜査第1課でこの部署は，各県警察において刑事警察の頂点といわれている。

2 | 面割りと面通し

面割りと面通し

事件などが発生すると現場に駆けつけた警察官はさまざまな形で捜査活動をスタートさせるが，そのひとつが現場周辺にいる不審者をチェックすることである。もし，ここで不審な人物が発見された場合には，被害者や目撃者にこの人物を見せて，犯人がこの人物であるかを確認する作業が行われる。この方法として面通しと面割りがある。面通しは，被疑者1名をワンウェイミラー（犯人側からは単なる鏡にしか見えないが，反対側からは犯人を見ることができる特殊な鏡）などから見せて犯人かどうかを確認させる作業である。面割りは，被疑者を含む複数の人物を目撃者に見せて，そのなかに犯人がいるかを確認させる作業のことである。日本の警察では写真による写真面割りの方法で行われることが多いが，アメリカやイギリスではワンウェイミラーの向こう側に何人かの人物を実際にたたせて，そのなかから犯人を選択させるライブラインナップと呼

ばれる手続きが行われることが多い。

　面通しは，比較的簡単に実施可能な捜査手法であるが，ひとつの大きな問題点を持っている。それは，そもそも「警察官が，この人物を自分に見せるということは，警察官はこの人物が犯人だと思っているのだ」という一種の心理的な誘導を目撃者や被害者にあたえてしまい，その結果，犯人でない人物を誤って同定してしまう可能性があるという点である。

　面割りは面通しに比べれば問題点は少ないが，それでも，問題はある。目撃者は面割り写真帳のなかで「実際に見た」犯人を選択する（絶対的判断）のでなく「見た人に似ている」人を選んでしまう（相対的判断）傾向があるのだ。そのため犯人でなくても，単に犯人に似た背格好や容姿の人物がいた場合，その人物が選ばれてしまうことがある。

　また，面割りにおいては，犯人のステレオタイプに合致した人物が犯人として選ばれてしまう危険性もある。たとえば，「街で殴られて金を取られた」事件において，筋骨隆々の男性が被疑者で，ほかの写真がみな細身で弱そうだった場合，「このなかでは一番犯人らしい」筋骨隆々の被疑者が，実際の犯人でなくても，選択されてしまう可能性がある。

　目撃者にこのような相対的な判断を行わせないための方法としては，被疑者以外の人物の選択に留意して，被疑者が「浮かないように」することや，全部の人物を同時に並べてそのなかから選び出す同時面割りでなく，ひとりずつ人物を見せていく継時面割りを行うこと，面割りに際しては，「犯人はこのなかにいるかも知れないし，いないかも知れない，いなかった場合には無理に選択する必要はない」ということを事前に教示しておくことが有効である。

　面割り捜査では，写真の選択が行われたとき，「何％くらいの確率で正しいか」といった判断も行わせて，それも記録されることが多い。これを確信度評定という。このパーセンテージが大きいほど一般には確実な面割りであると考えられ，裁判でもより強力な証拠になる。しかし，心理学的な研究によって，確信度評定と正確性の間には相関がないか，わずかな相関しかないということがわかっている。つまり，「80％自信がある」という証言が「20％くらい」という証言よりも正確であるとは限らないのである。

似顔絵とモンタージュ写真

　目撃者が犯人の顔を見ていた場合，その顔を再現することができれば，犯罪捜査に有効に使えるはずである。しかし問題は絵画のうまい人は別として，多くの人は，自分の見た記憶のなかの人の顔を表現するのが困難だということである。そこでそれをサポートする技術が開発されてきた。昔からよく使われているのが似顔絵である。これは似顔絵のトレーニングを受けた警察官が目撃者から話を聞きながら顔の絵を描いていく方法である。これに対してモンタージュ写真は，さまざまな人物の写真の顔の各部分のパーツを組み合わせて犯人の顔写真を再構成しようとする方法である。モンタージュ写真という言葉は和製英語であり，海外ではフォト・フィット（photo-fit）などと呼ばれている。完成した顔のイメージは似顔絵よりもモンタージュ写真のほうがリアルであるが，多くの研究によって，似顔絵のほうが実際に目撃した人物に近いイメージのものができるということが知られている。これは，モンタージュ写真の場合，作成する過程で目撃者が多くのリアルな顔写真を見る可能性があるので干渉によって，目撃した顔の記憶が影響を受けてしまうことや，そもそも人の顔をわれわれが認知するときは全体として処理しており，「目」や「鼻」などの個々のパーツごとに組み合わせていくやり方ではなかなか上手く処理することができないからだと考えられている。実際に警察の実務においてもモンタージュ写真は最近あまり用いられず，似顔絵が用いられる場合が多い。

3 | ポリグラフ検査

ポリグラフ検査とは何か

　ポリグラフというのは，人間の脈拍や呼吸，皮膚電気反応の生理的なパターンを測定し，それを記録紙やディスプレイ上に表示し記録する装置のことである。ポリグラフ検査とは，このポリグラフを使用して，事件の被疑者がウソをついているかどうかを判定するためのテストのことである。いわゆる「うそ発見器」である。現在，日本の警察では，捜査過程で，このポリグラフ検査によ

る鑑定を全国で年間5000人程度に実施している。

　ポリグラフ検査というと通常，センサーを接続した状態でさまざまな質問を行い，被疑者がうそをつくと，「うそ」を示す波形がポリグラフ上に現れるというイメージが想像されるのであるが，実際にはこのようなことはできない。なぜなら，人が「うそ」をついたとき特有の生理的なパターンは存在しないからである。このセンサーで測定できるのはあくまで，自律神経系の活動の状態とくに，被検査者の緊張の程度などの情報に過ぎない。だから，センサーを被疑者につないで「あなたはAさんを殺しましたね」などと質問すれば，実際に殺した犯人であっても犯人でなくても，だれでも緊張度が高まり，生理反応は大きな変化をしてしまう。そのため，このような質問方法で犯人を識別することはできない。

写真1-1　日本の警察で長い間使用されてきたラフィエット式のポリグラフ（法政大学心理学科所有）

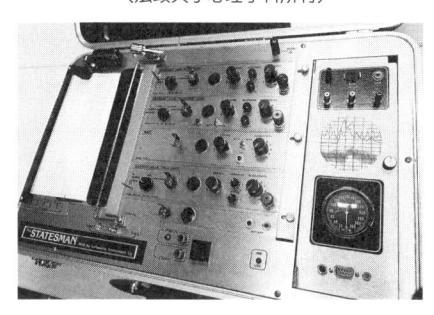

CQT（コントロール質問法）

　そこで，この装置を使って被疑者が犯人かどうかを識別するためのさまざまな方法論が考案された。そのひとつがCQT（Control Question Technique）といわれる方法である。これはアメリカでは現在でもよく行われている方法である。この方法では，ポリグラフ検査に先立って，事前の面接で被疑者にわざとうそをつかせる。たとえば殺人事件の被疑者にポリグラフ検査をかける前に，「本件の殺人以外で，いままで警察に捕まるような悪いことはなにもしていないね」などの質問をする。多くの被疑者は，ひとつふたつばれてはまずいことをしているが，ここでそれを認めてしまうと本件である殺人も疑われてしまう可能性があるので，「いいえ」などの答えをすることが予想される。さて，この状態で質問をしていくわけであるが，そのなかで生理反応を測定しながら次のようなタイプの質問をする。

「あなたはAさんを殺しましたか」(関係質問)
「あなたはこの事件以外で警察に見つかるとまずいことをしていますか」
(対照質問)

　もし，被疑者が本件の殺人をしていない場合には，殺人に関してはともかく，うそをついてしまった他の事件のことがばれるのが恐ろしいので，被疑者は関係質問よりも対照質問で緊張が高まることが予測される。一方で被疑者が真犯人の場合には他の事件のことよりも，いまここで問題にされている殺人事件の犯人であることがばれるのが一番恐ろしいので，対照質問よりも関係質問で緊張が高まると予想される。つまり，対照質問と関係質問を行った後の反応の大きさを比較することによって，真犯人かどうかを判断することができるというのである。

　CQTは，簡単に実施できる方法である。アメリカのポリグラフの専門家が強調するのはこの点である。しかしながら，この方法は，いくつかの大きな限界を持っているのも事実である。まず。精度が必ずしも高くないという点である。つぎにこれを教科書通りに行おうとすると，被疑者にわざとウソをつかせないといけないのであるが，ここでウソをつかなかったり，あるいは本当に警察にばれるとまずいようなことを行っていない人の場合，原理的に検査を実施することができないということである。

CIT（隠匿情報テスト）

　そこで質問法をさらに改良して生み出されたのが，CIT（隠匿情報テスト：Concealed Information Test）といわれる方法である。なお，この方法は研究論文などではGKT（犯行知識テスト：Guilty Knowledge Test），警察実務ではPOT（緊張最高点質問法 Peak of Tension Test）と呼ばれていることもあるが，内容はほぼ同様である。これは，次のようなロジックに基づいた検査方法である。いま，犯人が，被害者宅にあったワインの瓶で被害者を殴って殺害した殺人事件が発生したとする。この事件を捜査する警察は，捜査にあたってまず，この「瓶で殴った」という情報をマスコミ等に発表しないことにする。さて，いま，この事件の被疑者が浮かんできたとしよう。その場合，彼の生理反応を測定しながら順次，次のような質問を行っていくのである。

「犯人はAさんを首を絞めて殺しましたか」（非裁決質問）
「犯人はAさんを包丁で刺して殺しましたか」（非裁決質問）
「犯人はAさんを瓶で殴って殺しましたか」（裁決質問）
「犯人はAさんを風呂に沈めて殺しましたか」（非裁決質問）
「犯人はAさんになにか毒を飲ませて殺しましたか」（非裁決質問）

　もし，被疑者が犯人でなければ，実際にどの方法で殺されたかについてはマスコミで報道されていない以上，知らないので，おそらくどの質問に対しても同じ程度緊張することが予測される。これに対して，真犯人の場合には，実際に自分が行った「瓶で殴って」については他の質問に比べてより緊張の度合いが大きくなることが予想される。そのため，この部分でとくに大きな緊張が見られた場合「犯人でなければ知っているはずのない」ような情報を知っていることがわかってしまうのである。実際の警察の実務ではこの種の質問を何種類も用意しておいて実施する。たとえば，遺体の状態（どこに倒れていたか，どこに隠したか，着衣の状態はどのようになっていたか）や犯行の詳細（侵入口，襲った部屋の状況，証拠隠滅のための行為）などについても質問して，すべての質問で「犯人でなければ知っているはずのない」情報で反応が得られれば，被疑者を真犯人であると推定するのである。

　このように，CITは「ウソ」自体を検出するテストなのではなく，生理指標を用いた記憶テストであると考えられる。

ポリグラフ検査の正確性

　ポリグラフ検査が実際にどのくらい正確なテストなのかについて，いままで多くの研究者が検討している。まず，CQTに関してはRaskinとHonts [Raskin & Honts 2002] が以下のようなデータを報告している。これをみると犯人である人を「犯人」と正しく判断できる確率は98％と極めて高いものの，犯人でない人を「犯人」であると誤って判断してしまう可能性が25％であることがわかる。これは自分が犯人でない場合でも4回に1回は犯人とされてしまうことを意味しているが，刑事司法の手続きのなかでは，これは冤罪を作り出す危険性を増大させてしまうことになるので，非常に危険な方法であるといわざるを得ない。一方CITに関しては，日本の警察の実務検査の結果が匹田

表1-1 CQT（コントロール質問法）の正確性

		検査結果	
		犯人	犯人ではない
実際	犯人（90人）	98%（89人）	2%（1人）
	犯人ではない（71人）	25%（12人）	75%（59人）

[Raskin & Honts 2002]

表1-2 日本における犯罪捜査実務でのポリグラフ検査の正確性

		検査結果	
		犯人	犯人ではない
実際	犯人（234人）	91.9%（215人）	8.1%（19人）
	犯人ではない（932人）	0.4%（4人）	99.6%（928人）

[疋田 1971]

[1971]によって報告されている。この場合，犯人を「犯人」と指摘できる可能性はCQTに比べて低く，91.9%であるが，注目すべきは「犯人でない人」を「犯人」であるとしてしまう誤りがほとんど生じないということである。これらのことから，CQTとCITでは，警察等で行われる刑事司法手続きのなかでは，あきらかに後者のほうが優れているということがわかる。これゆえに，日本の警察ではCQTでなく，CITが用いられている。

4 | プロファイリング

プロファイリングとは何か

プロファイリングとは，犯罪現場の状況，犯人の行動や被害者の状況などをもとにして犯人の属性を推定していく捜査手法のことである。プロファイリングにはFBI方式といわれるものと，リバプール方式といわれるものがある。テレビドラマなどでよく描かれているのは，FBI方式であるが，この方式を犯罪捜査実務で用いているのは，アメリカなどわずかな国のみであり，世界の警察実務ではむしろ，リバプール方式が主流である。日本の警察が採用しているのもこの方法である。

FBI方式のプロファイリング

FBI方式のプロファイリングは，連続殺人事件（一人の犯人が複数の被害者を1回にひとりずつ，間隔を開けて殺害する殺人のパターン），性的殺人事件（自分の性的な欲求を実現するために行う殺人のパターン）の捜査を支援するためにアメリカ連邦捜査局（FBI：Federal Bureau of Investigation）が開発した方法である。

世の中で発生する殺人事件は犯人と被害者の間に事前の人間関係（VO関係：Victim-Offender relationship）があることがほとんどである。これは殺人事件の多くが恋愛関係のもつれや，金銭貸借関係からの恨みや言い争いから生じているからである。このような事件では犯人を見つけるのはそう難しくない。被害者のことを殺すほど憎んでいる人物を探れば，犯人に行きあたるからである。ところが連続殺人や性的殺人の場合は，犯人はVO関係のない，いきずりの人間を殺害することが多い。このような事件の捜査は大変困難である。FBIは1970年代にアメリカの各地においてこの種の事件が数多く発生しており，その中には未検挙の事件が相当するあることに気づいた。しかも，これらの事件は残酷であったり地域社会を恐怖に陥れるので，早期検挙が望まれる事件でもある。そこで，FBIはこの種の犯人を検挙するための方策を開発することにした。

　担当したFBIアカデミーの行動科学科では，検挙され当時アメリカ全土の刑務所に収監されていた36名の連続殺人犯，性的殺人犯のデータを詳細に分析するとともに一部の犯罪者には面接調査まで行った［Ressler, Burgess, & Douglas 1992］。その結果，彼らはまず，連続殺人の事件現場は，おおきく，2つのカテゴリーにわけることができることに気づいた。第1のカテゴリーは，犯人がその家にあった凶器を使用し，被害者をいきなり襲って殺し，遺体をそのまま放置するといったものである。事件現場は荒らされていて，現場には指紋やその他の遺留品が残っていることも多い。レイプをされている場合には殺害後に行われている。第2のカテゴリーは，犯人は凶器をあらかじめ用意しており，被害者をことばで騙して拉致して殺害するもので，遺体は埋められるなど処分され，現場に遺留品が少ないというものである。事件現場はきれい，あるいは事件の形跡はない。被害者は生前，監禁されたり拷問されたり，レイプされたりする場合がある。

　FBIは前者のものを無秩序型（Disorganized type），後者のものを秩序型（Organized type）と呼んだ。もし，ただこれを分類しただけであったならば，それは学問的には意味があっても捜査にはあまり役に立たなかったであろう。しかし，FBIはもうひとつ重要なことに気がついた。それは犯人にも2種類のタイプがあるということである。ひとつは，知的水準や学歴が低く，熟練を要しな

表1-3　秩序型と無秩序型の犯行現場と犯人属性

【秩序型犯人と無秩序型犯人の犯行形態の違い】

秩序型	無秩序型
・計画的犯行	・偶発的犯行
・好みのタイプの被害者（ただし，知人ではない）	・被害者または現場を知っている（被害者を選択したわけではない）
・被害者を操作する	・被害者を者として扱う
・会話は慎重	・会話はない
・整然とした犯行現場	・混乱した犯行現場
・被害者を服従させる	・被害者を突然襲う
・自制心あり	・自制心なし
・殺す前にサディスティックな行為	・殺した後に性的行為
・遺体を隠蔽する	・遺体はそのまま
・凶器や証拠を残さない	・凶器や証拠を残したまま
・被害者を接触場所から犯行現場へ，遺体を隠蔽の場へと移動	・接触場所，犯行現場，遺体の場所はすべて同一

【秩序型犯人と無秩序型犯人の犯人像の違い】

特徴	秩序型	無秩序型
知能	平均または上	平均以下
社会的能力	あり	なし
職業	熟練を要する仕事を好む	熟練を要しない仕事
性的能力	あり	なし
出生順位	長男が多い	末子が多い
父親の職業	安定	不安定
幼少期のしつけ	一貫していない	厳格
犯行時の感情	統制されている	不安感
犯行時の飲酒	あり	なし
原因のストレス	あり	なし
居住状況	配偶者または愛人と同居	独居
移動性，車	移動性高い，よい車	現場近くに居住または職場あり
事件のニュース	興味あり	興味なし
犯行後	転職，転居	目立つ行動変化（薬物使用，飲酒，宗教への傾倒等）

[Rassler et al. 1988]

い職業に就いているか無職で、独居、現場近くに住んでいるタイプであり、もうひとつは、知的水準や学歴が比較的高く、熟練を要する仕事に就いており、妻や恋人と同居し、現場からやや離れたところに住み、手入れの行き届いた車で移動するタイプであった。

　そして、興味深いことに無秩序型の犯行は前者の犯人によって行われ、秩序型の犯行は後者の犯人によって行われることもわかったのである。この法則が見いだされたのは、画期的なことであった。なぜなら、犯行状況、犯行現場を見るだけである程度犯人のタイプを推測できるということになるからである。

　このように、犯行現場を何種類かのカテゴリーに分け、それらに対応する犯人のタイプのリストを作成し、実際に起きた事件に当てはめていくというこの方法こそが、FBI方式のプロファイリングの基本である。現在では、連続殺人のみでなく、ストレンジャーレイプ（見ず知らずの人に襲われるレイプ）、子どもに対する性犯罪、放火、テロなどVO関係のない多くの事件で、プロファイリングが活用されている。

FBI方式のプロファイリングの問題点

　FBI方式のプロファイリングは、いままでまったく見当もつかなかった連続殺人事件の犯人について、大ざっぱながらもある程度具体的な犯人のイメージを提供できるものであり、捜査においてはそれなりに有効に使用することができた。たとえば、犯人は「近所に住んでいて無職の人物」であるとわかっただけでも、被疑者の範囲を十分に絞り込むことができるだろう。

　しかしながら、この方法はひとつの大きな問題を抱えている。それはカテゴリーにあてはまらない事件が発生したときにプロファイリングが困難になってしまうという点である。たとえば、犯人が被害者に声をかけて騙して連れ出し、その後射殺し、遺体を放置した事件が発生したとする。このタイプの事件は秩序型と無秩序型の双方の特徴を持っていることになる。FBI方式ではこのように両方の特徴が混在している場合をミックスタイプと呼んでいるが、このミックスタイプに対応する犯人のタイプはFBI方式では明らかにならない。秩序か無秩序かが明らかに分離できる場合、FBI方式は有効なのだが、ミックスの場合、原理的には推定ができないのである。現実的には、プロファイリン

グ担当者が自らの経験も加味しながらミックスタイプのプロファイリングも行っているのが現状であるが，これは科学的な方法論に基づくものではない。そして FBI 方式が最終的には「サイエンス」でなく「アート」と呼ばれているのはこのあたりに原因がある。そして，ミックスタイプが少数なら問題は少ないのだが，現実にはかなり多くのタイプがミックスタイプだということがわかっている。

リバプール方式のプロファイリング

リバプール方式のプロファイリングはイギリスのサリー大学（その後，リバプール大学）の David Canter によって考案されたプロファイリングの方法論である［Canter & Youngs 2009］。彼は，1980年代にロンドンの鉄道沿線で発生していた「鉄道レイプ連続殺人事件」の捜査に協力したことをきっかけにプロファイリングの研究に着手した。

リバプール方式のプロファイリングは FBI 方式のように犯人や犯行をカテゴリーに分類してそのあてはめによってプロファイリングを行っていくのではなく，犯罪のデータベースを統計的に分析して，犯人像を推定していくという特徴を持っている。そのため，統計的プロファイリングと呼ばれる場合もある。

リバプール方式のプロファイリングにはさまざまな方法があるがそのひとつの方法は，犯人の行動の空間マッピング法である。

たとえば，連続殺人事件について分析しようとすれば，その事件のデータを大量にあつめて，そのデータを多次元尺度構成法という方法を用いて空間的にマッピングする。その結果が図1-1である。ここで近接した点は同じ犯人が同時にとりやすい行動，離れている点は同じ犯人が同時には取りにくい行動を意味する。たとえば，「遺体の腹を裂く」という行動は，「性器に対する傷害」と同時に起きやすく，「銃の使用」と「猿ぐつわをする」は同時に起きにくいことを意味している。そして，この図では中央に行くほど多くの犯人が行いやすく周辺に行くほど一部の犯人しか行わない行動になっている。

ある地方で3つの殺人事件が起きたとしよう。この場合，警察ではどの殺人とどの殺人が同じ犯人によって行われたのかを推理しなければならない。この

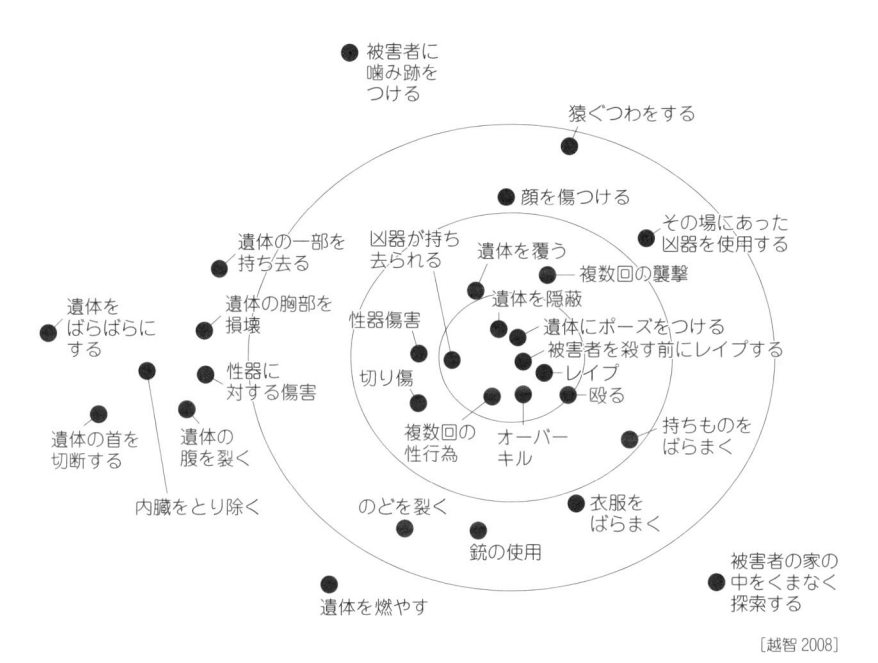

図1-1　連続殺人犯人の行動の空間マッピング

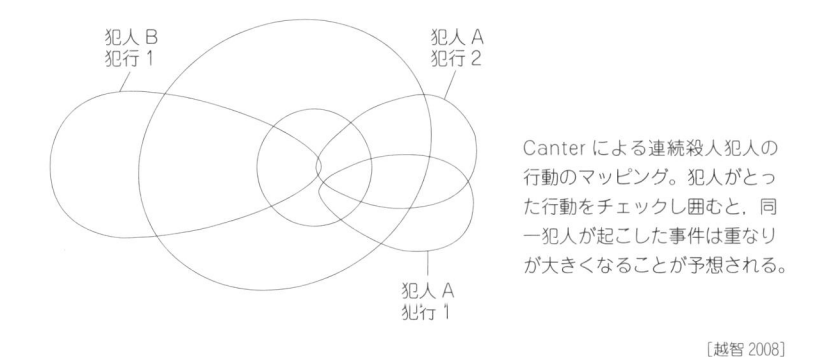

[越智 2008]

Canterによる連続殺人犯人の行動のマッピング。犯人がとった行動をチェックし囲むと、同一犯人が起こした事件は重なりが大きくなることが予想される。

[越智 2008]

図1-2　空間マッピングを用いたリンク分析

図を使用すれば，同じ犯人がとった行動はこの図において，同じような領域に分布すると思われるので，3つの事件それぞれの犯行で犯人がとった行動の領域をマッピングしていけば，その重なりから，それぞれの犯罪の類似性が明らかになりやすい。たとえば，以下の図では，犯人Aが2つの犯罪を犯人Bがのこりのひとつの犯罪を行ったであろうことを推測することができる。これをリンク分析という。この表のなかには，犯人の行動しか書かれていないが同じ図の中に犯人の属性，たとえば職業や結婚の有無，年齢，知能などの情報を入れていけば，犯人の属性をプロファイリングすることが可能になる。リバプール方式のプロファイリングでは，ほかに連続犯行の地理的な分布から犯人の居住地や次の犯行地を予測する地理的プロファイリングという方法も開発されている。

〔越智 啓太〕

02章 公判前報道と選出手続
――偏向をいかに防ぐかという政策的問題

　本章では，まず市民参加型裁判が前提的に抱えている問題――つまり市民の代表性を維持する一方で市民の持つ偏向を排除するという問題について扱う。市民がまず当該事件について知り，何かしらの印象を形成するのは報道などメディアによる情報である。よってこれらの公判前に形成される偏見や予断の問題を扱う法と心理学研究について概説する。偏向に対する刑事司法の対策とそれに対する心理学の可能な貢献について学び，日本独自の制度的環境において今後必要となる研究・実践そして政策について述べる。

1 | 市民参加と公判までの問題

裁判の在り方と市民の多様性

　基本的に市民が裁判に参加する意義は，市民の意見を裁判に反映するためのものである。よって多様な価値観を持った市民から構成されることになる評議体は，市民全体の意見や態度の傾向を反映した「代表性」を持つ必要がある。
　慣習法に基づく司法体系を持つ旧イギリス植民地の国々，とくにイギリスとアメリカ合衆国は多民族・多文化的な連邦国家である（イギリスも連合国である）。よって公正な陪審とは，コミュニティを正しく代表するものでなければならないとされている［勝田 1997］。そのため，通常12名の市民で構成される陪審評議体は各民族・文化的多様性を反映すべく選任されるべきであると考えられている。たとえば，陪審制度の12名という人数構成は，それより少ない人数で行われる陪審よりも社会的マイノリティをより多く含む可能性をもつために維持されている面がある［Saks and Marti 1977］。評議体における市民の数が増えれば，それだけ社会的マイノリティが陪審に含まれる確率は統計的に高ま

る。つまり、評議体の判決に社会的マイノリティの意見も反映されることで公正な裁判が行われることができると考えられているのである。

日本の裁判員制度やヨーロッパ圏で用いられている参審制もまた、裁判官が評議に加わるという点で市民意見の反映は間接的・部分的にはなるものの、市民参加が司法への「市民の意見の反映」であるという点については同様である。日本の最高裁判所による「2010（平成22）年中に裁判員を経験したものに対するアンケート調査結果（8,285名、回収率96.5％）」によれば、裁判員の属性について、裁判員になった市民の性別割合は女性が43.6％、男性が54.6％と約半分ずつ。年代は20代が14.5％、30代が23.0％、40代が21.5％、50代が20.2％、60代が17.2％と70歳以上が1.6％となっている。70歳以上の市民は、その年齢を理由に裁判員辞退が可能であるので、裁判員となる市民の性別、年代の割合は「全体としてはバランスは保たれている」[井上 2012]。また職業別では務めを持っているものが過半を占める。このデータが、ひとつの評議体を占める性別・年代ではないことに注意を要するが、少なくとも裁判員制度や参審制裁判もまた社会の「代表性」を持ったものとして評議体の構成を形成している。

裁判と市民の偏向

一方で裁判において判断者（陪審員・参審員そして裁判員）として選ばれる市民は、とくに偏向（偏見や予断）がないことが重要だと考えられている[フット 2007]。これは裁判が「直接主義」と「口頭主義」の原則を採るためである。口頭主義とは、検察官や弁護人は基本的に証拠や証言を口頭で裁判所に提供し、裁判所がこれに基づいて審理および判決をする原則である。直接主義とは、裁判所が自らの面前で取り調べた証拠のみに基づいて裁判をすべきであるという原則である。市民や裁判官は、自ら公判で証人や証拠を「直接」調べて評価し、検察側、弁護（被告人）側の「口頭」弁論に基づいてのみ判決を下す必要がある。

裁判に参加することになる市民は、その多様な価値観を背景に、いわば社会の縮図としての代表性を発揮するために選ばれるが、当該事件に関しては公判以外の情報に基づいて判断を行ってはならない。公判以外で得られた情報によ

る事件への印象や態度は，司法において予断・偏見と同義であると見なされるためである。よって司法はこの市民が持つ偏向（予断・偏見）の裁判への流入を防ぐ措置を講じる必要がある。

　心理学研究はこういった個人の態度や印象の測定を中心的に行なってきたのであり，心理学の研究知見を知ることは偏向防止のために有用であるだろう。とりわけ社会心理学研究では Gordon Willard Allport が1954年に「偏見の本質（The Nature of Prejudice）」を記したことを契機に，偏見（偏向）の問題は盛んに研究されてきた。Allport 以降の心理学上における偏見は，個人が持つものではあるが，それはその個人が属する集団・社会（内集団）が他の集団や社会（外集団），そして個人に対して持つ特定の価値観の反映と考えられている［ブラウン 1999］。よって，これまで心理学において偏見などの「偏向」は集団間の問題としても扱われてきた。つきつめれば偏向は「好き嫌い」であるから，殆どの場合，対人偏見は刑事被告人に不利に働くこととなる［黒沢 2005］。

「偏向」に対する法心理学研究

　法心理学研究に限ってみても，多くの研究が直接的または間接的に公判以前の偏向の問題を扱ってきたといえる。なぜなら，ほとんどの研究が事実認定者となる一般市民の公判以前（もしくは評議以前）の態度・意見の測定や，その態度・意見に影響を与えると想定されている情報（自白証言・目撃証言などの証拠）について扱っているからである。

　とくに欧米の法心理学研究の多くがこれらの問題を扱う理由は，集団意思決定研究として Davis［1973］が示した社会的決定図式（social decision schema：SDS）による影響が大きい。Davis の研究は，集団の最終意思決定は，集団の構成員が予め持つ問題に対する認識（初期選好 preference）の多数派の意見が通りやすいことを示した。つまり SDS モデルは，集団で問題を解決する場合，議論の中身とは別に，議論の前の意見の偏りによって集団の結論が予測できるとする。仮にこれが裁判の評議体の意思決定にも適用されるのであれば非常に危険であることは想像に難くない。なぜなら，裁判において初期選好とは，評議が開始される前の意見をいい，原則として裁判中に呈示された証拠を陪審員が見聞きして形成した意見のことをいうが，場合によっては裁判外で裁判員や

陪審員が見聞きしたことも含まれ得るからである。

よって主に欧米圏の陪審に関する心理学研究は，その初期選好となりうる心理学的変数を調べ，その一般的傾向を見出すことで，この市民の偏向について調査してきた。この一般的傾向が評議体の初期選好の多数派になると想定されているわけである。日本の裁判員裁判や参審制のように，評議体に裁判官が含まれる場合，SDSモデルによる予測には修正が必要であるが，市民の多数派が偏向しうる情報に基づき判断を行えば集団の判決・量刑に影響を与える可能性は十分にある。

裁判においてSDSモデルの初期選好（偏向）になりうる要因はさまざまある。先述した偏見の問題や，たとえば，目撃証言や被告人の自白証言など事件の決定的な情報に公判以前に市民が接触すれば，当然市民の初期選好は被告人に不利な形で働く。そして，こうした情報に市民が公判以外で触れることになるのは，多くの場合，それはメディアによる報道によるものである。次節では，公判以前に市民の初期選好に最も身近な形で影響を与える要因として「報道」について取り上げ，関連する研究を見ていく。これらの研究は主として陪審制を想定したものであるが，要所に日本の裁判員裁判の現状についても述べる。

2 | 公判前報道

市民が最初に刑事事件の情報について知るのはテレビ・ラジオ・新聞そしてインターネットを介したメディアによる報道であるだろう。メディアは，1日中絶え間なく犯罪について報道し，インターネットの普及はさらに市民が能動的にまた積極的に犯罪に関する情報を探すことを可能にしている。このような公判以前の事件の報道は公判前報道（Pre-trial Publicity：以下，PTPとする）としてすでに法心理学領域で研究が重ねられている。

偏向ある報道の内容

どのようなPTPが市民判断者へ悪影響を及ぼすと考えられているのか。すでに各国では予断を生むと考えられている報道内容はそれぞれ指摘されている。

まず，イギリスでは，法廷侮辱罪（contempt of court）によって報道の規制が行われており，その内容から問題あると考えられている報道の内容を知ることができる。法廷侮辱罪で規制されているのは，①被告人の性格，経歴（前科など）に関する報道，②被告人が有罪であること，または無罪であることなどを断定したり，主張したりする報道，③証拠（自白，証人の供述，凶器が発見されたことなど）に関するものである［村瀬 2010］。

　アメリカではアメリカ法律家協会（American Bar Association：ABA）が公表している，報道の自由を損なうことなく公正な裁判を受ける権利を保証・強化する基準（Standards Relating to Fair Trial and Free Press）に，原則として公表されるべきではない情報が規定されている［ABA 1992］。その内容は，前科記録，自白の存在や内容，供述を拒否したこと，ポリグラフ検査等の実施の事実や被疑者がテストを受けることを拒否した事実，予定される証人及び証言内容，有罪・無罪についての意見である。ABAによる同基準は，いわば倫理規範であるが，仮にこれらの基準に規定されている内容に抵触するような報道が生じた場合，弁護側はこの点について裁判において争いうることとなる。

　実のところ日本では，他国のように規制すべき報道の内容を明示した法も，報道規制そのものも存在しないのが現状である。これは「表現の自由」の権利が日本においては重視されているという側面があるためである。しかし，渕野貴生［2007］は，日本においても規制されるべき偏向誘発的情報を3つあげている。ひとつ目は「自白の有無および自白の内容ならびに自白に類する性質をもつ資料」，ふたつ目は「共犯者の自白」，そしてみっつ目は「被疑者・被告人の前科悪性格」である。とくに日本において「自白」に関する報道は，日本司法の自白偏重の現状が生み出す「虚偽自白」の存在があるため，自白情報の重大性とそれが誤りだった場合の危険性を考慮すれば控えられて然るべき内容であるだろう（この点は本書 **03**・**06** 章に詳しい）。また前科情報に関しては，「1度生じたことは2度生じやすい」「コインの表が続けば次は裏がくる」という人間の認知バイアス（ギャンブラーの錯誤と呼ばれる）の存在からも市民が偏向を抱きやすいと考えられる。

報道内容の偏向を調査した心理学研究

　実際に報道機関が偏向的な情報を含む報道をしているのかについて，アメリカの Imrich, Mullin, and Linz［1995］は 8 週間にわたりアメリカの主要新聞14紙で扱われた犯罪報道の内容を分析した。結果，容疑者としてあげられている人物の27％が偏向的な記述によって不利な様子で描かれていることを明らかにしている。つまり 4 人に 1 人の容疑者が「真犯人」であるかのように報道されていたのである。真犯人であることは裁判によって決定されるのであり，報道機関がこの点を断定的に扱うことは本来できないはずだが，多くの報道がこのような印象を市民に抱かせているのは事実である。また Dixon and Linz［2002］は， 2 年以上にわたり200以上のテレビのニュース番組の犯罪報道の内容を分析したところ，刑事事件報道の19％が ABA によって使用が禁止されるべきとされる内容によって報道されていた。アメリカでは，とくにアフリカ系やヒスパニック系の人物が「容疑者」となる場合，そしてコーカサス系アメリカ人が「被害者」の場合に，このような報道表現が用いられやすいことも指摘されている。

　日本の場合には，人種差別的問題に馴染みが薄いが，これが外国人犯罪のような社会的マイノリティに該当する人物が被疑者・被告人となった場合と考えると，共通した問題が見えるように思われる。またこれが日本人の被疑者であっても，仮に一般的ではない生活状況や趣味・嗜好を持っていることを報道機関がセンセーショナルに扱うことで偏向に結びつくことは想像に易い。無罪が確定している冤罪事件として有名な足利事件では，逮捕当時の新聞報道が被疑者とされた男性の個人的嗜好にまで言及されていた。このような誤りが起きたときの社会的責任を報道機関が取らないのは大きな問題である。

　少なくとも日本においてこのようなメディアの内容を系統的に分析した研究は見当たらない。既に冤罪事件として確定している事件報道を集積することにも意味があるだろう。さらに，世の中に散見されているためあたりまえのような表現ひとつであっても，メディア特有の表現自体の持つ影響が市民に悪印象を与えている可能性についても調査する必要がある［渕野 2007］。

偏向報道が市民に与える影響についての研究

　このような「公判以前の市民の偏向」を形成するPTPの影響力について心理学はさまざまな角度から多くの実証研究を行ってきた［Thompson, Fong, and Rosenhan 1981；Fulero 1987；Kramer, Kerr, & Carroll 1990；Steblay, Besirevic, Fulero, Jimenz-Lorente 1999；Steblay, Hosch, Culhane, and McWethy 2006］。

　なかでもSteblay, Besirevic, Fulero, Jimenez-Lorente［1999］は，これらのPTPの影響を調査した23の論文中の44個の実験に対するメタ分析を行っている。メタ分析とは複数の研究データを総合して分析するもので，同研究テーマのその時点の総括のようなものである。この分析の結果，被告人に不利な情報を含み有罪へと誘導するようなPTP（ネガティブPTP）が市民に提示されたときは，提示されていないときに比べて，相対的に陪審員を有罪判断に導くことを明らかにした。さらなる詳細な分析では，PTPの効果は，①さまざまな実験状況，②公判後よりも公判前の初期選好，③心理学実験で多用される学生の実験参加者よりも現実の市民，④殺人，性的虐待または薬物使用を含む事件，⑤ひとつよりも複数種類のネガティブPTP，⑥フィクションの内容よりも現実的な内容のPTP，そして⑦1週間以内に何回もPTPに接触した場合，といった状況で，より有罪の初期選好を導く頑健な影響力をもつことが明らかにされている。

　このSteblayら［1999］のメタ分析以降も，多くの研究がこのネガティブPTPの効果の頑健性について報告している［Arbuthnot, Myers, & Leach 2002；Honess, Charman, & Levi 2003；Hope, Memon, & McGerge 2004；Jacquin & Hodges 2007；Kerr, Niedermeier, & Kaplan 1999；Kovera 2002；Ruva & McEvoy 2008；Ruva, McEvoy, & Bryant 2007；Shaw & Skolnick 2004］。たとえば，Jacquin & Hodges［2007］は，ある殺人事件に関する情報にまったく触れていない市民と，新聞による報道を読んだ市民の，公判前の事件に関する知識（情報量）を調査し，市民の有罪・無罪判断の初期選好との関係を調査した。この時，新聞の内容はみっつあり，ひとつ目は被告人に共感的な内容，ふたつ目は被告人に非共感的な内容，みっつ目は事件の客観的な事実だけを記述した内容であった。調査結果は，事件に関する知識と有罪・無罪判断には相関関係がないことがわかっ

た。つまり事件の詳細をよりよく覚えているからといって市民が有罪と判断するわけではなかったのである。一方で，非共感的な報道に接触した市民は，共感的な報道または事実だけを記述した報道を読んだ市民よりも，有罪判断をする傾向にあることを示した。つまり，市民がその事件の内容をどのようなストーリとして理解しているかという点が重要であることが指摘されている。

少なくとも，法心理学領域内では被告人に不利な情報を含むPTPが市民の初期選好に影響を与えることはすでに自明のものとして扱われている。よって以下では，この報道に対する対処方法について考えてみよう。

3｜市民の偏向に対する対処方法

ここまで市民の偏向を形成するものとして事件報道の問題について触れた。次に，報道などによって形成された市民の偏向を，司法がどのように防ぐ機能を持つかについて触れよう。以下では日本の裁判員裁判の市民の偏向を排除する制度手続きを概観しながらその機能と限界点について見てみよう。

報道規制

すでにイギリス・アメリカその他の国々では，形はさまざまではあれ，法による報道の規制があり，そして日本ではそのような規制がないことについて述べた。

アメリカではこれらのPTPに対する規制措置は大きく分けて3つある［福来2005］。ひとつは，直接的規制措置であり，報道そのものを規制する対処，次に，間接的規制措置として，裁判地の変更や，裁判の延期などを行う対処，最後に，審理中にとられる措置として，公判中に裁判官が説示や，専門家が報道の影響を説明するものがある。しかし実際には，米国においても直接的規制措置は報道の自由と鋭く対立する手段であり，1976年のNebraska Press Association v. Stuart（427 U.S. 539(1976)）判決以降その使用はほぼ不可能なものとされている。

日本では，これまではマスコミの倫理的自主規制がその規制方法として用い

られてきている。具体的には法曹とマスコミ関係者による「マスコミ倫理懇談会全国協議会」が定期的に開かれ，メディアと司法のあり方について意見交換が行われることで改善を図ってきた。しかし，渕野［2007］が指摘するような自白報道や前科報道，また被疑者個人の特徴についての報道がなくなる気配はない。「表現の自由」も重要な基本的人権であり，また「公正な裁判を受ける権利」もまた重要な権利であることはいうまでもない。

　福来［2005］によれば，アメリカでは「審理中にとられる措置」が，報道の影響を最小限に食い止める方法として良く使用され，またメディアとの摩擦の面においても効果的であることを示唆している。よって日本では直接的な報道規制の実現は困難である点も鑑みれば，審理中にとられる措置を含む裁判員制度手続き上の措置によって偏向の流入を防ぐことがとりいそぎ重要となる。

呼び出すべき候補者の選定

　まず裁判員制度が行う予断防止手続きは，偏りのない市民を選ぶことである。基本的に市民判断者は，その地域，国で法に規定されている「市民」の条件を満たす者を対象として，住民票や選挙人名簿などからランダムに選ばれる。日本の裁判員制度で裁判員の選定対象となる市民は，各地方裁判所管内における市町村の選挙管理委員会が「くじ」で選んで作成した名簿に基づき，裁判員候補者名簿が作成され，このなかから選ばれることになる。裁判員候補者となる市民は選挙権を持つ者であり，この対象となる市民は日本総人口の80％ほどを占める。

　続いて，事件ごとに裁判員候補者名簿のなかから，再び「くじ」で裁判員候補者が選ばれる。基本的に，裁判の日数が3日以内と想定される事件では，一事件あたり50人程度の裁判員候補者に通知されて，指定された選任手続期日に裁判所に集められる。

　裁判員候補者の選定段階には「くじ」などを使用した無作為選出手続き（心理学でいうところのランダムサンプリング）を使用することで公正性が確保されると考えられている。ただし，これは裁判員として選ばれる市民のデモグラフィックな偏りや選出時の恣意性を排除する機能は有するが，ひとつの裁判体の市民の構成の偏りを排除するものではない。つまり裁判によっては候補者全員が一

定の年代であったり，性別に偏りがあったりする場合が存在しうる。

選任手続

ランダムサンプリングの結果集められた市民に，明らかに年齢や性別に偏りがある場合や，被告人や事件に対しとくに偏向した態度をもつ市民を評議体から除外するのが選任手続きである。この手続では，法廷に提出された証拠だけに基づき，検察官が充分な立証を行ったか，できるだけ公平に判断できる市民を選ぶ。

英米で採られる陪審制度の選任手続では，最終段階にボア・ディール（voir dire）と呼ばれる手続がある（日本語では宣誓選任手続き・予備審問）。これは，ラテン語で「真実を語る」という意味であり，陪審候補者に対して，予断・偏見・偏向の有無や当事者や証人との関係を確かめるために質問がなされる。アメリカ合衆国では，偏向を持っている市民やすでに答えを決めているような市民がいた場合，彼らは「理由がある忌避」と呼ばれる手続きによって陪審から除外される。

日本の裁判員制度の場合においても，集められた裁判員候補者たちは，裁判当日に裁判所で裁判長から不公平な裁判をする恐れの有無，辞退希望の有無・理由などについて質問される。裁判員法第34条では，これらを確認するために「必要な質問」をすることが出来るとされているが，具体的な質問とその回答は裁判員のプライバシー保護の観点から原則非公開である。また同条2項において，この質問の際に裁判長が認める場合に弁護人・検察官も，不選任の判断をするために必要と思料する質問を裁判長を通してすることが認められている。

さらに選任手続きとして同法第36条には「理由を示さない不選任の請求」が規定されており，検察・弁護の双方が各自4名まで「理由のない忌避」をすることが可能である。これらの手続きを終えて，最終的に，6名の裁判員が選任され，その日の内に公判に参加することとなる。また裁判員が何らかの理由により途中で裁判に参加できなくなる場合に備えて，補充裁判員も2名ほど選任される。「理由のない忌避」は無条件忌避権と呼ばれるものであり，理由を述べることなく候補者を除くことができる権利である。無条件忌避権を行使する

ことで、当事者（弁護士〔被告人〕または検察官）は評議体の最終的な構成に直接影響を及ぼしうる。しかし、その性質上、人種差別的な無条件忌避権行使を有効に抑止することは困難であるとされる［勝田 1997］。そもそも外見から偏向の有無を判断するのは不可能であり、とくに候補者の属性・特徴だけから「偏向がある」と判断するのは、特定の被告人を始めから有罪と考える傾向と、何ら違いないことになる。そのような選任自体が、社会における偏向・バイアスを助長することになりかねない［黒沢 2005］。

　今のところ日本の選任手続きの不選任候補者の選定は、弁護人や検察官の直感に基づきなされているのが現状である。しかしアメリカでは、1960年代後半から、「理由なき忌避」権を有効にするために、科学的陪審選任方法（Scientific Jury Selection : SJS）が普及している。SJS は社会心理学、社会学や社会統計学の知見を応用し、事件や被告人に対する偏向を検証して、忌避権を使用して最終的に「当事者に望ましい」候補者を選任する作業をいう。よって SJS の究極の目的は評議体判決を最も当事者の好ましいにすることである。実態としては、裁判の管轄区の住民の意識調査を行い、当事者に理想的な候補者のプロファイルを作成して、それに当てはまる実際の候補者を選ぶ。また影の陪審（Shadow Jury）と呼ばれる、当該地域住民による模擬陪審裁判を作り、裁判と同じ証人・証拠提示を行い、模擬陪審員の反応に基づき法廷戦略を練るなどがある。この SJS は陪審コンサルティングと呼ばれる職業に発展するほどアメリカでは多用されており、とくに刑事事件だけでなく企業が当事者となる民事訴訟事件などにおいて活用されている。ただし、SJS を用いた全てのケースが裁判に勝利しているわけではない［福来 2011］。

　SJS 使用の効果の有無については意見が分かれているのが実際である。Seltzer ［2006］は、自身が陪審コンサルタントとして務めながら、SJS を使用した事例のメタ分析を行い SJS の効果について検討した。この分析のデータは、実際に SJS に使用したアメリカ国内12州の27の地域における電話調査から得られていた（各地域の参加者は153人から1000人の間）。各裁判において、さまざまな個人のデモグラフィックな情報と心理学的測定項目—性別、人種、年齢、婚姻関係、教育レベル、職、居住地域、宗教、そして接触するメディアなどが調べられ、これと実際の裁判結果の関係について分析がなされた。結果、これら

の変数を原因として説明可能であった初期選好の確率は18％であり，また事件の内容や性質によってその説明率は4％～50％の間で変化した。つまりたとえSJSに基づいて市民の偏りを「正した」としても，事件の内容によって予測力は左右されてしまうわけである。このようにSJSの実際的な効果についてはまだ明らかになっていないのが現状であり，使わないよりは使っておいた方が良いというのが実際のところかもしれない。少なくとも日本においてSJSを使用する場合，裁判管轄地域による市民の意見の差異というものは，アメリカ国内の人種による居住区の違いほど明確に存在していないなど社会統計学的疑問は残る。しかし，日本でも社会科学系の調査は行われているのであり，これらの知見の応用または社会貢献のひとつの形として，今後日本でもSJSに関する調査は活発化するものと思われる。ただし，SJSの使用による無条件忌避が裁判の公正性や倫理と抵触しないかなどの議論は充分になされるべきであろう。

裁判官の説示と評議による解消

これらの手続きを経てもなお，最終的に選ばれた市民のなかに偏向を持った市民がいた場合に制度手続きはどのように対処するのだろうか。日本の最高裁判所は，この時点での市民（裁判員）の偏向に対する対処として以下のように述べている。

「裁判員は，……他の裁判員や裁判官と一緒に証拠に基づいて議論をする中で決めていくことになりますので，そのような議論を通じて，その事件について抱いていた先入観も解消される」。また「裁判長や他の裁判官も，この議論の中で，証拠以外の情報に基づく意見があった場合には，それが証拠に基づくものではないことを指摘するなどして，裁判員に証拠に基づいて判断いただけるように努める」（裁判員制度HP）。

つまり，報道の影響に対して「評議過程の議論による解消」と審理中にとられる措置として「裁判官の説示」を実施することとされる。「裁判官の説示」とは，陪審制度においては公判中に裁判官が「推定無罪の原則」等の裁判の基本原則を市民に伝えること全般を指す。ただし日本の裁判員制度では，裁判官が評議に参加することになるので，この評議中に市民に対し，これらの裁判原

則を通じて報道の影響などを排除することを意味している。

　Kramer, Kerr, & Carroll [1990] は，有罪方向に判断を導くふたつの種類のPTPに対し，裁判官の説示・陪審員の評議による解消・裁判の延期の3つの規制方法の有効性を実証的に調べた。この時，KramerらはFactual Publicity（事実的報道）として，仮に事実であれば被告人の有罪判決を導くような自白や前科情報（しかし，裁判には提出されない"証拠能力のない"証拠の情報）と，感情的報道（Emotional Publicity）として，有罪判決を導く具体的情報は含まないが，被害者の遺体や傷跡等の写真または描写といった否定的情動を喚起しそうな情報をそれぞれ含むふたつのPTPを用意した。そして，このふたつのPTPと3つの規制方法の組み合わせのそれぞれに晒された参加者の有罪・無罪判断を比較した。その結果，「裁判官の説示」も「評議」も両PTPの影響を排除しなかった。むしろ裁判官の説示は，事実的報道の効果をむしろ強化するという結果を招き，Kramerらは逆に裁判官の説示の使用に注意を促している。

　裁判員の説示が効果を持たない心理学的理由のひとつには「心理的リアクタンス」があるとされる。心理的リアクタンスとは「個人が特定の自由を侵害されたときに喚起される，自由回復を志向した動機的状態」である [Brehm & Brehm 1981]。つまり，裁判官が市民に説示を与えることで，彼らの自由心証に権威的な干渉を行ったと解釈されるために，その説示に反発（リアクタンス）が生じるというものである [Steblay, Hosch, Culhane, and McWethy 2006]。よって日本の裁判員制度では評議中に裁判官が説示をするが，その説示に対し市民が内心では反発を覚え，偏向的意見の元に被告人に不利な判断をする可能性は否定できない。

　またKramerらの研究は「評議による解消」についても否定しているが，Goodman-Delahunty & Wakabayashi [2012] のオーストラリアの陪審評議の分析では，報道を扱ったわけではないが，必ずしも市民だけで行われる評議が専門家の証言などに一方的に従うものではないことを明らかにしている。つまり陪審評議過程では「市民の偏向を市民が正す」可能性がある。ただし評議自体の持つ機能についてはまだ研究が少ないのが現状である。今後，報道の影響力に対する評議の予防的効果についても検討されるべきであるだろう。

4 | まとめ：公判までに生じうる事態と裁判の関係

　法心理学の知見からは，報道の内容によっては，市民が事件に対して偏向を抱くことは間違いない。問題はそれをどのように防ぐかである。そしてそれを日本の裁判員制度手続きにどのように位置づけられるのか，さらなる心理学的，法理論的検討が必要である。最後にこれらの日本の偏向を防止する手続き上の方法について法心理学の視点から提案してまとめよう。

　すでに述べたように，日本には報道を規制する法はない。よって考えられるひとつ目の方法としては犯罪報道による公正な裁判の侵害を防止する法的対応手段を検討することである。これは福来［2005］の述べるところの「直接的規制」に該当する。ただし報道規制については繰り返し議論されてきたが，犯罪報道は憲法21条で保証される「表現の自由」の行使との兼ね合いから実現は難しいという問題がある。

　次に考えられるのは「間接的規制」であるが，日本の国土的事情と報道の日本全国の均質性を考えれば，裁判地の変更などはほとんど意味をなさないだろう。「審理中に取られる措置」としての裁判官の説示は，先述のとおり，あまり効果は期待できないのが心理学的な知見から言えることである。「評議による解消」に関しては，陪審評議過程では「市民の偏向を市民が正す」可能性があり，さらに裁判員制度では裁判官が評議に参加するのであるからこの点は強化されうる可能性が期待できるかもしれない。しかし，事実認定者たる市民に問題の解消を期待するのは，ある種の制度的不備といっても差し支えないだろう。少なくともこの点に関しては心理学的にもさらなる検討が必要である。

　さらに選任手続きでの偏向を持つ市民の無条件忌避などの使用は，下手をすればそれ自体が偏向に基づく排除になりかねないのであり，この点を強化することは裁判に異なる次元の偏向を持ち込みかねない。ただし，裁判員候補者のサンプリング段階における質問票，または法曹三者による予備審問での質問の際に，この偏向を検証するような質問項目を加えることは可能かもしれない。最初に触れたように個人が持つ偏見について調べる技術は社会心理学に既に蓄積がある。

このように裁判員裁判の制度手続き上で可能な偏向防止の措置はさまざまあり得るが，まだ心理学的にも法学的にも検討が必要な部分は多い。よって日本においては，特定の「報道すべきではない報道」の内容について明確化し，部分的に明文化するなどして，直接的規制の限定的な使用がまずは必要なのではないかと考えられる。なぜなら，実態がわからないから放置しておくという判断は危険が大きく，そして実態がわからない以上最大限の対策をしておく方が安全側であるためである。少なくとも渕野［2007］が示す「自白」「共犯者の自白」「被疑者・被告人の前科・悪性格」などの情報について，捜査機関側のメディアに対する情報提供を規制するなどの方法が考慮されるべきであるだろう。

〔若林 宏輔〕

03章　取調べ
―― 取調べの科学化・可視化

　わが国における取調べの機能や働きを踏まえて，違法な取調べを抑制するという観点から，取調べの録音録画，いわゆる「可視化」と呼ばれる記録方式についてその導入論や賛否に関する議論を学び，取調べにおいて供述を獲得するために行われる尋問手法の「科学化」についてこれまでの歩みや現状での課題を学ぶ。

1｜はじめに

取調べの機能と目的

　犯罪捜査にあたっては，被疑者の取調べが不可欠の手段と考えられている。何より，取調べで被疑者から自白を得られれば，動機から手段や方法，証拠の在処まで公判において有罪を立証するのに必要な情報や資料の多くを獲得できるからに他ならない。憲法も刑事訴訟法も，自白だけで有罪とできないと定めてはいるものの（日本国憲法38条3項，刑事訴訟法319条1項），自白は証拠の女王といわれるとおり，自白以外の証拠についても自白から得られることが多い。したがってこれまで捜査機関は自白を得るために取調べを重視してきた。

　刑事訴訟法では，「検察官，検察事務官又は司法警察職員は，犯罪の捜査をするについて必要があるときは，被疑者の出頭を求め，これを取り調べることができる」（198条）と定めて，捜査機関に取調べの権限を認めている。その目的と機能は，取調べをする相手方（被疑者）に問いを発し答えを求め，供述という「証拠」を収集するところにある［村上1979など］。加えて，法執行機関による被疑者の取調べには，反省や悔悟を促すカウンセリング機能が備わっていて再犯防止に有効に働く，という見解が示されることもある［渥美2008：45］。

取調べで語られる供述は,「調書」と呼ばれる書面として記録（録取）される。記録者は取調官であったり補助者である場合もある。録取にあたってはすべての発言が逐語的に記録されるのではなく,通常,一人称の形で整序された物語形式の文章となっていることが多い。まれには一問一答式の場合もある。調書を証拠とするために,法は供述者に調書の内容を読み聞かせ誤りのないことを確認させたうえで,調書の末尾に署名・押印をおこなうよう要求している（被疑者については刑訴法322条1項）。要するに,供述調書がいかに大量に作成されたとしても,調書とは取調室でのやりとりをそのまま記録再現したものではなく,あくまで後の刑事手続に向けて捜査機関によって作成された（証拠化された）記録だということを押さえておきたい。

取調べが生んだ誤判えん罪

　取調べにおいて被疑者が自己に対する犯罪の嫌疑を承認する供述を「自白」というが,これまで多くの誤判えん罪事件が起きており,自白がなされても起訴後に自白に信用性がないとして無罪とされたケースもあれば,有罪がいったん確定した後に長い年限を経て再審段階で有罪の根拠となっていた自白の信用性が否定されたケースも少なくない。[*1]そのなかには,真犯人の存在が発覚したことから有罪とされていた事件の自白が虚偽であったことが明らかになったケースがある。たとえば,足利事件（誘拐殺人事件）や富山氷見事件（強姦事件）といった凶悪事件が近時の典型例である。つい最近では,コンピュータのなりすまし事件について被疑者の自白が得られていたにもかかわらず,真犯人の存在が確認されたケースが発覚したことは記憶に新しい。また,志布志事件（投票買収事件）のようにアリバイの成立が認められたケースで自白の信用性が否定された例もある。

　どうして取調官は無実の者から虚偽の自白を取ってしまうのか。たしかに被疑者のなかには圧力に弱い性格から容易にウソをついてでもその場の厳しい取調べという厳しい状況を逃れようとする者も存在する（後述する「供述弱者」と呼ばれるカテゴリーである）。そうした取調べられる側に虚偽自白の原因が存在するケースもあるものの,一般に取調官は目の前の被疑者を逃しては「真犯人であったら問題」だと考えてしまう。[*2]そこでは目の前の被疑者が「真犯人でな

かったら問題」だという思考が働きにくいといわれている[*3]。だが，よく考えてみると，後者の場合にも被疑者が真犯人でないのに虚偽の自白をさせたときには真犯人を逃すことになってしまう。すなわち，虚偽自白とは一個の重大な間違いに止まらず，真犯人を逃すという社会にとって大きなリスクを生み出すことから2個の重大な間違いを犯すことになる[*4]。

取調べの心理学

　わが国の取調べには弁護人の立ち会いが許されていない。そのため，密室で行われた取調べで獲得された自白が任意になされたかどうかが法廷で争われた場合にはしばしば水掛け論となっていた。そこで，被疑者の取調べを録音録画しておけば，不毛な議論を簡単に解決できるのではないか，あるいは，上記のような虚偽の自白の出現を防ぐことができるのではないか，という期待が生まれた。わが国でも複数の事件で被疑者の自白がテープ録音されたケースが確認されているが，こうした録音は取調べを検証したり監視する目的ではなく，もっぱら供述の任意性や信用性を担保する観点からごく一部分だけ記録されていたに過ぎない。

　被疑者取調べを全て録音録画することをわが国では「取調べの可視化」と呼ぶことがある。この呼び方には，調書作成が行われている密室の取調べを透明化するという意図が込められており，犯人の供述を記録するという趣旨とは異なった発想に立っている。これまで，法と心理学では主として調書に書き込まれた供述の分析によって取調べや自白の問題が研究されてきた。しかしながら，全面的に取調べが録音録画される時代においては，心理学はまったく異なる観点から取調べに貢献することが求められるようになった。

　本章を通じて，捜査に不可欠とされる被疑者の取調べにかかわって，どのように心理学が貢献できるかを学んでみたい。

2 | 取調べの可視化

可視化前史

　わが国では，1980年代に死刑再審四事件が無罪となった際にいずれの事案でも自白がもとの裁判で中心的証拠であったことを踏まえて，被疑者取調べをどう規律するかが論議され始めた。初期に取調べのテープ録音を積極的に提案した論者として，故・渡部保夫がいる。渡部は最高裁判所調査官まで勤めた刑事専門の裁判官で自白の信用性判断に関する論文を執筆していたが，イギリスで導入された録音制度を参考に日本への導入を主張した［渡部1985：1, 1986：5, 1986b：1992］。実務家を中心として賛同意見は示されたものの，学者の間ではそれほど支持を得ることはなかった。[*5]

　他方，取調べの録音録画を積極的に訴えたのは弁護士たちであった。2003年10月に日本弁護士連合会は「被疑者取調べ全過程の録画・録音による取調べ可視化を求める決議」を上げ，同年，録音録画を義務づける刑事訴訟法の改正を提案し，以後，可視化を求める最大のアクターとなった。[*6]当初は日弁連の動きに積極的な反応は見られなかったが，2009年から施行することとなった裁判員裁判がこの問題に大きな影響を与えることとなった。すなわち，国民が関与する裁判員裁判で自白の任意性・信用性判断を的確に行うための資料として，これまでの調書に代わる道具を用意する必要があるという考え方から，被疑者の取調べについて（たとえ一部ではあっても）録音録画をしておくべきだ，という流れが生まれたのである。とくに現役の裁判官のなかからこうした観点に立った強力な可視化賛成論が現れたことが捜査機関には強いプレッシャーとなっていった。

　そうしたなか，2006年には検察庁で，2008年には警察庁で，それぞれ限定的ながら取調べの録画が始まった。2007年5月には東京地裁が検察庁で記録された取調べ録画DVDを初めて証拠採用し，法廷で再生された。その間，民主党（当時，野党で参議院では第一党であった）から被疑者取調べの録画を義務づける，いわゆる「可視化法案」が2度にわたって参議院に提出され可決されたも

のの，衆議院で賛成を得られずに廃案となっている。しかし，法的義務はないものの，検察庁では裁判員裁判の開始に伴い2010年8月から試行的拡大として裁判員裁判対象事件において全過程の録音録画が実施された。

可視化論争

当初の日弁連案や民主党案は，検察や警察によって試行された一部記録方式とは異なり，あくまで取調べの最初から最後までを全部記録することを義務づけようとしていた。すなわち，全部記録方式は，前述したような誤判の経験を踏まえて，虚偽自白や違法な取調べを規制するという意図が背後にあったが，検察や警察は，あくまで裁判員裁判で検察側立証の際に自白の任意性や信用性の判断を容易にさせるということが目的とされていた。

したがって，検察や警察サイドからは全部記録方式に対しては強い異論が当初から示されていた。学界にもそうした思考を支持し，全部記録方式の危険性を指摘する声もあった。具体的な反対理由としては，第1に，被疑者と取調官の人間関係が自白を得るには重要であり，すべて録画されている状態では被疑者が心を開くことを阻害する恐れがあること，第2に，組織犯罪やホワイト・カラー犯罪のようなケースでは被疑者が組織の報復や業界等での不利益を恐れて会話や供述を拒む恐れがあること，第3に，すべての取調べ経過を記録することは被害者や第三者のプライバシーにかかわる事柄が記録されてしまうため不適切であること，第4に，取調べが長時間に及ぶためコスト的にも負担が大きいこと，が指摘されてきた［川出 2009：62］。

こうした反対論は，良好な人間関係を築くことができていることが前提とされていることが伺われるが，実際の虚偽自白事例やえん罪事例をみればそうした前提自体に疑問も生じてくる。たとえば，志布志事件では，投票買収にかかわったとして取り調べを受けていたKさんが容疑を否定するのに対して，取調官は，A4の用紙に「お前をそういう息子に育てた覚えはない　□□」などと書いたうえにKさんの足首を掴んで踏ませるといった行為を行った。これは後に「踏み字事件」として有名になった［朝日新聞鹿児島総局 2008：110；朝日新聞志布志事件取材班 2009：250-］。また，1994年にオウム真理教が起こした松本サリン事件で，最初に犯人と疑われ取り調べを受けた河野義行さんは，「いきな

り私を指して"お前が犯人だ"というわけです。……"さっさと自分がやったことを認めろ"と言われた」と述懐している［河野 2004：4］。

　すなわち，虚偽自白を生み出す温床として批判されてきた取調室内部の密室性と，そこで行われる取調べ実態の深い闇こそが可視化問題の焦点となっていたわけである。そうした批判を受けた警察庁は，裁判員裁判の開始を翌年に控えた2008年11月に「警察捜査における取調べの適正化について」を策定し，捜査部門以外の取調べの監督，監督対象行為の明確化，取調べ時間管理の厳格化，取調室への透視鏡等の設置といった改善を開始した。

全面的可視化に向けた動き

　ところが，可視化先進国と呼ばれるイギリス（1980年代から録音制度を開始）などでは取調べ全体を記録することが義務づけられているし，アメリカ諸州のように殺人罪等に限定した録画を行うところでも全部記録方式が標準とされている（後掲図3-2参照）。そのため，海外にならって，裁判員裁判の立証といった限定的な目的のためではなく，もっと広い範囲で録音録画をおこなう全部記録方式が有力に唱えられるようになった。

　この流れを決定づけたのは，2010年に郵便不正事件（村木事件）にかかわって発生した検察不祥事である。いわゆる特捜事件（裁判員裁判対象事件ではない）において検察官による証拠改ざんが発覚したことを受け，法務大臣の私的諮問機関として設置された「検察の在り方検討会議」が2011年3月に公表した意見書では，「被疑者の取調べの録音・録画は，検察の運用及び法制度の整備を通じて，今後，より一層，その範囲を拡大するべきである」とされた。

　こうした動きを受けた検察庁は，2011年3月から東京，大阪，名古屋の各特捜部がとり扱う事件の取調べをすべて録音録画し，7月からは検察庁の独自捜査事件について検察官調書を証拠調べ請求することが見込まれる事件について"相当と認められる部分"を選択して録音録画することを始めた。また，同じ頃，放火事件で自白したものの虚偽であることが判明した知的障がい者のケースが起きたため，知的障がいによりコミュニケーション能力に問題がある事件でも全過程を含む録音録画が開始され，専門家の立ち会いも始まった。

　警察庁では2008年から半年間の先行試行に引き続き2009年4月から2年間に

わたって裁判員裁判該当事案で自白事件を対象とした全国的に試行を行った後，2011年4月より対象とする事件を否認事件にも拡大し（全部ではなく主として弁解について録取する場面に限られている），知的障がい者でコミュニケーション能力に問題のあるケースでも可能な限り広い範囲で録音録画を行うこととなった。[*9]

3｜可視化の心理学：ポスト可視化時代

取調べ技法と心理学

　取調（尋問）技術について，心理学の知見を捜査や司法の場に応用しようとしたのは，20世紀初頭のドイツやイタリアに始まる。その当時の到達点はドイツのUndeutschの『証言の心理』［ウンドイッチ1973］にまとめられ，植村秀三判事の手により1973年に翻訳出版された。Undeutschの研究成果はスウェーデンのTrankellに受け継がれ［トランケル1976］，1990年代にイギリスのGudjonssonの手によって完成を見た［グッドジョンソン1994］。20世紀には欧州が供述心理学の先頭を走っていた。

　今日，世界の捜査尋問技術には大きくふたつの流れがある。第1は，米国シカゴ警察の2人の心理専門官によって開発され，米国を中心として普及している，リード・テクニック（RTと略す）である［インボーほか1990］。第2は，英国において取調録音制度導入後発展した技術をまとめたPEACEテクニック（Planning & Preparation, Engage & Explain, Obtain an Account, Closure, Evaluationの頭文字からとられた。以下，PTと略す）である［ミルン＆レイ2003］。前者は「自白追求型」の取調べ手法であり，後者は「情報収集型」の取調べ手法とされている。

　RTの体系化は1960年代に遡るが［Fredら2004］，米国で高い支持が寄せられている。[*10] このRTにおいて許容されるテックニックとして「選択質問（alternative question）」と呼ばれるものがある。これは「わたし（取調官）に協力するか，それとも5年から7年裁判にかかわらされるか？」とか「一級殺人で起訴されたいのか，それとも故殺に落としてもらいたいのか？」，「今日，すぐに釈

放してもらいたいか，それとも，もう二，三日牢屋で考えてみるか？」といった類の問いかけである。一種の心理的な選択強制であり，日本でもPCなりすまし事件で同種の「否認したら少年院送りだ」といった言辞が否認する被疑者に対して使われたといわれている。[*11]

　こうしたRTのテクニックをめぐっては強い批判が寄せられており，心理学者たちはRTが虚偽自白を引き出しやすいと指摘されてきた［Kassin 1997：221-223；Kassin & Fong 1999：499-516］。とくに近年，その正当性について根源的な批判がなされている［Skerker 2010］が，その中心は，RTは「被疑者（被尋問者）は有罪」だという前提で進められる点にある。反対に，PTでは「被疑者が有罪かどうかはわからない」という前提で行われなければならないことになっている。PTから見たRTの問題性を明らかにする実証的研究は多いが，たとえばMeissnerらはイギリス型のPTとアメリカ型のRTを用いた模擬取調実験をおこない，PTの方が虚偽自白をより少なくし真実自白を引き出すことに成功したと報告している［Meissnerら2010：43-45］。

　PTはイギリスにおいて被疑者取調べの全部録音が法令で義務づけられた1980年代に開発が始まり，1990年代に完成を見た。PTは「捜査面接技法」の訓練パッケージの総称であり，警察官だけでなく，企業の内部調査や保険調査，ソーシャルワーカーや臨床心理の場面でも利用可能な汎用性のあるインタビュー技法である。尋問者に対して，①挨拶とラポールの構築，②面接のねらいの説明，③自由報告，④質問，⑤多様な検索・広範な検索，⑥要約，⑦終結，といったステップで進められる。PEACEのガイドブックには，面接中の会話の管理法や捜査面接に特有の「特殊な」スキル，被暗示性の効果，誤記憶の埋め込み，虚偽自白の誘発プロセス，「供述弱者」と呼ばれるインタビューにおいて困難や危険を有する人に対する特別な注意，子どもを面接する場合の注意などにわたって広範なガイダンスが組み込まれている。

　他方，日本での被疑者取調べは，RTと同様，基本的に「被疑者は有罪」という前提で進められ，自白追求型である。インターネットに流出した愛媛県警のマニュアルにも，「被疑者取調べには気迫が必要：調べ官の『絶対に落とす』という，自信と執念に満ちた気迫が必要」と記されていたというし，[*12] 警察官向けの取調べに関する教本でもこうした姿勢の重要性が強調されている。[*13]

ようやく警察庁も2011年4月の録音録画対象事件の拡大と共に，取調べ技術を体系的に整理し全ての警察官が一定のレベルの技術を習得できる体制構築に着手し，対象者から虚偽情報を含まない適切な供述を確保するための技法を心理学に学ぶマニュアルが2012年12月に完成した。[*14]

取調べ撮影と心理学

　2006年，Lassiter（オハイオ大学）らは『ビデオ録画された自白——万能薬か，それともパンドラの箱か？』と題する論文を"Law & Policy"誌に発表した［Lassiterら 2006：192］。これは，同教授らが長年，心理学の分野で研究を進めてきたビデオ録画自白に関する実験結果をまとめたもので，映像を観る者の判断を誤らせる危険性を実証的に示したはじめての法律分野の論文である。

　Lassiterらは，映像に関する「錯覚原因（illusory causation）」[*15]と呼ばれる影響が自白録画の場合にも現れ，取調べの録画に期待される有益さとはかけ離れた危険性を有していると指摘した。錯覚原因とは，映像を観る者に無意識のうちに与えられる偏向（bias）を指す。これをカメラ・パースペクティブ・バイアス（CPB）と呼ぶ。それは，とりわけ観察対象者（被疑者）だけをクローズアップした撮影方法（被疑者フォーカス〔suspect-focus：SF〕方式）において最も顕著に現れるという。そして，こうした危険を完全に回避する手段はなく，危険性を減少させる方法として，取調官だけを撮影する（detective-focus：DF）方式か取調官と被疑者の双方を撮影する方法（両者フォーカス〔equal-focus：EF〕方式）が望ましいという実験結果を示した。[*16]

　もちろん，日本ではアメリカで一般に行われているような単一カメラ映像ではなく，2台のカメラで撮影する2画面同時表示方式を採っているため，独自の検証が不可欠となる。若林らは，日本の警察検察で採用されている2画面同時表示方式と同じ映像を使った実験を行いCPB効果を検討したところ，Lassiterらの指摘する任意性判断の差や有罪判断にカメラ・アングルの影響を確認できなかったものの，実験参加者の視線が画面上のどこに向けられていたかについて視線解析装置を使用し測定すると，参加者の視線が提示画面内の大きいスクリーンの方に集中することを確認した。そこで若林らは，2画面での映像提示に当たっては被疑者中心の映像を大きい画面に提示しないことが望まし

いと主張する［若林ら 2012：89］。

日本ではまだこうした問題を指摘する研究は多くはないものの，ニュージーランドでは Lassiter らの研究を受けて EF 方式を採用しているし［指宿 2008］，日本弁護士連合会も「可視化」を行うにあたってカメラアングルについて Lassiter らの知見を参照するよう勧告した［日弁連 2011］。

4 おわりに

このように，わが国でも被疑者の取調べの録音録画が当たり前の時代が到来した。いわば「ポスト可視化」時代の刑事司法の在り方を検討しなければならないことになった。それは，自白を求める捜査機関においても心理学の知見を踏まえたマニュアルを策定したという動きに明らかに現れているだろう。

けれども，心理学の取調べに対する貢献はそれだけにとどまらないはずだ。たとえば，マニュアルどおりに取調べを実施できるかどうか，スキル・トレーニングが必要となるはずで，効率的な尋問手法の習得に心理学の一層の貢献が求められるだろう。また，実際の取調べ風景が記録されているとして，これまでの調書分析とは異なり，

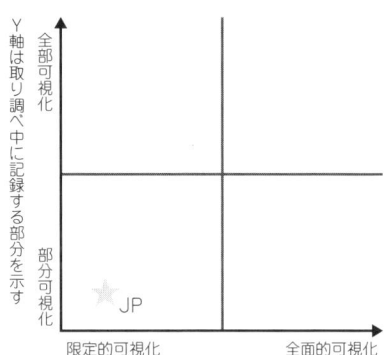

図 3-1　可視化の概念マップ

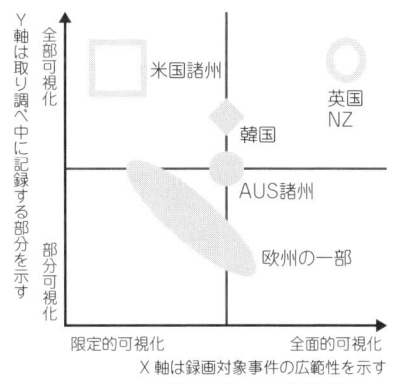

図 3-2　可視化の概念マップ（海外）

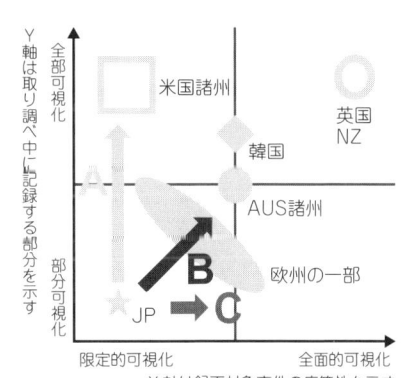

図 3-3　可視化の概念マップ（政策方針）

生の供述や会話の分析をおこなうことが求められるはずであり、それは心理学にとっても法学にとっても未知の領域となるだろう。加えて、録画されると取調べの記録には映像が付されていることから、観る者にどのような影響を与えるかについて、一層研究が進められる必要がある。影響が確認できたなら、それらを回避・減少させるための工夫についても心理学に期待が寄せられるだろう。

可視化時代の取調べに、科学的根拠を与え、適正で、かつ真実に近づけるような刑事司法の構築に心理学の寄与できる範囲は広がると予想される。だが、それには何よりわが国の取調べが全て録音録画されることが制度的に保障されなければならない。

ちょうど2011年に始まった法制審議会の「新時代の刑事司法制度特別部会」ではこの可視化の立法が議論されている。図は可視化立法を概念化したもので、縦軸は取調べ中に録音録画する範囲を、横軸は記録対象とする範囲を示す。図3-1に示された日本の状況を改善する方向性としては3つ考えられる。一定の罪種に限って取調べ全部の記録（図3-3A方向）、広い範囲で記録し全面的な可視化を目指すが記録する範囲は全てではなく部分的（C方向）、取調べの全部を記録し、かつ犯罪を限定せず全面的におこなう（B方向）。[*17]

言うまでもなく心理学の知見を活用しようとすれば部分的な可視化では不十分であり、Y軸を高い値に置かなければならないはずで、Bがもっとも適切である。仮にAを取るとしても出来るだけ対象範囲を広くしB方向に近い方針が望ましい。心理学の知見を生かせるような制度設計が望まれる所以である。

〔註〕

＊1　虚偽自白と誤判えん罪に関する文献は数多いが、たとえば、日本弁護士連合会人権擁護委員会編［1998］。とくに73頁以下を参照。

＊2　こうした問題については、わが国の供述分析の第一人者、浜田寿美男執筆による本書 **06** 章のほか、浜田［2001］、浜田［2004］を参照。

＊3　これまで日本では、取調官は否認する被疑者が「もしかしたら白ではないか」という疑念をもって取り調べてはならない、と教えられてきた。増井［2000］参照。

＊4　そうした二重の間違いの典型例が足利事件である。Sさんは DNA 型鑑定によって犯人とされ、18年を獄中で過ごした。その間に時効が成立してしまい、何件もの同種事件の解明が不可能となった。

* 5 学界では，取調べを拒否する権利を被疑者に認めるか，あるいは取調べを受ける場合でも弁護人の立ち会いが不可欠だとする見解が強く，現状の取調べを肯定する発想として可視化論を遠ざけていた。たとえば，刑事訴訟法研究者が40人も参集して作られた井戸田［1991］は800頁を越える大著で，わが国における取調べに関する最も包括的な研究成果といえるが，取調べの録音録画に関する言及は驚くほど少ない。可視化論を含む取調べの改善方向についえてはとくに，川崎［1991：85］参照。
* 6 そうした経緯と主張に関しては，小坂井［2009］が詳しい。
* 7 http://www.moj.go.jp/content/000072551.pdf
* 8 「大阪，検事誘導で自白調書　知的障害男性に」共同通信配信2011年1月20日。詳細は，荒井［2011：89］など参照。
* 9 こうした捜査実務における可視化傾向の流れに対して刑事訴訟法学も何らかの寄与を行おうと試みているが，前述した被疑者の取調べ拒否権の承認を前提とする立場からは可視化論との葛藤が色濃くうかがえる。たとえば，「特集・取調べの可視化と捜査構造の転換」法律時報83巻2号［2011］など参照。
* 10 http://www.reid.com/。同社ホームページによれば，2001年から2年にかけて研修を受けた受講生に対するランダム調査（2000人対象）がなされ，研修後も97％がRTを使用しており，研修後の自白獲得率は25％以上増加したとの回答があったという。
* 11 読売新聞記事「遠隔操作『否認したら少年院送りに』など不適切取調べ」2012年12月15日配信。
* 12 「自供させるまで出るな――愛媛県警が手引書作成」朝日新聞2006年4月13日。
* 13 綱川［1977］は，「取調べは技術である」としながらも，「しかし，取調官はつねに真実を追求し，事案の真相を明らかにしなければならないという真剣味と，うそやごまかしは絶対に許さない，という気迫といったものを内に秘めていなければならない」とする。また，元刑事の書いたものでも，「取調室では，真実を求める刑事の"姿勢"や"人格"にホシの気持ちが近づいてくるのです」（萩生田［2010］）などとある。
* 14 「取調官がまず名乗り，挨拶して……初の"虎の巻"」読売新聞2012年12月13日配信。このマニュアルは，司法面接の第一人者である仲真紀子の協力を得て作成された。仲真紀子［2009：3；2012］などを参照。翻訳として，英国内務省・英国保健省［2007］等参照。
* 15 錯覚効果に関する初期の文献としては，Storms［1973：162-175］，Taylor［1975：419-445］など。
* 16 Lassiterらの研究につき邦文では，指宿［2008］，指宿・黒沢［2010：82］，ダニエル・ラシター［2011：214］等参照。
* 17 詳細については，指宿［2011］参照。

〔指宿　信〕

COLUMN 02　科学捜査における心理鑑定の役割

■科学捜査の重要性

　佐々 [1999] によると，戦後の犯罪捜査の歴史は科学捜査発展の歴史そのものでもあるという。終戦後，憲法とともに刑事訴訟法も改められ，自白の証拠能力や証明力が制限された。それに替わり厳密な証拠主義が採用されることになった。この証拠主義を支えているのが科学捜査（鑑識・鑑定）であり，現場に遺された物的証拠を犯罪者や犯罪行為と結びつけるという役割を果たす。現在では指紋や足跡ばかりではなく，DNA 型による犯人・被害者の特定，また大型放射光施設（SPring-8）を利用した超高感度の成分分析までもが科学捜査のツールとして利用されている。とくに DNA 型鑑定（STR 型検査法）は，4 兆 7 千億人の個人識別が可能であり [警察庁 2008]，また微量の汗や皮脂等から検出できる場合もあることから，殺人や性犯罪のみならず，強盗や窃盗，ひったくりなどの捜査にも幅広く利用されている。

■鑑定機関である科学捜査研究所

　警察において犯罪資料の鑑定を担当する部署が科学捜査研究所（科捜研）である。警視庁ならびに各道府県警察本部の刑事部に設置されており，警察署から鑑定が嘱託される。鑑定とは，特別の知識経験に属する法則又はこれを具体的事実に適用して得た判断の報告のことをいう [中井 2010]。したがって，鑑定に際しては，装置などを用いて単に検査を行うだけではなく，鑑定人自身のこれまでの知識・経験に基づいて判断するプロセスも求められる。そのため，科捜研は警察組織においては珍しく，所属のほぼ全員が専門職員（技術吏員）で構成されている。

　科捜研には，県により多少異なるものの，犯罪資料の種類や鑑定内容に応じて，法医，化学，工学，文書，心理の係（科）がある。これらの係が扱う犯罪資料は，全て物的資料（たとえば，血液や毛髪，覚醒剤，弾丸，印刷物など）である。例外はポリグラフ検査（虚偽検出）を担当する心理係であり，形としては捉えられない犯人の行動を検査対象にしている [粕谷 1991]。

■心理鑑定（ポリグラフ検査）の役割

　ポリグラフ検査は，事件の犯行状況に関する質問を行い，各種生理反応の変化を以て，被検査者の犯行状況に関する記憶の有無を調べるものである。そもそも対象事件の詳しい犯行状況は，犯人と被害者（および捜査関係者）しか知り得ない。犯行とはまったくかかわりがない，あるいは事件そのものを知らない

と被検査者が主張しているにもかかわらず，事件事実と合致する質問項目に対応した生理反応が生じれば，理論的にはその者が犯人と考えられる。

ポリグラフ検査の成否は，被検査者に対する質問の質に大きく左右されるといってもよい。質問項目には，犯人ならば必ず記憶しており，かつその質問により犯行時の状況が鮮明に想起される事柄が要求される。検査者は，弁別性の高い質問項目，すなわち犯人ならばピンとくる質問項目をピックアップするため，犯人の視点に立ち事件関係資料の通読，担当捜査員や関係者からの聞き取り，現場踏査などを行う。

このように入念な準備のうえで質問は作成されるが，被検査者の体調や心理状態，記憶の忘却，犯人の認識と質問項目の切り口やワーディングとの相違などにより明確な反応が得られないことがある。その場合には結果の説明が難しくなる。

また捜査側のニーズに応えられない場合もある。それは捜査と鑑定の違いに起因するといってもよい。元警視庁捜査一課長である久保 [2010] は，捜査では，被疑者を取調べることにより，犯行の動機までも解明し真実の完全究明を目指すと述べている。犯行動機が明らかになれば，犯行の計画性や常習性も明らかになり，犯人の量刑にまでも影響を及ぼす。ポリグラフ検査においても被疑者の動機に関する質問が捜査側からリクエストされることがあるが，犯行動機にはさまざまな事情が輻輳しており，犯人自身にも明確に割り切れるものではないため [松野 2004]，検査を行っても判定は困難である。

ポリグラフ検査には捜査を支援する側面は確かにあるものの，先に述べたとおり，被疑者の事件事実に関する認識の有無を「鑑定」することが目的である。したがって，質問項目や構成も，認識の有無を明らかにすることに主眼がおかれている。佐々 [1999] は，科学捜査（鑑定）の大きな貢献は，犯人と疑われている者を捜査線上から解放することにあると述べているが，まさにポリグラフ検査こそ，その任を担う鑑定といってもよい。

〔大上　渉〕

04章　目撃証言
―― 目撃供述の心理学

　　件が起こった。もし目撃者がいて，事件現場で目撃者が事の詳
　事　細を視覚条件のよいところで見ていたら，そしてその後の記憶
条件もよかったら目撃者はそこで起こった出来事や犯人の容貌を正確
に覚えているかもしれない。このような目撃者は，その事件の解決の
ために，重要な手がかりを与えてくれる。捜査機関がその目撃者を早
期に発見し，バイアスのかからない方法でインタビューし，容疑者の
入ったラインナップを適切に構成して，適切にラインナップの識別を
実施すれば，真犯人を捕まえる確率はきわめて高くなる。
　しかしながら，上に述べたような条件が満たされない場合には，そ
の目撃者の供述や識別には大きな問題が生じて，真犯人として誤った
人物を選んだり，真犯人をとり逃がすという，二重の悲劇が起こる。
ここで，二重とは犯罪を犯していない人物の自由や生命を奪い，それ
と同時に真犯人は街を自由に歩き，次なる事件を起こすかもしれない
という意味である。本章では，そのような悲劇が起こらないように心
理学が明らかにしてきた，目撃者の供述と識別の正確さにかかわる要
因について考える。

1｜目撃供述による誤起訴・誤判

　目撃供述による裁判の誤りはどれほど起こっているのであろうか。残念なが
ら，日本では裁判の誤りに関する情報は多くない。個別の事件で誤判とわかっ
たものが，個々の研究者によって報告されることはあっても［渡部1992］，系
統的な検討はなされてきていない。海外では，アメリカ合衆国におけるイノセ
ンス・プロジェクトと呼ばれる全国規模の訴訟組織が，えん罪を主張する囚人
に対して，DNA検査によって真犯人かどうかを検証し，現在までに300人を

超える囚人の無実を証明していきている（innocenceproject.com）。このうちの200件近くの誤判原因が報告されているが，その誤りの原因の75％以上が目撃者の識別によるものであることが明らかにされた。誤判の最大の原因が目撃者の記憶に基づく識別にあることが示されたのである。

では，実際にはどれほどのえん罪が起こっているのであろうか。このDNA検査によって明らかにされた現実は，氷山の一角にすぎないとの指摘がある。本当のところはわかっていない。しかし，研究者の推定によれば，このDNA検査に基づいて釈放されたものの3／4が性的暴行事件である［Gross, Jacoby, Matheson, Montgomery, & Patel 2005］。そして，生物学的証拠を残さない限り，DNA検査は利用不可能である。アメリカ合衆国で収監されている犯罪者のうち，性犯罪者は全体の10％程度であると推定して，それらのうちの1／3が未知の者による性的暴行であれば，検出されない誤った有罪判決は数千に上ると推定される［Gross, Jacoby, Matheson, Montgomery, & Patel 2005］。

では，目撃者による識別はどのように行われているのか。これは後に示すシステム変数に分類される要因に関わるが，ここで簡単に紹介しておこう。犯罪の容疑者が逮捕されると，その人物が犯人かどうかは目撃者によって識別される。この手続きは合衆国では多くの場合，写真によって行われる。つまり，目撃者に被疑者の写真を見せて犯人かどうかの判断を求める。この際，一人のみを見せる方法がショーアップ（日本では単独面通しと呼ばれる）である。この方法は最も識別を誤りやすい方法として知られている（詳細は後に示す）。多くの場合，被疑者を含め6人の人物（つまり5人は犯罪にかかわらない人物）から構成されることが多い。また，写真によらず，実物の人物を用意して行われる場合がある。日本では，著者がかかわった目撃証言が問題となるケースでは，単独面通しが多かった。ただし，複数の人物の写真からの識別もあった。この識別方法の信用性に関する心理学による実証的研究が数多く行われてきた。しかしながら現実の事件での識別方法に関する研究は数少ない（例外的な研究としてはイギリスにおけるValentine, Pickering, Darling［2003］などがある）。この研究によれば，実際の事件における識別の誤りは約20％程度であると推定されている。

以上の実状は目撃者による犯人にかかわる供述や識別が，私たちの想像以上に問題を内包していることを教えてくれる。では，なぜ目撃者の識別や記憶は

誤るのであろうか。以下，目撃者の記憶や識別に影響する要因を考察する。

2 | 目撃者の識別能力に影響する要因

推定変数とシステム変数

　目撃者は記憶に基づいて供述する。この事実はすべての目撃者に共通した事実である。しかしながら，目撃する人物の特性はさまざまであり，また目撃する出来事もさまざまである。また人は実際には存在しない出来事を記憶として報告することもある。このような目撃者の特性，目撃される出来事や環境の要因は，司法制度がコントロールできない要因で，その関与の程度を事後に推定する以外にない。ただその要因の関与が目撃者の知覚能力や記憶能力に大きく影響する。このような目撃時にかかわる要因は推定変数と呼ばれる[Wells 1978]。この推定変数のうち目撃者にかかわる要因を目撃者要因，そして出来事に関わる要因を出来事要因と呼ぶ[Loftus, Greene, & Doyle 1989]（本書では，推定変数における目撃者要因は扱わないので，適切な専門書を参照されたい。たとえば，巌島・仲・原［2003］）。推定変数の他に，目撃者の記憶に影響する要因として，システム変数がある。システム変数は司法制度がコントロールできる要因で，目撃者からの記憶を引き出すさまざまな方法，たとえば識別のための手続き，インタビューの方法などが関係している。ここではまず推定変数について，次にシステム変数について説明する。これらの変数に分類される多くの変数の存在が明らかにされているが，本章ではその代表的なものを中心に紹介する（より詳細な変数に関しては，類書を参照されたい）。

3 | 推定変数

出来事にかかわる変数

　出来事にかかわる要因は，目撃者が外界の情報を取り込む符号化段階に影響する要因である。ここでは，目撃時の対象の明るさ，対象までの距離，目撃の

長さ，保持時間（目撃から想起までの経過時間），情動とストレス，凶器の存在をとりあげる。

▎照　明

　出来事の目撃では明るさが供述の正確さの規定因のひとつになる。網膜の視細胞に届く光量子の量の問題である。詳細の視知覚は視細胞の種類（錐体と桿体）の感度に依存するが，光の強度によって心理的な見えが変化する。弱い光（夜の月）や暗がりのほのかな街灯の明かりでは，私たちの視覚系はうまく働かない。視覚系の照明がどれほどの水準にあれば適切なのかに関しては，たとえば，JIS照度基準などが参考になる。

　さらに目撃時の照明で問題になるのは，明るい所から暗い所に移動した場合には，暗順応の問題が存在する。暗順応とは，網膜に分布している視細胞のうちの桿体が，明所視ではロドプシンを分解消費していて，この細胞がうまく働かないために，その回復に時間がかかるためである。明るい所から急激に暗い所に出たときには，この問題が目撃者の視覚能力に影響するので要注意である。

▎距　離

　目撃で重要な情報を担うのは顔の特徴に関する情報である。顔の認識に及ぼす距離の効果に関しては，Wagenaar & Van der Schrier [1996] が，巧妙な方法で検討している。彼らは顔写真の大きさを変化させることで（視角をコントロールして）距離の変化をシミュレーションして，実験を行った。様々な距離に対応して顔の大きさを変化させた人物の顔写真を見るたびに，その人物の識別が行われた。実験結果から，距離が15メートルを超えると，適切な照明のもと，直後の識別で，変装などがない条件でも，未知の人物の顔認識の成績は貧しいもので，信用のおけないことがわかった。

▎**目撃の長さ**

　外界を認知する能力には時間的制約が伴う。人間の認知過程は時間消費型で，情報を処理するには相応の時間が必要である。これは他の感覚と同様に，

視覚においても成立することである。対象を見る時間が長くなればそれだけ多くの情報を得ることができ，短いと情報を十分に認知システムへととり込むことができない。目撃に関する時間的研究は，たとえば顔の記憶に関しては，顔写真を見る時間を独立変数にしたものがある［DiNardo & Rainey 1991］。実験参加者には複数の顔写真が提示された。目撃時間は長い提示条件で1枚につき5秒間，短い提示条件で1.5秒間であった。記憶は再認テストによって測定された。ヒットは長い提示条件で82.75％，短い方で76.75％であった。誤って提示されていなかった者を選んだのは長い提示条件で15.75％，短い提示条件で19.67％であった。目撃時間が長ければ識別が正確になるという報告は他にも行われている［Memmon, Hope, & Bull 2003］。この研究では青年と高齢者が比較され，犯人の顔を長く見た条件（45秒間）では正識別が95％であるのに対して，12秒間目撃した場合の29％であった。この傾向は高齢者でも同様であった。ただ，この目撃時時間の効果は他の要因（たとえばストレス）の介在により抑制される。

保持時間：目撃から想起までの経過時間

　保持時間とは，目撃してからその目撃を想起するまでの時間間隔のことである。無意味綴りを利用したHermann Ebbinghausの歴史的研究では，記憶は記銘の後に短時間で忘却にさらされる。その後はゆっくりとした忘却に変わる。

　このEbbinghausの研究は無意味な材料を記憶する場合の結果であった。目撃者は多くの場合，人の顔，身体，車などの動きや出来事を目撃する。このような記憶が保持時間とともにどのように変化するのかを知ることが大切である。現実的な顔の記憶の研究では［Memon, Bartlett, Rose, & Gray 2003］，ふたつのビデオテープが用意されていた。ひとつは若い犯人，もうひとつは高齢者の犯人が映ったものであった。これらのビデオを見てから，35分後もしくは1週間後に実験参加者はラインナップからの識別を行った。若い犯人を見た若い目撃者は，保持時間が長くなっても，成績の低下は小さなものであった。しかし，高齢者の識別率は35分後の約40％から1週間後では約15％へと低下した。また誤った識別の増加も高齢者で認められた。複数の顔写真を記憶材料に

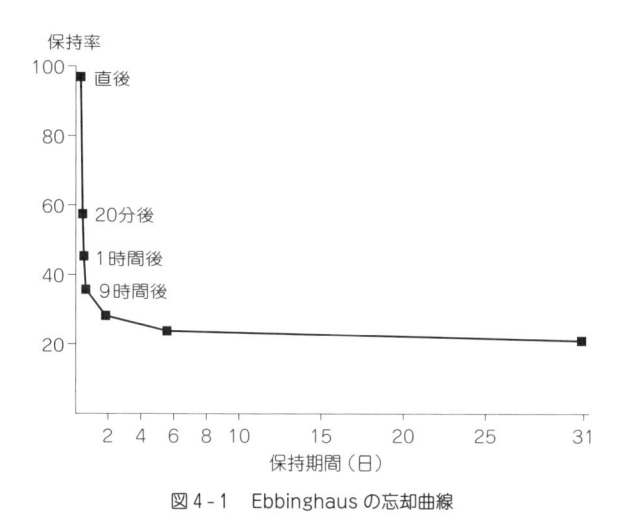

図4-1　Ebbinghausの忘却曲線

使用した研究では[Metzger 2006]もう少し異なった研究結果が出ている。記憶テストを直後，3週間後，6週間後，12週間後に実施したところ，直後に比較して12週間後では成績の著しい低下が認められた。これは，顔の示唆性（顔が特徴的か特徴的でないか）にかかわらず認められた。顔の記憶といっても，記憶をテストする方法や目撃の条件などが，保持期間の効果とも関係するので，その記憶の信頼性の判断には，それらの関連要因を考慮する必要がある。

情動と記憶

　1970年代後半から目撃証言研究の文脈で，情動的経験と記憶の関係を問う実験的検討が行われるようになった。初期の研究は人の身体的特徴や，行動，顔の記憶が情動によって損なわれることを示した[たとえば，Clifford & Scott 1978]。その後の研究で，情動的経験がその出来事の直前の出来事の記憶を阻害したり[Loftus & Burns 1982]，その後の出来事の記憶を阻害する[Kramer, Buckhout, Fox, Widman, & Tusche 1991 ; Takahashi, Itsukushima, & Okabe 2006]ことがわかった。さらに，情動的出来事の中心的情報（出来事の特徴的な要素や中心的な事柄）は情動の影響を受けず，周辺の出来事や情報の記憶が損なわれることが示されてきた[Chrsitianson & Loftus 1987 ; 1991]。情動的経験が記憶とど

のような関係にあるのかを総合的にしかも，個別の研究を超えて数量的に特定の効果をレビューするメタ分析を使用した報告によれば［Deffenbacher, Bornstein, Penrod, Kiernan, & McGorty 2004］，情動により顔の識別成績および出来事の詳細の記憶成績の低下が認められた。この研究では情動と記憶にかかわる27件の独立した検証を対象にレビューが行われた。さらに，情動の記憶への影響を検討すると，顔の識別成績は，犯人が存在しないラインナップよりも存在するラインナップで低下することが明らかになった。また実際の軍人を参加者として，捕虜の体験をシミュレーションするような過酷な情動体験は，比較的情動水準が抑制された体験と比較して，長期の身体的な介入を伴う尋問を行った相手の顔の正確な識別成績が極めて低くなりことを示した［Morgan, Hazlett, Doran, Garrett, Hoyt, Thomas, Baranoski, & Southwick 2004］。

凶器の存在

凶器の存在が記憶を損なうことを示す研究をメタ分析した研究では［Steblay 1992］，19の独立した研究が分析の対象となった。結果は，出来事の目撃に凶器が存在すると，顔の識別の遂行が低下するというものであった。さらにこの識別よりも凶器の影響が大きいのは，出来事の特徴の記憶であった。この凶器注目の起こる原因として考えられているのは，凶器の新奇性である［Hope & Wright 2007］。

目撃者にかかわる変数

推定変数で目撃者に関わる変数としては，被害者と傍観者，高齢の目撃者，子どもの目撃者，知的障碍，睡眠，薬物の摂取（とくにアルコール摂取），犯人の特徴，異人種間の識別などがあげられる。こちらは本書では扱わないために関連の文献を参照されたい。

識別前の要因としてのシステム変数

司法制度の側でコントロールできる要因がシステム変数である。この変数はその要因が目撃者に及ぶ時間的側面から，犯人の識別が行われる前までにかかわる要因と識別に関わる要因とに分類できる。前者には，誤誘導情報，複数の

出来事の目撃　→　事後情報　→　記憶想起

図4-2　誤誘導情報効果研究の3段階

目撃者，認知インタビュー，マグショット提示などの変数がある。後者にはラインナップの構成法，ラインナップの提示法，単独面通し，識別実施における教示，識別後の確証的フィードバックなどの変数が知られている。

誤誘導情報：事後情報

　事件の目撃者が見つかれば，警察はその目撃者に対して目撃者内容の詳細を尋ねてくる。たとえば，目撃者が交通事故を目撃したときに，事故現場の近くに白いバンのような車が停車していたとしよう。そして，もう一人の目撃者が誤ってそれは高級な乗用車だと言っているとの情報をえたとしよう。その後，警察に呼ばれて，目撃に関する詳細を説明するとき，もう一人の目撃者から現場近くに停車していたのは高級車だったとの情報を得ると，当該の目撃者も近くにいた車を高級な乗用車と説明する可能性がある。このような目撃した内容ではなく，事後に得た情報が，目撃者の記憶に忍び込み，記憶を変容してしまうという現象が知られている［Loftus, Miller, & Burns 1978］。このような記憶変容は誤誘導効果とか誤情報効果，事後情報効果と呼ばれている。Loftusらの研究以来，多くの研究が多様な刺激，時間的要因（保持時間，事後情報の挿入のタイミングなど），多様な事後情報を用いて誤誘導効果を報告している。そのような研究から，誤誘導情報効果が認められない条件も明らかにされてきた。それらは，①目撃された出来事と事後情報とが極端に異なる場合，②事後情報に誤った情報が含まれているかもしれないとの警告を与えた場合，③出来事の記憶想起に文脈情報が利用できる場合，④記憶テストにソースモニタリングテストのような，厳しいテストが採用される場合，⑤出来事の符号化が十分に行われる条件が揃っている場合，などである。

複数の目撃者

　特定の事件の目撃者が複数いるということもある。このような場合，事実と一致しない事後情報が目撃者の一人（または複数人）から他の目撃者へと伝え

られることもある。このような情報が，誤誘導情報と同様に，目撃者の記憶を変容させることが知られている。記憶への社会的影響と呼ばれたり，記憶の同調効果と呼ばれている。このような事実を示す研究は1990年代中頃より盛んに行われるようになった。しかも，この社会的影響の効果は誤誘導情報効果よりも強いということを示す研究もある［Paterson & Kemp 2006］。さらに，誤誘導情報の信頼性が高いと判断されると，それを受け入れる確率も高くなり，記憶への影響も大きくなる［Roediger, Meade, & Bergman 2001］。この変数のレヴュー論文に厳島・丸山・藤田［2005］がある。

認知インタビュー

目撃者は目撃した事件について重要な情報を持っていることが多いために，目撃した出来事（人物の特徴，人物の行動，出来事の状況など）について多くを尋ねられる。できればこの尋ねる方法は，記憶を正確に喚起する方法でありたい。そのために心理学者は正しく，しかも記憶が多く喚起される方法として，認知インタビューという方法を考案した［たとえば，Fisher & Geiselman 1992］。この方法は記憶の基礎研究で明らかになった原理に基づいて（符号化特定性原理），考案されたものである。この方法は何回かの改訂を経ているが，基本的な方法は5つの段階から構成される。「導入」，「自由報告」，「プロービング（記憶の探索）」，「レビュー（報告の確認作業）」，「終了」である。導入では，目撃者とインタビューアーのラポールが形成される。「自由報告」はもっとも重要段階で，ここでは誰にも遮られずに目撃者は自由にその出来事の状況や詳細を報告する。この段階でインタビューアーは質問事項を考えるが，質問を行うのは自由報告が完了してからである。「プロービング」の段階では，インタビューアーは目撃者から，付加的な記憶をできる限り引き出すように試みる。「レビュー」段階は，得られたすべての記憶情報に関してレビューして，それらに誤りがないかどうかを確認する。最後の段階では，目撃者に関する情報やその後思い出したことがある場合には連絡して欲しい旨など，インタビューの効果が持続するような方法で終了する。

マグショットの提示

マグショットとは，人物が逮捕された後に撮影された写真のポートレイトのことである。この写真が警察によって事件の被害者や目撃者に提示されて，容疑者や犯人が特定される。このマグショットの使用に関して問題となると指摘されているのが，このマグショットで容疑者として識別された人物が，後の犯人の識別のために写真識別や人物識別のラインナップに入っていると，その人物が犯人でないにもかかわらず，犯人として識別される可能性が高くなるという事実である。これがマグショット提示効果と呼ばれるものである。同一人物をラインナップもしく単独でも，複数回見せると，後のラインナップからの識別で，その人物が選ばれる確率が高まるのである。

4 | 識別手続きにかかわる要因としてのシステム変数

ラインナップの構成法

ラインナップの構成員をどのように選択するのかが，正しい犯人識別の重要な鍵となる。基本的には目撃者の説明する人物に類似したフォイルを用意して，複数人の（一般的人は6人程度でよいとされている）ラインナップを用意することが重要である。この際，衣服の特徴等についても留意する必要がある。さらに，写真ラインナップを用いる場合には，撮影の条件（明るさ，大きさ，距離など）が同じになるようにする必要がある。

ラインナップの提示法

目撃者に複数の人物の写真や実人物を使用したラインナップを提示して犯人を識別するという方法が，西欧の先進諸国では採用されている。このようなラインナップによる識別の場合，ラインナップの人物の提示をどのように行うことが正しい識別に結びつくのかという問題が残る。従来の方法は，よく映画などの刑事ものにあるように，一列に複数の人物を並べて見てもらい，そのなかから犯人を選ぶ方法であった（これを同時提示法という）。この方法に対して，

1度に1人を見せるという方法が識別の誤りを減らすという研究結果が報告されるようになってきた。これは継時提示法と呼ばれる。このふたつの提示方法を用いたラインナップの諸研究をメタ分析した研究では［Steblay, Dysert, Fulero, & Londsay 2001］，犯人が存在するラインナップの場合には同時提示法が優れていたが，緩和変数を考慮した分析ではこの優位性が低下した。そして犯人が存在しないラインナップを使用した場合には，継時提示法で犯人がいないとの正確な判断に優れていることがわかった。

単独面通し

イギリスではラインナップの使用が法律で義務づけられているが，アメリカ合衆国では，すべての識別でラインナップによる識別が行われているとは限らない。つまり，1人だけを提示して，その人物が犯人かどうかを尋ねるという方法が採用されている。この方法はショーアップ（日本では単独面通し）と呼ばれている。このラインナップによらない識別も相当行われているとの報告もある（30％から70％の範囲で）。この識別方法は多くの研究者から，暗示的で危険な方法との指摘を受けている。とくに犯人不在のラインナップでの誤った識別は，単独面通しで15％であるのに対して，ラインナップではその半分という結果であった［Steblay, Dysert, Fulero, & Londsay 2003］。この単独面通しの問題は，着衣バイアスで一層問題視される。被疑者に目撃された人物と同じものを着せて，しかもそれがあまり一般的でないものの場合には，単独面通しを行うと，ラインナップによるよりも多くの誤警報（フォルスアラーム）を生み出した。この単独面通しの効果のメタ分析では，バイアスのかからない教示（誰が容疑者かの暗示的な情報や手がかりがない条件）を使用した研究を使用したものであった。しかし，現実の世界ではそのようなバイアスのかからない教示の採用は現実には難しいとされている。さらに，目撃者は選択しなくてはいけないとの強い思い込みを持つ傾向がある。このような要因がさらに加わることで，単独面通しは一層危険な方法になる。

識別実施における教示

ラインナップを実施する前に警察官が目撃者に与える説明が，目撃者の識別

に重要な要因となる。目撃者が警察の依頼で，用意したラインナップを（それらが写真であれ，実際の人物であれ）見て欲しいと尋ねてきたら，目撃者は当然，警察が正しい容疑者（犯人）を捉えたのだから，それを確認して欲しいのだと強く推測するであろう。つまり，目撃者はラインナップに犯人がいるとの強い仮定を持つようになる。そのような目撃者に対して，「ラインナップのなかに犯人がいるかもしれないし，いないかもしれない」と明確に伝えることが重要である。ちょっとした言葉のニュアンスや，識別時の言語的情報がバイアスになる。このバイアスの教示効果は犯人不在のラインナップでの誤った識別率に大きく寄与することがわかっている［Malpass & Devine 1981］。またこの危険性は教示効果を検討したメタ分析においても指摘されている［Steblay 1997］。

識別後の確証的フィードバック

　識別後の確証的フィードバックとは，目撃者がラインナップで識別を行った直後に，「あなたは正しい犯人を選びましたね」のような情報のフィードバックを与えることである。このようなフィードバックを与えられると，たとえそれが誤った識別であっても，その後の目撃者の供述や証言に問題となる影響を及ぼすことになる。その影響とは，そのような確証的なフィードバックを与えられなかった目撃者に比較して，確証的フィードバック条件における実験参加者は，自分の記憶に対する確信度が高く，また犯人がよく見えた，顔の詳細も見えた，注意も払っていた，識別もしやすかった，識別に時間もかからなかった，裁判では進んで証言するとの回答を行った。識別を誤っているにもかかわらず，よりポジティブな方向へと記憶の質が変更されたことが明らかとなった［Wells & Bradfield 1998］。

目撃者の記憶に影響する諸要因について

　表4-1には，目撃者の記憶研究の専門家たちにそれぞれの要因の効果について，それをどれほど支持するかという調査の際に使用された項目を示した。これらは，目撃者の記憶に影響するすべての要因を網羅したものではないが，重要な要因がリストアップされている。これらの要因は現在でも盛んに研究さ

表4-1　目撃証言で研究されてきたトピック

1. ストレス：高い水準のストレスは目撃証言の正確さを損なう（40/62）
2. 凶器注目：凶器が存在すると，目撃者が犯人の顔を正しく識別する能力が損なわれる（56/63）
3. ショーアップ：ラインナップによらない単独面通しは誤識別の危険性を高める（41/63）
4. ラインナップの公平さ：ラインナップの構成員が容疑者に似ているほど，容疑者の識別が正確である確率は高まる（33/61）
5. ラインナップの教示：警察官の教示で目撃者の識別の意志に影響が出る（56/61）
6. 知覚時間：目撃者が出来事を見る時間が短くなるほど，出来事を想起できなくなる（50/60）
7. 忘却曲線：記憶の忘却は出来事の直後にもっとも大きく，それからは時間の経過とともに徐々に忘却が進む（49/62）
8. 正確さ―確信度：目撃者が識別に自信を持っていても，自信は目撃者の識別の正確さを予測しない（55/61）
9. 事後情報：出来事についての目撃証言はしばしば実際に見たことだけではなく，その後に得た情報を反映する（60/62）
10. 色彩知覚：単色の光のもとで行った色彩の判断は信用できない（19/63）
11. 質問の語法：出来事についての目撃証言は，証人に与えられる質問の語法によって影響を受ける（63/63）
12. 無意識的転移：ときに，目撃者は別の機会に会った人物を，容疑者として識別することがある（58//63）
13. 訓練された観察者：警察官や他の訓練された観察者は，一般の平均的な人よりも目撃が正確であるということはない（16/62）
14. 催眠の正確さ：催眠は目撃者の報告された記憶を増加させる（0/61）
15. 催眠の暗示性：催眠は誘導や誤導質問への被暗示性を高める（53/63）
16. 期待と態度：目撃者の出来事の知覚や記憶は，目撃者の態度や期待によって影響を受けるかもしれない（63/63）
17. 出来事の凶暴性：目撃者は非暴力的出来事よりも，暴力的な出来事を想起するのが困難である（17/63）
18. 異人種バイアス：目撃者は他人種の成員を識別するよりも自分の人種を識別するのにより正確である（60/63）
19. 確信度の従属性：目撃者の確信度は識別の正確さとは無関係の諸要因によって影響される（60/62）
20. アルコールの摂取：アルコール摂取は目撃者のその後の人物や出来事の再生を損なう（52/63）
21. マグショットバイアス：容疑者のマグショットに曝されると後にその容疑者をラインナップから選ぶ確率が高い（62/63）
22. 長期の抑圧：トラウマ的経験は何年も抑圧され，その後回復することもある（10/62）
23. 誤った児童期の記憶：児童期の記憶の回復はしばしば誤っており，また何らかの点で歪んでいる（52/62）
24. 弁別性：正しい記憶と誤った記憶を信頼に足るほど区分することは可能である（7/64）
25. 子どもの目撃の正確性：若年の子どもは目撃者としては成人ほど正確ではない（40/64）
26. 子どもの被暗示性：若年の子どもは成人に比較して，インタビューアーの暗示，仲間の圧力，社会的影響を受けやすい（60/64）
27. 記述に合ったラインナップ：ラインナップの成員が目撃者による犯容疑者の記述に似ていれば似ているほど，容疑者の識別は正確になる傾向がある（33/62）
28. 提示の様式：目撃者は同時提示のラインナップで提示されているときに，相対判断をすることで誤って識別をしやすい（46/62）
29. 高齢の目撃者：高齢の目撃者は若い成人よりも正確ではない（32/63）
30. 識別の速さ：ラインナップを見て，識別が速い目撃者は，その識別が正確な傾向がある（32/63）

［Kassin et al., 2001より作成］

注1）評定の方法は以下の7段階による。
　　1．反対がたぶん正しい，2．支持しない，3．不確定である，4．支持の傾向，
　　5．一般的に信用できる，6．非常に信用できる，7．わからない
注2）括弧内の数字は以上の評価のうち，上の4，5，6の項目（つまり肯定的）に判定した人数を合計したものである（分母は反応者の総数）。

れているテーマでもある。そして，各説明の括弧内の数字は分母が回答した専門家の数，分母はそこに書かれた説明の内容を支持している専門家の数である。この点を注意してみて欲しい。要因の効果に関して専門家がどのように判断しているかがわかる。また，厳島・仲・原［2003］では目撃証言心理学の詳細が説明されているので，そちらを参考にされたい。

〔厳島 行雄〕

05章 | 証言と面接法
―― 子どもや知的障がいをもつ人から
　　正確に情報を引き出す方法

　本章では言葉による証拠，すなわち供述や証言に焦点をあてる。まず，子どもの証言能力について心理学的な観点から考察し，次に，より正確な情報を得ることを目指す面接法について紹介する。子どもの目撃者や被害者を対象とする（狭義の）司法面接法，目撃者からの情報収集を目指す認知面接法，広く情報収集を行うことを目指す被疑者取調べ法の一種である PEACE アプローチなどについて述べる。また，法廷での尋問の特徴と問題点を指摘し，研修の必要性についても指摘する。

1 | 証言能力と証言の信用性

子どもの証言能力

　子どもの証言能力が問題となった古い事例としては，1895年の Wheeler v. U. S. が有名である（Wheeler v. U. S., 1985）。この事件では，幼児の証言により有罪となった George L. Wheeler が上告し，幼児に証言能力を認めた原審の判断が問題となった。この問題につき，合衆国最高裁は「……能力の問題を決定するような年齢というものはない。証言能力は子どもの知性，真実と偽りの違いの理解，真実を言う義務の理解に依存する。その決断は主に裁判官にまかされており，裁判官は証人として要請された者と会い，態度，知能の有無に注意し，尋問によって，その能力や知能，宣誓の理解を明らかにすることができる」とした。

　そして，この事件については，幼児が嘘と真実の違いを理解していたこと，真実を語ろうとしていたことは（原審で）示されていたとし，証言能力を認めた原審の判断を維持した。Anne G. Walker [1993] は州法を分析し，こういっ

た法廷の判断に加え，①出来事の観察，②記憶，③想起したことの伝達，④質問の理解，⑤知性ある回答，⑥真実を話す義務の理解などが，証言能力の要件として言及されることが多いとしている。

しかし，心理学的には言語能力，記憶能力などに類比されるような「証言能力」というものがあるわけではない。上記のような判例や要請事項を踏まえるならば，体験や出来事の記憶（これをエピソード記憶という）やそれを思い出して伝達する能力，また，嘘と本当の区別，本当のことを話さなければならないという義務の理解などが，証言能力を支える要素だといえるだろう。

エピソード記憶

では，エピソード記憶はどのように発達するのだろうか。一般に，記憶は出来事の記憶（エピソード記憶）と知識（特定の文脈からは切り離された情報で，意味記憶ともいう）に区別される。エピソード記憶は特定の時間，場所，文脈と結びついた一回限りの出来事の記憶である（例：昨日の夜，父親から殴られた）。これに対し，いつも起きること（例：父親はいつも私を殴る）や一般的な知識や概念（例：父親は乱暴な人だ）は意味記憶に分類される。

幼児は1歳ころから言葉を話しはじめ，「マンマ」や「ワンワン」などの概念が芽生えてくるのもこの頃である。しかし，この段階の記憶は意味記憶であって，「あった」「見た」「体験した」といったエピソード記憶ではない。エピソード記憶の発生には，記憶が自分の体験に由来していることが理解されている必要があり，その発達には自己への気づき（自分であることがわかる）や情報源の理解（情報の起源が自分の体験に帰属される）がかかわっているとされる［仲 2010］。

鏡に写った自分の姿がわかるようになるのは2歳から3歳にかけてであり，3，4歳から断片的に体験が語られるようになる。時間の概念が明確になってくるのは学童期に入ってからのことであり，この頃になってようやく，子どもは過去，現在，未来を理解し始めるといえる。こういった観点からいえば，体験にもとづく供述は，4，5歳，時間も含めるならば5，6歳にならないと難しいといえるだろう。

嘘と本当の理解

嘘と本当についてはどうだろうか。

嘘とは，自分が事実であると信じている情報とは異なる情報を，他者に信じさせようとすることをいう。ある発言（例：雨が降っている）が嘘かどうかは，①その発言が事実を反映しているか（実際は晴れであるか），②発話者の信念（発話者は「晴れだ」と信じているか），③発話者の意図（発話者，相手に「雨が降っている」と信じこませたいか）によって決まる。実際は「晴れ」だが，「雨だ」と信じて「雨だ」と言えば，それは「誤り」だとされるだろう。実際は「晴れ」であり「晴れ」だと信じて「雨だ」と言っても，相手を騙そうという意図がなければ「言い間違い」とされるかもしれない。

しかし，研究によれば，幼児は「嘘か本当か」を事実か否かという観点だけで判断しようとする。たとえば Thomas D. Lyon らは，4-7歳児に①同一性課題（ライオンの絵を見せ「これは犬だと言ったら，本当か嘘か」），②弁別課題（「嘘を話すことと本当を話すことは同じか否か」），③定義課題（嘘，真実の定義），④モラル課題（嘘をつくこと，本当のことを話すことの良し悪し，権威者はどう思うか）などを行い，同一性課題は5歳では6割，6-7歳では8割が正しく答えることができることを示した。モラル課題の正答率も高く，5歳の8割が「嘘は悪い，本当のことを話すのは良い」と答えたとされる。弁別や定義は困難であっても，法廷で「嘘をついてはいけない」ということの理解は5-6歳児でも可能だといえる。日本でも同様の結果が得られている［上宮・仲 2009］。

このような結果も踏まえると，心理学的には5-6歳児であれば証言能力はあるといえるだろう。もちろん個人差はあり，個別のケースにより判断は異なると考えられる。

証言の信用性

しかし，証言能力は認められても，証言の信用性が否定される事案は多い［浅田 1998］。その大きな理由として，面接や事情聴取のなかで子どもが誘導や暗示を受け，供述が変遷してしまうということがあげられる。ある幼児の供述は，母親の言葉を受けて「今朝きたおじさん（加害したとされる人）」が「昨日

きたおじさん」へと変わってしまった。別のある児童は「(被告人)をよく思っていなかった父親の影響を受けて」事実とは異なる証言をしてしまったとされる[仲2001a]。

　こういった供述の変遷の背後には2つの要因があるとされる。第1は，社会・対人的な問題である。子ども（そして，知的障がいをもつ人なども）は，常に保護者や他の大人の庇護，ケアのもとにある。そのため，大人は何でも知っている；大人は情報がないからではなく，確認のために質問をする；何度も同じことを尋ねられるのは，前の答えが違っているからだ，等と考えがちである[Siegal 1996]。「叩かれたか」と尋ねられた児童は，その記憶がなくとも（それは実際にはなかったのだと考えるのではなく）「自分はそれを思い出せないだけだ」と考え，「叩かれた」と答えてしまう可能性がある。

　第2は，先述した認知的な問題である。子どもや知的障がいをもつ人はエピソードを保持し情報源を把握する能力が低い。そのため，他者から与えられた情報をあたかも自分が体験したかのように思い込んでしまうことがある。このような傾向性を被暗示性という。また，このような誤った記憶を偽りの記憶，虚記憶などという。

　仲[2012a]は次のような実験を行った。小学校2年生，5年生にビデオを見せ，第1の条件では，内容を白紙に自由に書いてもらった（自由再生条件）。第2の条件では，1分間目を閉じ，内容をイメージしてもらった後，自由再生を求めた（イメージ条件）。第3の条件では，実際にあったこととなかったことが含まれるような質問を行った。たとえば，実際には帽子を被っていない男性が出てきたが，この人物について「おじさんは帽子を被っていたか，被っていなかったか」等と尋ねた（質問条件）。その後，どの条件の子どもにも20のシーンを言葉で提示し，そのシーンを見たかどうかの判断を求めた。ただし，実は20シーンのうち15シーンは，実際にはなかったシーンであった（例「おじさんは帽子を被っていた」）。その結果，実際にはなかったシーンを「あった」とする虚記憶はどちらの学年でも生成されたが，とくに2年生のイメージ条件と質問条件で多かった。イメージ条件では色など視覚的な混乱が多く見られ，質問条件では質問に含まれていた誤った情報（帽子等）に対する反応が多かった。外から与えられた情報（質問）のみならず，内的に生み出される情報（イメージ）も

記憶を汚染するといえるだろう。

2 | 面 接 法

司法面接

　事実確認がとくに困難な事件は，目撃証言や物質的な証拠が得られにくい強制わいせつや性虐待である。欧米では1970-1980年代，面接（事情聴取）が不適切であったために子どもが親から引き離されたり，被疑者が誤って起訴されるという事件が続いた。たとえば，マクマーチン事件では，幼児が幼稚園の教員らを告発したが，最終的には幼児への面接に誘導や暗示があったとされ，被告人は無罪となった。同様の事件として，リトルラスカルズ，カントリーウォーク，ウィー保育園などでの事件も有名である［Ceci & Bruck 1995等］。これらを受けて，司法面接（forensic interview），捜査面接・調査面接（investigative interview）と呼ばれる面接法が開発され，用いられるようになった［仲 2009c, 2012b］。

　これらの面接法は，子どもからより正確な情報を，より多く得ることを目指している。また，子どもへの負担を出来る限り少なくするために，多職種（福祉，司法，医療等）の専門家がバックスタッフ（面接を観察し，支援するチーム）となり，別室で面接をモニターを通してオンラインで視聴し，必要な情報を一度に収集することを目指す（面接者は多職種の専門家と打ち合わせをし，各専門家が必要とする情報を収集するように努める。また，面接終了前にバックスタッフのいる部屋に戻り，十分な情報が得られているかどうかを確認する）。

　なお，司法面接はカウンセリングではない［Home Office 1992］。被害からの事実確認は，受容的，共感的であるべきだとする考え方もあるが，カウンセリング的な手法が子どもを誘導してしまうこともあるからである。被害者の保護，支援には事実確認とカウンセリングの両方が必要だが，それぞれ異なる人が，連携をとりながら行うことが必要である。

NICHDプロトコルと司法面接の構造

　司法面接では暗示や誘導を避けるために出来る限りオープン質問（「何があったか話してください」「そして」「それから」等）を用いる。しかし、「話してください」と言っても子どもはすぐに話せるわけではない。教示や練習が必要である。また、自由報告だけですべての情報が得られるとは限らないので、誘導とならない質問を行うことも必要である。くわえて、面接者は情報収集を終えた後、子どもからの希望や質問も受けることが望ましい。こういった要請に応えるため、司法面接は「導入部」―「自由報告」―「質問」―「クロージング」のように構造化されている（一定の手続きに沿って行う）のが一般的である。

　司法面接の一種であり、世界的に広く用いられているNICHDプロトコル[Lamb, Orbach, Hershkowitz, Esplin, & Horowitz 2007]に見られる構造を表5-1に示す。NICHDプロトコルは米国国立子ども健康人間発達研究所（NICHD）でMichael E. Lambらが開発した面接法であり、「導入部」では自己紹介、ラポール形成（ラポールとは話しやすい関係性のこと）、グラウンドルール（本当のことを話す、質問がわからなければわからないという等の約束事）、エピソード記憶の訓練（体験を思い出して話す練習）を行う。また、「自由報告」（自発的な自由な報告）の後、オープン質問、WH質問を主体とした質問を行い、ブレイク（休憩）をとる。面接者はこのブレイクでバックスタッフと得られた情報をチェックする。そしてブレイク後、必要に応じてさらなる質問を行う。たとえば、はい／いいえ質問や選択式の質問が必要であればここで行う。最後は「クロージング」で、子どもから質問や希望を聞いた後、面接を終了する。司法面接には、英国で用いられている「最良の証拠を得るために（ABE）」[Home Office 2000]やカナダのステップワイズ面接、ドイツの構造面接などがあるが、いずれも自由報告を得ることを強調し、それを得るための構造化がなされている。

目撃者への面接と認知面接

　（狭義、すなわち限定的な意味での）司法面接が子どもの被害者・目撃者への面接法であるのに対し、1980年代にアメリカのRonald P. FisherとEdward Geiselmanが開発した認知面接は、目撃供述を得ることを目指している（認知

表 5-1　NICHD プロトコルにもとづく司法面接の最小限の手続き［仲, 2011a より］

【導入】
1. 今日は＿年＿月＿日で，時刻は＿時＿分です。私は＿＿＿＿さん【被面接者】に，＿＿＿＿＿【場所】で面接をします。
   こんにちは，私の名前は＿＿＿＿＿＿です。私の仕事は子どもからお話を聞くことです。この会話は録画します。私がお話を忘れないように，後で見ればわかるようにするためです。他の人が見ることもありますが，○さん（被面接者）に迷惑がかかることはありません。

2. 面接を始める前にお約束があります。
   ①（本当）今日は，本当のことだけを話すのがとても大切です。本当にあったことだけを話さなければなりません。
   ②（わからない）もしも私の質問が分からなかったら，「分からない」と言ってください。
   ③（知らない）もしも私の質問の答えを知らなかったら，「知らない」と言ってください。
   ④（間違い）もしも私が間違ったことを言ったら，間違ってるよと言ってください。
   ⑤（その場にいない）私はその場にいなかったので，何があったか分かりません。どんなことでも，あったことを話してください。

3. ラポール：○さんのことをもう少し知りたいので聞きます。○さんは何をするのが好きですか。

4. 出来事を思い出す練習：それでは前のことを思い出してお話する練習をしましょう。今日あったことを話してください。今日，朝起きてからここに来るまでにあったことを全部話してください。

【自由報告】
5. それでは，こんどは○さんがどうしてここにいるか／ここに来たか，話してください。
   （出てこなかったら次のような文言を行う）
   ① ○さんが［いつ，どこで］，［お医者さん，先生，児相の先生，その他の専門家］に話をしたと聞いています。その出来事について話してください。
   ② ○さんの＿＿＿＿【体の場所】に［跡，傷，あざ］があるけれど／［あると聞いた］けれど，そのことについて，全部話してください。

【質問】
6. それは 1 回だけですか，それとも 1 回よりも多かったですか？⇒ yes ならば，それでは一番最後について／一番最初について／一番よく覚えているときについて話してください。

7. オープン質問
   ① 何があったか全部話してください。
   ② ○してから△までのことを，全部話してください。
   ③ さっき○○って言っていたけれど，そのことについてもっと話してください。
   ④ それから？そして？あとは？
   ⑤ エコーイング（子どもの言葉を繰り返すのみ）
   ⑥ ふん，ふん（あいづち）

8. WH 質問

9. ブレイク

10. クローズド質問

11. 暗示質問・開示に関する質問・誘導質問
    ① その人は何か言いましたか／他に誰かいましたか。
    ② このことを知っている人は他に誰かいますか／その人はどうしてこのことを知っていますか。
    ③ ～されたことはありますか（問題となっていることに関するクローズド質問）。

【クロージング】
12. たくさん話してくれて，どうもありがとう。
    ①（知っておいた方がよいこと）他に，私が知っておいた方がよいことは，ありますか。
    ②（話しておきたいこと）他に，○さんが私に話しておきたいことは，ありますか。
    ③（質問）○さんからは，何か質問はありますか。
    ④（連絡先）また何か話したくなったら，この電話番号に電話をかけてください。

13. 今は［時，分］です。これで面接を終わります。

面接法も,広義の司法面接,すなわち法的に価値をもつ情報を収集するための面接法の一種である)。記憶に関する認知心理学的要素に加え,1992年には会話コントロールの要素が含まれる認知面接強化版(Enhanced Version of the Cognitive Interview)が作られた。そこでは被面接者の報告を遮らないこと,被面接者に会話の流れのコントロール権を委譲し,報告を傾聴することに重きがおかれている。

　この面接法でもラポールの構築,グラウンドルール,自由報告が重視されている。とくに自由報告では,情報の想起を促すために,記憶を検索するための方略(記憶を思い出すための方法)が教示される。まずは「悉皆報告」,すなわち重要でないと思われるようなこともすべて報告するように促す。そして,犯人の顔など特定の情報を思い出すだけでなく「文脈復元」を求め,出来事を体験したときの文脈,見えたもの,聞こえたもの,臭い,手触り等をできるだけ詳細に思い出してもらう。また,一度再生してもらった後,「異なる順序での再生」すなわち,出来事を体験した順序ではなく,たとえば最後の場面から順に思い出すよう求めたり,「他者の視点」,たとえば犯人の視点で見えたであろうことを思い出し,報告するよう求めたりもする。そうすることにより,通常では飛ばしてしまう情報にも気づき,報告できることがあるとされる。「質問」は,面接者のアジェンダによって「いつ,どこで,誰が……」と尋ねていくのではなく,被面接者が頭に思い浮かべていることについて行うのがよいとされる。そして,司法面接と同様にクロージングを行う。

　Amina Memonらが行ったメタ分析(認知面接の効果を調べた多くの研究結果を統計的に再検討する手法)によれば,認知面接法は正確な情報をより多く引き出す[Memon, Meissner, & Fraser 2010]。ただし不正確な情報も僅かだが引き出すので,グラウンドルールで「わからなければわからないと言ってもよい」などの教示を丁寧に行うことが重要である。全体として「悉皆報告」と「文脈再現」の効果は大きく,それは日本でも確認されている[笠原・越智 2008,白石・仲 2006等]。また,時間がたっても(数日から2週間)効果があること,年少者よりも高齢者で効果が高いことも知られている。実際,アメリカ司法省の「目撃証拠:警察官のためのガイド」[U. S. Department of Justice 1999]や英国の「最良の証拠を得るために」[Home Office, 2001]にも引用されており,実務で

も用いられている。また，日本でも警察庁の「取調べ教本（基礎編）」［警察庁 2012］に活かされている。ただし，実務での検証研究が少ないことや，自由報告にもとづいて質問を考える，途中であってもラポールをとる，文脈復元を求めるなどの高度なスキルが必要であること，トレーニングに時間がかかることなど，今後改善していかなければならない課題もある。

被疑者面接法

英国では1970年代に起きた冤罪への反省から，1984年に被疑者取調べが録音されるようになった。アメリカでもイノセントプロジェクト（有罪が確定している人のうち，DNA鑑定が可能な資料が残っているケースについて，最新の技術によりDNA鑑定を行うプロジェクト）により，虚偽自白の問題が改めて認識されるようになった。日本でも足利事件，志布志事件，氷見事件などの冤罪事件で被疑者が虚偽自白をしていたことから，被疑者取調べの検討が始まった。

確立した面接法として従来用いられてきたのはJohn E. Reidらによって開発された「糾問的アプローチ」である。糾問的な取調べでは，まず被疑者に面接（事情聴取）を行い，行動分析により被疑者が嘘をついていないかどうかを判別する。嘘をついていると推定される被疑者には，糾問的な尋問を行う。そこでは，被疑者を孤立化し，有罪を推定して対立し，「重大化」（有罪を示す証拠があることをほのめかす，責任は大きいと圧力をかける等），「矮小化」（罪を犯してもいたしかたない理由があったと合理化したり，大した罪ではないと示唆する等）などのテクニックを用いる。これらの手続きは，犯罪を犯した被疑者から自白を得やすくするとされるが，犯罪を犯していない被疑者（無実の人）からも虚偽の自白を引き出してしまうことが知られている［Meissner, Russano, & Narchet 2010］。

こういった自白を得ることに焦点化した面接法に対し，広く情報収集を行うことを目指すアプローチを情報収集アプローチという［仲 2012b］。上述のように，英国では1984年に被疑者取調べが可視化され，1990年代からは心理学的知見にもとづいた面接法であるPEACEモデルが用いられるようになった。PEACEモデルもまた構造化された面接法である（PEACEは① Planning and Preparation（計画と準備），② Engage and Explain（引き込みと説明），③ Obtain an Account（アカウントの収集），④ Closure（クロージャ），⑤ Evaluation（評価）の頭文字である）。なお，アカウントとは供述や申し立てのことであり，クロージャとは終了手続きのことである。

PEACE モデルにもとづく面接では，まず，被害者や目撃者，現場からの情報を収集し，明らかになっていること・なっていないことを明確にし，面接の「計画と準備」を行う。そのうえで「引き込みと説明」に入る。ここでは面接者が被疑者に対し自己紹介を行い，法的助言（弁護人に相談する権利等）や面接の意義についての説明を行う。また，事務的な情報（面接時間や録画録音手続き），希望（相手の言葉を遮らないこと），見通し（面接で問題にしたいことがら）などについて述べ，警告（黙秘権），牽引質問（被疑者と事件との関りを示唆する引き込むための質問）を行う。その後，「アカウントの収集」に入る。まずは被疑者の語る自由報告を傾聴し，そのうえで，計画しておいたトピックについて，被疑者からのさらなる自由報告を得る。必要であれば，チャレンジ（手持ちの証拠を示し，説明を求める）を行うが，被疑者と対立することは避ける。そして，面接を閉じる。被疑者が否認していても，嘘をついている可能性が高くても，報告を求める。話してもらえばもらうほど嘘をついていることは明らかになりやすく，それは裁判で被疑者にとって不利な証拠となるからである。

関連する面接法

Ray Bull & Stavroula Soukara［2010］は PEACE モデルで行われた現実の面接を分析した。研究1では80事例を選び，どのような戦略が用いられているかを調べた。その結果，全体として最大化，矮小化，脅し，無益を説く（「否認しても無駄だ」等）といった不適切な戦略は用いられておらず，証拠の開示，矛盾の強調，説明へのチャレンジが多かった。研究2では50事例を分析し，面接者と被疑者の態度，自白との関連を調べた。その結果，被疑者の反応性（被疑者が面接者に応答する度合い）と相関があったのはコミュニケーション，オープンマインド，柔軟性，ラポール形成，面接者による被疑者に対する反応性であり，特にラポール形成は，被疑者の自白と関連があった。研究3では，5分ごとに，面接で用いられている戦略をチェックした。その結果，自白が出てくる直前の10―15分で用いられていた戦略は，「証拠の開示」「オープン質問」

「質問の繰り返し」であった。同じ質問を繰り返すことは推奨されないが，証拠を提示し，説明を求めることは重要な方略だと推測される。

　証拠をどの段階で提示するかについては，議論がある。被疑者が実の犯人である場合，強力な証拠があれば，最初から証拠を提示することで，被疑者は罪を認めるかもしれない。しかし，どうせ有罪になるのだからと黙秘し，情報を秘匿する被疑者もいるかもしれない。弱い証拠しかない場合，その弱い証拠を最初に提示してしまうと，被疑者はこれ以上の証拠はないのだろうと考え否認するかもしれない。こういった考察を踏まえ，自由報告をできる限り求めた後，面接の終了部で証拠を提示するSUEテクニック（the SUE technique: Strategically Using Evidence）や，証拠を小出しにするGRIMACEアプローチ（GRIMACE は Gathering of Reliable Information and Motivates suspects to provide an Account and only then Challenging this Effectively の略）などが開発されている。

　現在，PEACEモデルは英国の他，北欧，香港などでも用いられている。また，イスラエルでは上記に示したNICHDプロトコルを改変したNICHD被疑者面接が実施されている。この面接法も，そのほかの情報収集アプローチによる面接法と同様，グラウンドルールを行い，ラポール，エピソード記憶の練習をした後，自由報告を求める。Irit Hershkowitzらは性加害が疑われる72人の少年への面接を分析し，面接者は主として自由報告とWH質問を用いている事，これらの質問が被疑少年から多くの情報を引き出すことを確認している［Hershkowitz, Horowitz, Lamb, Orbach, & Sternberg, 2004］。

面接法の研修

　英国では2009年より，専門化された捜査プログラム（Professionalizing Investigation Programme：PIP）の一環として面接法の研修が行われるようになった。この研修は1～5層まであり，それぞれについて1～3週間の研修が行われる。基礎的な1，2層の面接研修では，比較的軽微な犯罪の被害者，目撃者，被疑者への面接法を学ぶ。この研修を踏まえて実務経験を積んだ後，3層では，より重大で複雑な事件の被疑者や被害者に対する面接の研修を受ける。4層は研修を実施する人のための研修であり，5層は困難な捜査などでアドバイスを与えることのできる人の研修である。

こういった面接法の研修は世界中で広く行われており，日本でも司法面接については児童相談所の職員や警察官を中心に研修が行われ，成果を挙げている［仲 2011b］。また，2012年より，警察庁による取調べの研修も行われるようになった。しかし，面接法を維持することは容易ではない。Lamb らは，面接者はオープン質問がよいとわかっていても，これを十分に用いることができず，しかも自分自身はオープン質問を用いていると信じているとしている［Lamb, Hershkowitz, Orbach, & Esplin 2008］。また，Hershkowitz らは，被面接者がリラクタントである（話したがらない）場合，面接者は圧力をかけたり（話さないと大変なことになる等），取引を行ったり（話してくれれば～をしてあげる等），クローズド質問をくりかえしたりしがちであること，訓練を受けている面接者であっても，子どもが話さないと，それに引きずられるように（つまり，子どもが話さないということの結果として）クローズド質問が多くなることを示している［Hershkowitz, Orbach, Lamb, Sternberg, & Horowitz 2006］。継続した研修とスーパーバイズ（監督支援）が必要であるだろう。

3 | 法廷での尋問

主尋問と反対尋問

　法廷では証人は主尋問によって自分の主張を述べ，反対尋問により相対する当事者（被告人側の証人であれば検事，原告側の証人であれば弁護人）から，その主張のチェックを受けることになる。主尋問では一般に，「何があったか」「何を見たか」といった一般的な質問が行われるが，反対尋問ではクローズド質問を用い，証人を誘導することも許されている。しかし，内容よりも質問形式の段階で誘導にかかってしまいやすい子どもにおいては，このような反対尋問は適切ではないかもしれない。John R. Spencer & Rhona H. Flin［1990］は次のような例をあげている。その事案では，子どもが警察官から暗示を受けて写真帳から特定の人物を選びだしたかどうかが問題となった。弁護人は反対尋問で子どもに「彼等は，犯人がそこにいると言いましたか」と尋ね，子どもは「はい」と答えてしまった（子どもは自分に不利な，「誘導を受けた」という証言をして

しまったわけである)。Spencerらは，弁護人の質問が「並んでいる人たちについて，警察官が言ったことを正確に覚えていますか」であれば，このようなことは起きなかったであろうとしている。

　法廷は非日常的で権威的，威圧的な場所である。法的手続きを健常の大人ほどには理解できない可能性のある子どもや障がいをもつ人，あるいは精神的な被害を負っている人にとっては，なおさらのことであるだろう。Spencerらは，健常な大人であれば許される反対尋問も，子どもにおいては証言を歪める可能性があり，不適切だとしている。

子どもへの法廷尋問

　公判廷での5歳児の証言を分析したWalker［1993］も「(法廷での言葉は)形式が整っておらず，非論理的で文法的に不適切」だとし，とくに反対尋問は問題だとしている。そこでは年齢にふさわしくない単語や表現，複雑な文法形式の使用，一つの「はい，いいえ」質問に複数の命題が含まれているマルチ質問（「泣いてお母さんに話したのを覚えていますか」），埋め込み（「〜を見たのを覚えていますか」），代名詞（「あのこと」「これまで言ったこと全部」）などが多用され，コミュニケーションを阻害していた。そして，裁判官，検事，弁護人による1184の質問のうち73％が「はい，いいえ」で答えを求めるクローズド質問であり，実際，子どもの応答の88％は「はい」か「いいえ」であったとしている。

　Mark Brennan［1995］もおよそ30人の6〜15歳児への反対尋問を分析し，法廷でのやりとりは「不思議な言葉」(strange language) だとしている。そして，マルチ質問や埋め込みの他，否定形，文法的・意味論的につながらない質問，「わからない」を繰り返させるような質問，受け身（行為者について話せなくする），疑問符がない質問，付加疑問文（「〜ですね」等）など15もの問題点を挙げている。仲［2001］も，中学生の子どもに対して行われた裁判官，検事，弁護人による法廷尋問1603発話を分析し，マルチ質問，否定形，代名詞などが含まれる質問において子ども自身の言葉による応答が少ないこと，文字数の多い，長い質問の場合に「分からない」「知らない」や沈黙が多くなることを示している。実際，Mark R. KebbelleやNancy Perryは，こういった質問が子どもや大学生の応答を誤ったものにすること，本人にとって，自分の応答が正

確かどうかの判断がしにくくなることを示している［Kebbell, & Johnson 2000；Perry, McAuliff, Tam, Claycomb, Dostal, & Flanagan 1995］。こういった言葉を法律家言葉（lawyerese）という。

対処のあり方

英国では1992年から，裁判官が認めたならば特別措置として，子ども（14歳未満，および性虐待，性被害の場合は17歳未満）への司法面接のビデオ録画を，法廷での主尋問の代わりに用いることができることとした（ただし，被告人の権利を守るために反対尋問は受けなければならない）。また，2000年代に入ってからは，特別措置を受けることのできる範囲が拡大し，子どものみならず，知的，発達的，精神的，身体的に障がいをもつ人や怯えていて何度も法廷に立つことが困難な人（これらを供述弱者，the vulnerable という）においても，同様の措置が可能となった。

日本でも性被害等の事件において，スクリーンや閉回路システムを用いるなどの工夫は行われている。しかし，これだけでは十分ではない。2010年，国連子どもの権利委員会は，締約国（日本）に対して面接や尋問に関する勧告を行った。そのなかで，録画面接の検討を進めること，また，裁判官，検事，警察等の専門家が法的手続きのどの段階においても「子どもに合ったインタラクション」をとれるように研修を受けること，などを提唱している（39条(a)および(c)）。

子どもにとって負担の少ない，わかりやすいコミュニケーションは，大人にとってもそうであるはずである。このことは，どの当事者にとっても，法的手続きのどの段階であっても有益なはずである。

〔仲 真紀子〕

06章 | 供述分析
―― 「渦中の視点」から描かれるもうひとつの心理学

　過去の出来事をめぐって裁判が行われるとき，まずその「出来事」がどのようなものであったかを明らかにしなければならないが，これが容易ではない。残された物的証拠によって確定できる事実はあるが，それは出来事全体の一部に過ぎず，そこだけからは全体像が浮かび上がらない。それゆえにその出来事を体験した人が語る供述が注目される。しかし人の言葉には，意識的にもあるいは無意識的にも，しばしば虚偽や歪曲が忍び込む。これまで裁判のなかで行われてきた「供述の信用性」判断は，はたしてその虚偽や歪曲を十分に検出しえていたかどうか。この問題意識から心理学に依拠する供述分析は登場した。また，この供述分析からは従来の科学的心理学が見逃してきた「語り」の問題性が浮かび上がってくる。これまで供述分析が獲得してきた知見を検討するなかで，人がそれぞれの状況を渦中から生きるその「渦中の視点」についてあらためて考えてみたい。

1 | はじめに：きわめて日本的な課題としての供述分析

　供述分析（statement analysis）とは，主として刑事裁判で問題となる「供述の信用性」を判断するための方法である。ただ，ここでの供述が録音・録画によって記録された生データであるのか，それとも供述者の話したことを捜査官が文章化した文書記録であるのかで，その方法はおのずと異なってくる。わが国ではこれまで長く，捜査官が録取した供述を「私は……」という一人称の独白形式にまとめた供述調書が証拠として提示されることが一般的で，そのため心理学の観点から供述の信用性を判断するうえでも，調書形式の記録に応じた独自の供述分析法を開発せざるをえない状況があった。供述者の口から発せられた「生のデータ」ではなく，捜査官の意識的・無意識的な加工の入る「汚染

されたデータ」を対象にせざるをえないというのは分析上大きなハンディであるのだが，一方，そうした汚染されたデータを扱わざるをえないがゆえに，思いがけなくも興味深い人間の現象が発見されてくることもある。日本の刑事取調べの後進性が，皮肉なことに心理学の新たな世界を生みだしてもきたのである。

本章では，これまで種々の刑事事件について行われてきた供述分析の成果をもとに，そこにおいて見出されてきた心理学的知見，またそこで留意すべき問題について論じる。

2 | 供述分析の基本的な視点

「供述の起源」という見方

これまでの刑事裁判実務における「供述の信用性」判断は，供述が有罪─無罪を決する重大な要因となった判例を蓄積して，そこに見出される共通性をもってその判断を行ううえでの注意則とするという方法をとってきた。過去の判例に根拠を求めるこの方法は，法実務のうえでは自然に見えるが，他方で過去の判例は正しいとの前提に立つもので，それ以上の判断の根拠を求めるものではなかった［司法研修所1991］。それに対して心理学に由来する供述分析は，少なくともその判断について心理学的な根拠を求めようと努力してきた。そのことはまず「供述の起源」という視点に見出される。

「供述の起源」というのはA.Trankell［1972］の用語である。与えられた供述について直接的にその信用性を判断するのではなく，その供述をひとつの情報として捉え，その情報がどの起源から来たものかを検討するというのがその基本的視点である。たとえば，ある人の供述が問題の客観的証拠と合致していれば，一般にはその供述に信用性が認められがちだが，ことはそれほど単純ではない。実際，供述者が自らの体験記憶を忠実に供述した結果として，それが現場に残されていた客観的証拠と合致したのか（このとき供述の起源は「体験記憶」にある），それとも現場に残されていた客観的証拠を念頭に捜査官が執拗に尋問したために，供述者がやむなく折れて迎合的に供述した結果として，供述

が客観的証拠に合致したのか(このときは供述の起源は取調官の側の「追及尋問」にある),それ次第で,供述の意味合いはまったく異なってくる。つまり,供述と客観的証拠との「合致」そのものが問題なのではなく,むしろ「合致の起源」が問題なのである。実のところ,従来の裁判実務においては供述と客観的証拠との合致自体に重きを置くあまり,この合致の起源を顧みず,そのために深刻な錯誤を犯してしまうことが少なくなかった。

供述聴取過程に忍び込む誤謬要因

供述とは,問題の事件後に,当の事件の体験者に対して,その実際の体験状況を聴取するというかたちで引き出されるものである。したがって,その供述の起源は,建前上,供述者本人の「体験記憶」であるべきであるのだが,実際にはそこに別起源からの種々の情報が,意識的あるいは無意識的に混入する[渡部 2001]。

まず,供述者の側の誤謬要因としては,第一に,供述のなかに意識的に虚偽をはめこんでしまういわゆる「嘘」が供述の起源となることがある。あるいは意識的でなくとも,問題の出来事の後に明らかになった「事後情報」が事件の供述のなか無意識的に混じり込むことがある。あるいは出来事の細かな記憶が失せた後に,残されていた「記録情報」がまるで記憶であるかのように述べられてしまうこともある。この場合,記録が正しいかぎり供述は客観的状況と合致し,情報として正しいかもしれないが,その合致の起源は異なり,少なくとも供述者がそれを記憶しているとはいえない。また,捜査官から訊かれていくうちに,供述者がそこから事実を「推測」したり「想像」して,これを無意識裏に供述してしまうこともしばしば起こる。

捜査官の側の誤謬要因としては,問題の出来事について捜査官があらかじめ何らかの想定(仮説)をもっているために,捜査官が意図せずとも供述者を「誘導」してしまうことがあるし(このことは供述者の側からすれば「被暗示」ないし「迎合」となる),供述を捜査官が文章化して調書に記録する際には,聴取した供述を自分たちの想定(仮説)に沿うように意識的・無意識的に「歪曲」して書き込んでしまうこともある。さらには供述者によって語られた供述のうち,捜査官が想定した筋書に合うものは進んでこれを調書に残し,想定筋書に

合わない不都合な供述は調書に書き取らず排除して，事実上「検閲」ともいえることがなされることもある。たとえば捜査官が犯人だと確信している被疑者が，容疑を否認したとき，その否認供述を調書に取らずにおくことがよくあるが，これなども一種の検閲と言うべきである。

　捜査官が供述を聴取する場合，以上のような心理学的な誤謬要因がさまざまに入り込む可能性があるのだが，従来の刑事取調べにおいては，この点への配慮がおよそ十分とはいえなかった。その意味で，まずはこうした誤謬要因をできるだけ排除する取調べ技法の導入が求められるべきであるし，それと同時に，供述調書の危険性をチェックするために取調べの全過程を録音・録画する可視化の手立ても必要である。

「記憶を語る」ことと「事実を語る」こと

　供述の起源を考えるという視点から実際の供述をあらためて検討したとき，人の語りについての単純だが興味深い事実が浮かび上がる。人が過去の体験を語るとき，一般にはごく素朴に「記憶を語る」と言う。もちろん，その人の主観的な思いとしては自分の「記憶を語っている」つもりなのだが，実のところ，多くの場合そこでは記憶を越えて「事実を語る」ということになっている。この単純な区別が，一般には，案外気づかれていない［浜田 2009a］。

　そもそも過去に体験したことを記憶だけで語るというのは，直観像の持ち主でないかぎり不可能なことである。具体的な体験場面を記憶によって語ろうとしても，その記憶そのものには多くの穴があって，その場面を全体として語ろうとすれば，なんらかの「推論」や「一般的知識」によってその穴を埋めなければならない。たとえば電車内で痴漢されたと訴えている女性が，相手男性のスーツの色を訊かれて「グレーでした」と答えるような場合，それが本当に体験記憶に基づいているとはかぎらない。会社勤めの通勤客は多くがそうした色のスーツだというような推論が入り込んでいたり，あるいは逮捕時の相手の全身写真を事後に捜査官から見せられていて，そこで確認したスーツの色をあたかも被害時の自分の記憶であるかのごとくに語ることもある。被害時の記憶は不確かでも，推測や事後確認でもってこれを補い，それを事実として語ってしまうのである。

この点にかかわっては，心理学におけるもっとも基本的な現象とも言うべき「図地分節」をつねに念頭においておく必要がある。知覚にせよ記憶にせよ，人間の体験現象はそこにおいて意識の主題となる「図」とその周辺を囲む「地」とに分節する。人は周囲の膨大な情報のなかからその場で必要なものだけを「図」として取り出し，その他の「地」は意識の背景に沈む。ところが，人が出来事を語ろうとするときには，体験の場で「図」にならず「地」でしかなかったことをも，あらためて立ち上げて語る必要が出てくる［浜田 2009 b］。たとえば満員電車のなかで痴漢を受けた女性が，捜査官から相手はどちらの手で触ってきたかと訊かれる。しかし，ギュウギュウ詰めの電車のなかだから相手の手はまったく見えない。それに痴漢被害時の女性にとって，意識されている「図」は下半身を誰かに触られて，とてつもなく恥ずかしい思いをしているというその体験そのものであって，触ってくる手が右手か左手かなどということは背景的な「地」にすぎず，意識に上ってくるようなことではない。ところが，事後の事情聴取の段階になって，捜査官から犯人特定のためにはまさにそこが肝心だといわれると，被害女性はなんとか答えようとして，相手の位置関係からみて左手で触ったはずだと考え，その相手は「手の平で上から触ってきた，そのとき親指が他の指の左側にあった，だから左手だった」などと供述したりする。これは一見もっともらしく聞こえるが，現実には臀部の受動的触覚で相手の手指を弁別することはほとんど不可能で，したがってそれは記憶ではなく，むしろ事後の推測にすぎない。それにもかかわらず，正しく犯人を捕まえたと思い込んでいる被害女性は，それが事実だった言い張って譲らない。そういうことが起こるのである。

　事件の場面では「地」でしかなかったことが，後の裁判を意識した事情聴取の場面では「図」として取り上げられることがある。そんなとき「記憶を語る」という建前で実際には想像や推測などによりつつ「事実を語る」ということが起こってしまうのである。ところが，心理学にとっては基本的なこの図地分節の概念が，法実務家にはほとんど認識されておらず，結果として供述に語られたことが真に供述者の記憶に起源を持つものなのかどうかの検証がなされないままに，重大な過誤を犯してしまう例が少なくない。

「体験した者にしか語りえない供述」

　供述分析おいて重要になるのは，真に体験記憶に起源を持つ供述をいかにうまく取り出してくるかである。この点については，従来の信用性判断の注意則のひとつとして「体験した者にしか語りえない迫真性を持つ」ということがとりあげられることがある。しかし，供述の「迫真性」とか「臨場感」といった主観的な印象で信用性を判断するのは危険である。というのも，人が体験を語るとき，上に見たように純粋に体験記憶だけで語るのは難しく，むしろ種々の想像・推測を交えながら語ることで迫真性・臨場感は生まれるものだからである。実際，体験に基づかない嘘でさえも，嘘であるかぎり迫真性・臨場感を演技的に差し挟むのが通例で，これを見破るのは容易でない。

　それゆえ「体験した者にしか語りえない」ということを信用性の判断基準にしようとするのならば，それを単なるレトリック（修辞）ではなく，文字どおりに厳格な意味で捉えなければならない。言い換えれば，それは非体験者が想像では語れない，いわば供述者の「想像能力（捏造能力）を超えた供述」であることが必要である。たとえば性のことに無知な幼女が，男性からわいせつ行為を受け，男性器から精液が出るのを目撃して，後の供述で「白いねばねばしたおしっこ」を見たと語るとき，この供述は幼女の想像能力を越えている。つまり，幼女はそれが何かを理解できなかったけれども，とにかく起こったことは見た。だからこそこれを体験として語ることができたのである。こうしたものをこそ「体験した者にしか語りえない」供述という。

　このように考えれば，従来「秘密の暴露」といわれてきたものが，実はこれにあたることに気づく。たとえばまだ死体の発見されていない殺人事件で，被疑者がその死体を埋めた場所を供述できれば，それはまさに非体験者が想像で語れることではない。そうだとすれば，死体の位置情報を別のところで人から聞いたのでないかぎり，この供述は本人の体験記憶による以外にない。「体験した者にしか語りえない」という判断基準は，このように直感的な印象のレベルの話ではなく，現実的な論理のレベルの話なのである。

　「秘密の暴露」とはちょうど反対に，供述者が問題の出来事を知らないということが供述上に露呈するケースがあって，これは「無知の暴露」と呼ばれる

[浜田 2002, 2006]。たとえば無実の被疑者が厳しい取調べに負けて自白に落ちたとき，それ以降は自分が犯人になったつもりで，想像で犯行筋書を語らざるをえない。そこで，突きつけられた証拠や現場状況などをあれこれ勘案しながら供述するのだが，想像には限度があり，証拠に合致しない奇妙な供述をして，結果として被疑者が事件のことを知らないという事実が露呈してしまうことがある。もちろん，取調べのその場で捜査官が矛盾に気づけば，これを指摘して，被疑者の方でもこれに合わせて訂正することになるので，そうなれば調書上には痕跡が残らないのだが，捜査官がうっかり見逃せば，その矛盾が調書に記録される。それはまさに供述者が問題の出来事の非体験者である証となる。もちろん，そこには自白した真犯人がなお自白に嘘を交えて語っている可能性や，実際に体験したはずなのに見間違い，聞き間違い，言い間違いをしたという可能性もある。しかし，そうした嘘や間違いの可能性のありえない部分で客観的証拠と食い違う奇妙な供述を行った場合，それは供述者が事実を知らず，想像で語っていること，つまり被疑者が実際は無実であることを示している。そこでは逆説的なことに，自白が無実の証拠となるのである。

3 | 被疑者取調べにかかわる基本問題

供述は，本来，体験記憶を起源とするものでなければならない。しかし，これまで見てきたように，現実にはそこにそれ以外の起源の情報が種々に入り込む。そのことは人の語りに一般的に見られる現象なのだが，刑事事件における被疑者取調べの場では，とりわけこのことが供述の汚染要因として問題となる。そこで，今日の被疑者取調べのあり方のなかに，そもそもそうした汚染を引き込みやすい構造上の問題がないかどうかをあらためて検討しなければならない。

仮説検証型取調べと仮説固執型取調べ

被疑者に対する取調べは，それを心理学的な観点で見るかぎり，少なくとも仮説検証型でなければならない。つまり「被疑者＝犯人」とする有罪仮説と「被疑者＝無実」とする無実仮説のふたつを立てて，そのいずれがよりよく関

係証拠と整合するかという視点から取調べを行い，またそこから得られた供述の信用性を検討するさいにもこの両仮説を対照させて検証することが望まれる。ただ，このようにふたつの仮説を立ててその検証を行うという心理学的な枠組に対して，法に基づく裁判の審理は表向き異なる検証のかたちをとる。つまり検察側が被告人を有罪とする仮説を提示し，それが関係の諸証拠でもって「合理的疑い」を越えるだけの証明がなされているかどうかを検証する。つまり有罪仮説の立証責任はあくまで検察側にあるとの構図のもとで審理され，その立証に失敗すれば被告人には無罪の判決が下されなければならない。そこでは被告・弁護側が無実を主張しても，その無実仮説の立証が求められることはない。

　このようにもっぱら有罪仮説の立証責任を検察側に求め，無実仮説を特には立てないという審理の構図のもとであっても，その立証への「合理的な疑い」を広く，また重くとれば，有罪仮説の検証はそれだけ厳格になって，無辜の者を罰する危険性は小さく抑えられる。しかし，逆に「合理的な疑い」を狭く，また軽く判断してしまえば，有罪仮説の検証はそれだけ甘くなる。戦後の刑事裁判にはそうした検証の甘さのゆえに生じた誤判事例が少なくない。実際，自白調書が証拠として提示されたとき，無実の人が嘘で自白するなどということはまず普通にはないという目で，虚偽自白の可能性を甘く見てしまいがちで，そうなれば，それだけ「合理的な疑い」のハードルが低くなって，判断が安易に有罪仮説の方に傾いてしまうことにもなる。

　裁判での審理のこのような状況が，そのまま捜査段階の被疑者取調べにも表れてくる。被疑者は「被疑」というかぎりで有罪仮説にも無実仮説にも開かれているはずだが，取調べを行う取調官はもっぱら有罪仮説の立証に走りがちで，被疑者は無実かもしれないという無実仮説を十分に配慮しないことが少なくない。とりわけ問題になるのは，捜査官が犯罪を憎むあまり謝罪追及型の取調べに走りやすいことである［浜田 2005a］。捜査の過程で犯罪被害の悲惨な実態を知ってしまえば，その犯人に対する憎しみが自ずと湧く。その結果として，捜査官には被疑者に対して謝罪追及を求める心理が動いてしまいやすい。この点がまさに問題となる。というのも，謝罪追及型の取調べは，当然にして，被疑者が有罪だということを前提にしているからである。

謝罪追及を求めるとき，捜査官の側に決定的な証拠があればよいのだが，実際には被疑者の有罪仮説を裏づける確たる証拠がないのに，それでも捜査官が間違いないと確信してしまうケースがある。そこにあるのは，言ってみれば「証拠なき確信」である。人は確たる証拠がなくとも，不安や怒り，憎悪や恨みが高じれば，事実を冷静に見極めることを忘れて，一気に確信に飛びついてしまう。その結果，仮説検証の姿勢が失われて，有罪仮説に反する多少の証拠が出てきても，何のかの理屈をつけて当初の有罪仮説にしがみつく。そうなってしまえば，仮説検証どころか，むしろ仮説固執型といわなければならないような取調べに陥ることになる。

人は何かを確信してしまえば，その確信に沿う証拠・情報に敏感になって，それを目ざとく拾い上げ，確信に沿わない証拠・情報は簡単に無視してしまう。心理学ではこれを「確証バイアス」と名づけている。被疑者を前にして，その無実の可能性をつねに念頭においておかなければ，捜査官はその正義感と熱意のゆえに，容易に「証拠なき確信」に陥ってしまう。公正な取調べを行うためには，まずこのことを知っておかなければならない。

「事実の認定は証拠による」という理念とその反転

その意味で，刑事訴訟法317条にいう「事実の認定は証拠による」という基本理念は重要である。つまり実際にどのような事実があったのかの判断は，必ず証拠によらなければならない。ところが現実には，その理念通りにならないことがしばしばある。とりわけその証拠が人の供述である場合，ときに上記の確証バイアスの結果として，この理念が逆転する危険すらある。

捜査はまったくの白紙からはじまるのではなく，なんらかの想定，つまり暫定的な事実の認定からはじまる。その想定を一仮説として相対化し，別仮説の可能性をつねに念頭に置いていればよいのだが，証拠なき確信に典型的に見られるように，捜査官がある仮説に固執してしまえば，取調べの過程でその仮説に合致した供述が自ずと選ばれ，これが供述調書に録取され，証拠となる。となると，先の理念とは逆に「証拠は事実の認定による」という皮肉な結果を生むことにもなる。

無実の人の虚偽自白はまさにその典型例である。被疑者を犯人と確信する捜

査官の想定（事実認定）が大きな圧力となって，被疑者の口から自白が引き出され，これが調書に記録され，証拠化される。そしてこの自白という証拠が，審理においては裁判官たちに決定的な有罪心証を生みだし，最終的に有罪判決として事実認定が終結する。こうしたことが現実の事例において例外とはいえない頻度で起こっているのである。「事実の認定は証拠による」という理念の背後で，「証拠は事実の認定による」という現実がうごめいてしまえば，その循環のなかで逃れようのない有罪ループが形成されてしまう。正確な事実認定を行うためには，まずはこのループを断つための方策を考えなければならない。

4 | 嘘をめぐる問題

このように見てくれば，人の供述を汚染する心理的要因の最大のものは，やはり「嘘」である。その意味で，嘘の問題は供述分析においてけっして避けて通れないものなのだが，法の世界ではこれまでこの問題が十分に議論されてこなかった。

暴かれる嘘と支えられる嘘

「嘘をつくのはよくない」と言われる。そう言われるときの嘘は，本来，周囲から暴かれるべきものと考えられている。嘘をついて人をだますのだから，だまされる方は，だまされまいとするし，相手の嘘を暴こうとする。この〈嘘をつく—嘘が暴かれる〉という構図が，嘘のもっとも典型的なタイプである。たとえば真犯人が嘘をついて否認しようとすれば，捜査官はその嘘を暴いて自白させようとする。刑事捜査の脈絡で嘘の検出を問題にするときの嘘は，たいていはこの種の嘘である。

しかし，嘘にはもうひとつ，〈嘘をつく—嘘が支えられる〉というまったく対極的なタイプがある。その典型が取調室のなかでの虚偽自白である［浜田 2001］。取調室のなかで，被疑者が犯人に違いないと思われているとき，被疑者が「やっていません」と否認すれば「嘘だろう」と言われる。否認は〈暴かれるべき嘘〉と見なされ，さらに追及が続けられる。逆に，被疑者が嘘で自白

すれば，取調官は「やっぱりそうだろう」と納得して，むしろその嘘を支える方向に動く。さらには無実の被疑者であれ，自分がやったと自白してしまえば，もはや引き下がれなくなって，どのようにやったのかの犯行筋書まで想像で語らざるをえない。そこで被疑者はいわば「犯人を演じる」。そうして犯人になったつもりであれこれ想像しながら嘘を語れば，当然，そこには取調官が把握している証拠と明らかに合致しない部分が出てくるのだが，その場合でも，取調官はその嘘を暴こうとはしない。証拠と合致しない部分が出てくれば，何かの思い違いではないかとしてそれを指摘し，修正を求めて，さらに嘘を支えていく。虚偽自白の嘘はこのように〈嘘をつく―嘘が支えられる〉という構図の下に展開されるのである。そのことを知らなければ，この虚偽自白の嘘を見抜くことはできないし，現にそのために見逃された冤罪事例はいくつもある。

　同じことは被害者や目撃者などの関係者供述でも起こる［浜田2009b］。捜査側にとって関係者供述は被疑者を犯人として特定できるだけの明確なものであることが望ましいために，その当人の記憶が曖昧であっても，そこをはっきりと断定するような嘘が生じやすい。そして捜査官もその嘘を暴こうとはせず，その方が立証に有利だとなれば，それを支える方向で供述聴取を進めてしまう。たとえば，電車内の痴漢事件などであれば，被害者と犯人とは見ず知らずの他人であるために，裁判でも「うら若い女性が見ず知らずの人を嘘で陥れるような虚偽供述をする動機はない」として，被害女性の供述の信用性を簡単に認めることが多い。しかし，現実はそのように単純なものではない。実際，被害女性が勇気を振るって犯人と思う男性を摘発し警察に訴え出たところまでは嘘がないとしても，そうして男性を警察に引き渡した後は，もはや引き下がれない心境におかれる。そこで自分が逮捕させた男性が否認し，捜査官から間違いないかと問われたとき，被害女性は自分の側にあやふやなところがあっても，自分が犯人を取り間違えたかもしれないとは言いにくい。自分が相手を逮捕させて身柄を拘束させているという現実と，その相手が実際は犯人ではないかもしれないという疑念とは心理的に相容れない不協和を来たすからである。このとき人は自分のなかに招来された不協和を避けるべくさまざまな合理化を試みるもので，心理学ではこれが「認知的不協和の理論」としてよく知られて

いる。

無実の人の虚偽自白を見抜くための供述分析

　では，このような嘘をどのように見抜けばよいのか。たとえば厳しい取調べの下で無実の被疑者が耐えられなくなって嘘で自白するケースでは，被疑者を犯人と思い込んだ捜査官の支えの下で，被疑者が想像で犯行筋書を語り「犯人を演じる」。そうして調書化された自白の嘘を見抜くのは容易でない。しかし，よく見れば，その虚偽自白にはいくつもの虚偽徴候が見出される。

　虚偽自白は，捜査官から突きつけられた証拠や結果として知りえた現場状況などから，遡って犯行筋書を組み立てられたものである。つまり犯罪が起こってから事後に知られた証拠・情報によりつつ，そこから逆に遡って犯行筋書を描いて行く。それはいってみれば事後からの「逆行的構成」である。それに対して実際の体験というものは，そのときそのときの思いを抱いて動きつつも，次の瞬間には何が起こるかわからないところで展開する。それを体験した真犯人が自白するときは，その「順行的体験」の流れを記憶によって語ればすむ。この「順行的体験」と「逆行的構成」とは心理的にまったく異なる過程であり，そこには構造上の違いがある。そこでそのギャップに注目して供述分析を行えば，虚偽自白の虚偽性を見抜くことが可能である。

　たとえばある事件で，無実の被疑者が被害者宅で被害者を殺害したと自白した。ただ，被害者の遺体は遠く離れた場所で発見されていたため，犯行筋書では殺害後に遺体をその現場にまで運んで遺棄したことにならなければならなかった（逆行的構成）。ところが，もし被疑者が被害者宅で犯行筋書通り殺害したのが事実であれば，順行的な心理からして，誰にも気づかれないようにその犯行現場を立ち去るのが当然という状況であった。つまり順行的には危険を冒して死体を被害者宅から運び出さなければならない事情はどこにもなかったのである。この場合，順行的に当然と考えられる犯行の流れが，逆行的に構成される犯行筋書と大きく食い違う。虚偽自白には，よく見れば，こうしたギャップがいくつも見出されるものである。こうした点に注目して，語られた自白の逆行的構成性を明らかにすることで，自白の虚偽性を暴露することが可能である［浜田 2009c］。

また，被疑者の自白を供述分析することによって，先に述べた「無知の暴露」が見出され，捜査官の支えなしに被疑者が自発的に語った供述部分に明らかに客観的証拠・状況に合致しない点があるとわかれば，それはまさに被疑者が犯行の実際を知らないという無実の証拠としてこれを取り出すことができる。

自白撤回後の否認の供述分析

　虚偽自白の虚偽性を見抜くもうひとつの論点がある。そのことを考えるために，真犯人の否認の嘘と対比させて考えてみたい。真犯人が犯行を否認するとき，自分はやっていないのに故なく疑われ，逮捕され，起訴されたのだと主張する。それは言わば「冤罪者を演じる」行為である。ここで興味深いのは，捜査段階で自白して，起訴後に否認に転じ，法廷で捜査段階になぜ自白をしてしまったかを弁解する場面である。もしそれが真犯人であれば，捜査段階の自白は真の自白であるのだが，その自白を撤回した後には，自分は虚偽自白をさせられたのだと主張することになる。つまり真犯人は冤罪被害者ではないのだが，ここは冤罪被害の体験者として自らの自白を語らなければならない。そこで，無実の人が冤罪に掛けられて虚偽の自白をするのはどういうことなのかと，自分なりに想像して，弁明することになる。しかし，冤罪を体験したことのない人には，これが非常に難しい。一方，実際に冤罪被害にあった無実の人の場合は，その虚偽自白について素直に自分の体験を語ればよい。そうすれば，そこにおのずと「体験した者にしか語りえない供述」が含まれ，それを無実の徴候として取り出すことができる。そうしてみれば，法廷での否認供述を分析することで，それが冤罪被害体験をもった者の弁明なのかどうかを判別することが可能である。

　たとえば捜査段階で自白した人が，法廷でその自白過程を訊かれて，実際の犯行がどのようなものかわからなくて「自分で想像して語った」と供述することがある。それは無実の人が不当に追いつめられて虚偽の自白をしたという状況を考えれば，一見不自然に見える。しかし，それが不自然に見えるのは，一般の人々が冤罪者として虚偽自白をしたことがないからにほかならない。無実の人が自白するときには，先に見たように，想像で犯行筋書を語る以外にない

わけで、それこそはまさに虚偽自白者に固有の体験であり、これを体験していない者には容易に語れない。その意味でこうした供述こそが真の冤罪者の体験供述であることを裏付けている。ところが、従来の裁判所の判断では、こうした法廷供述があればむしろ「自白の任意性」の証しであるかのように捉えてしまう。そのために判断を誤った事例はいくつもある。

一見「不自然な」供述から見える真実

　被疑者・被告人が一見「不自然」な供述をしたとき、その不自然さのゆえに嘘をついているのではないかと判断されて、有罪方向での心証につながることが少なくない。しかし、実際には、第三者的にみると一見「不自然」なことが、当事者の渦中の視点からはむしろ自然で、かえってこれが被疑者の無実性を表すことがある。問題は、供述を見るときの視点の置きどころにある。

　たとえば電車内痴漢事件で、被害女性が自分のお尻の右側を触られたと訴え、真後ろの男性を犯人として摘発したという事件で、逮捕された男性は「自分はやっていない。ただ自分の左隣の男性が自分の方に妙に体を寄せてきて嫌だった。女性が被害を受けたのだとすれば、この左隣の男性が犯人ではないか」と弁明した。そこで捜査官が「あなたの左隣の男性があなたの真前の女性のお尻の右側を触わったのだとすれば、手をあなたの腰の前あたり差し込んでごそごそやったことになる、あなたはそれに気がつかなかったのか」と問いただした。ところが、これに対して男性は「気がつかなかった」と答えたのである。この供述は一見不自然に見える。だから、それは嘘ではないかと思いやすいのだが、逆に逮捕された男性がほんとうに痴漢犯人で、言い逃れのために左隣の男性が犯人ではないかと訴えていたとすればどうであろうか。そのときは自分が犯人でありながら左側の男性が怪しいと嘘を言っていることになる。そうして嘘で左隣の男性をでっち上げようとしているのなら、その左隣の男性がごそごそしていたのに気づかなかったかと訊かれたとき、「そう言えばごそごそして気持ち悪かった」とまで言わないと嘘をまっとうしたことにはならない。そう考えれば、「気がつかなかった」という供述は、一見の見かけとは逆に、まさに体験をその通りに語ったものだということを強く示唆している。第三者として見たとき一見不自然な供述が、供述者当人の視点に身をおいてみれ

ば，むしろそれこそが体験性を表していることに気づく（この問題は，周防正行監督の映画『それでも僕はやっていない』からヒントを得て「てっぺい君課題」として注目されつつある）。

　供述はいうまでもなく供述者の供述である。したがって，その意味を正確に捉えるためには，まずは供述者自身の視点に立たなければならない。供述分析とは，このように供述者自身の視点に立って，その供述がどのような意味を持つのかを分析することによって，その供述の体験性―非体験性を判別しようとするものであり，そこには第三者的な視点から供述の信用性を論じる従来の議論とは異なる新たな議論の土俵が構想されていくことにもなる。

5 | 今後の展望：「渦中の心理学」をめざして

　以上，主としてこれまでの刑事裁判実務における「供述の信用性」判断に忍び込む誤謬の危険性を念頭におきながら，日本型供述分析が獲得してきた視点とそこから得た知見を簡単に述べてきたが，一方で，ここで展開した供述分析は，第三者的な視点に立って客観科学をめざしてきたこれまでの心理学に対して，状況をその渦中から生きる当事者の「渦中の心理学」を展開していく必要性と可能性を提示するものでもある［伊藤・浜田 2010］。刑事事件での供述分析からはじまったこの心理学が，刑事事件に限らず人々の日常のなかで語られる「語りの世界」に対して，あらたな視点と知見をもたらすことができるかもしれない。また，そうなれば，そこからふたたび事実認定の世界に立ち戻って，さらに体系的な供述分析法が開かれていくことが期待される。ただ，そこまでの道のりはまだ遠い。

〔浜田 寿美男〕

COLUMN 03　痴漢冤罪

　痴漢冤罪という言葉が市民権を得たのは，周防正行監督の映画『それでもぼくはやってない』以降であろうか。周防監督は，控訴審で逆転無罪となった「西武新宿線第一事件」（矢田部孝司＋あつ子『お父さんはやってない』参照）の報道に接して，痴漢冤罪に興味を覚えたそうである。インターネットでいろいろと調べてみたら，前作である「しこふんじゃった」で知り合っていた本物の相撲部長である私にたどり着いたとのこと。

　当時は，全国痴漢冤罪弁護団という組織が既に立ち上がっていたものの，インターネット上での宣伝はしていなかった。私が周防監督を，新たに始まっていた「西武新宿線第二事件」の弁護団に紹介したところ，極めて熱心に弁護団会議に毎回出席して知識の吸収に努めるとともに，車内の状況を再現する大規模な実験をも実施してくれた。その結果，ドアに接していた被告人は，被害者が供述するように手を後には引けないこと，被告人に気付かれずに，別の男性が痴漢行為をできることなどが判明した。

　駅員が追い返してしまった目撃者である女性が後に見つかり，第一審での無罪が確定したこの事件は，この映画の基本的ストーリーとなっている。なお，私が弁護士登録したのは，刑事補償請求の頃であり，着手金ゼロ，成功報酬も極めて少額であった。

　全国痴漢冤罪弁護団会議にも欠かさず出席していた周防監督は，控訴審で逆転無罪となった「西武新宿線第三事件」（小澤実『左手の証明』参照）にも，関心が高かった。控訴審から私も加わった弁護団は，当時は立教大学で開かれていた法と心理学会常任理事会の前に浜田寿美男教授に時間を作っていただき，事案を提示してお話しをうかがった。

　「図地分節」など認知心理学の初歩的知識によれば，背後から被告人の左腰に触れつつ，被告人の斜め前にいた女性に行われていた痴漢行為に気付かなかったという，被告人供述は信用できるとのこと。嫌がる浜田教授を説得して，初歩的知識の説明を含む鑑定書を作成してもらい，証拠として提出し採用された。さらに，鑑定証人の尋問期日まで設けられたのだが，ゼミ合宿の期日と重なっていた私は，残念ながら出廷できなかった。なお，本件には，視点を変えれば被告人の犯人性を否定することとなる証拠が少なくなかった。また，

控訴審では異例のことだが，職権による被害者の再尋問が行われた。

　無罪判決や逆転無罪判決の原因を，担当裁判官の個性に帰してはならない。また，痴漢冤罪事件を救済するためのノウハウを蓄積すべきである。全国痴漢冤罪弁護団の主要メンバーがそのような観点から刊行したのが，秋山賢三・荒木伸怡・庭山英雄・生駒巌編『痴漢冤罪の弁護』であり，その理論編には浜田寿美男「痴漢事件の被害者供述をどう読むか——供述心理学の視点から」という論稿を含めた。また，秋山賢三・荒木伸怡・庭山英雄・生駒巌・佐藤善博・今村核編『続・痴漢冤罪の弁護』の理論編には，浜田寿美男「痴漢事件の供述をどのように読むべきか——心理学から見たいくつかの論点」という論稿を含めたのである。

　防衛医科大学校教授の痴漢冤罪事件について，上記中の秋山・佐藤・今村・荒木で構成した弁護団が，2009年4月14日に最高裁第三小法廷から，逆転無罪判決をえることができた。しかし，表明された少数意見に照らして，判決結果を単純に喜んでいられる現状ではない。客観的証拠の重要性，供述証拠の限界などを理解し，「疑わしきは被告人の利益に」という刑事裁判の鉄則をあてはめて無罪の結論を導いたのは，刑事法分野ではない裁判官たちであった。

　検察官や刑事裁判官の多くは，認知心理学や供述心理学の初歩的知識に無知であるため，痴漢被害の内容や被告人の犯人性について，被害者や目撃者の供述内容は正しく，被告人の供述内容は虚偽であると即断してしまっているのが現状である。また，弁護士のなかにも同様な事態が残っていると推測される。

　そこで，日弁連の冤罪事件連絡協議会では，「供述心理学のためのキーワード集」という，痴漢冤罪事件に限定しない企画を，浜田教授の協力をえつつ進めようとしているのが現状である。

〔荒木　伸怡〕

III

　公判と処遇

07章 公判での意思決定
―― 公判における意思決定と市民参加

目撃証言の研究以来，法と心理学は刑事裁判に関心を持ってきた。刑事裁判での裁判官の判断の方法と特徴について，さらに裁判員制度のように市民が入った場合の意思決定についてどのようになるか，心理学の知見と方法を用いて研究がなされてきた。

本章では，公判における意思決定と市民参加について扱う。公判とは一言でいうと犯罪に関する裁判のことである。また，意思決定（decision-making）とは，とりうる行動の選択肢からひとつを選ぶことであり，ここでは有罪・無罪や刑罰を決めることを意味する。以上を合わせると，公判における意思決定とは，裁判官や裁判員が，刑事事件に関してどのような事実があったか認定し，有罪または無罪を選択し，有罪の場合には刑の重さを決めることを指す。

なお，刑罰を決める過程については **09** 章で量刑として詳しく扱うので，ここでは公判における意思決定の一般論と量刑以外の意思決定を扱う。

1 | 公判について

ここでは最初に公判とは何かについて説明する。公判で何が行われるかについて説明し，その公判がおおよそどのくらいの時間がかかるものかについて説明する。

この部分は，刑事訴訟法を全く習ったことのない読者を想定しているので，すでによくご存知の読者は読み飛ばして，「2 公判における意思決定」以降に進んでほしい。

公判とは何か

公判とは，裁判所の法廷で裁判官・裁判員・検察官・被告人・弁護人等が一同に会し，裁判の手続をすすめることをいう。ただし，裁判のうち公判というのは刑事裁判だけである。なぜなら，公判の「公」は，検察官が公の利益を担って裁判を起こしていることを意味するからである。公判は英語の trial の訳語としても使われる。なお，刑事裁判で訴えられている人は「被告人」という。マスコミでは「被告」と言われるが，法律学の用語としては民事裁判で訴えられている人のことが「被告」である。

公判は公開される（憲法37条1項，82条，刑事訴訟法282条）。つまり，だれでも自由に傍聴できる裁判所で行われる。公開の場で検察官は被告人が犯罪を行ったと思われるので裁いて欲しいと述べ，弁護人は被告人が本当にその犯罪を行ったのか疑問を提示し，行った場合にはやむを得ない事情があった等と述べる。検察官と，弁護人・被告人がそれぞれ対立する主張を行い，証拠を出し，裁判官や裁判員は主張や証拠を調べて検察官が十分な立証を行ったかを判断する。

なお，少年が非行をしたときに開かれる「少年審判」は，少年の保護を目的とした手続であり，裁判ではなくしたがって公判でもない。裁判ではないので公開されないし，裁判所が中心となって手続きを進め，必要に応じて裁判所自身が積極的に事情を調べる。

公判では何が行われるか：公判の過程

公判での主な登場人物は，裁判官・裁判員・検察官・被告人・弁護人である。ほかに，裁判運営に重要な役割を果たす裁判所書記官，廷吏などの関係者が裁判がスムーズに運営できるように協力している。ここで行われることは，検察官が裁判を起こし，被告人と弁護人がそれに応じ，裁判官は判断者および訴訟の進め方を決める立場に立って裁判をすすめることである。裁判の進め方についてはもちろんルールがあり，主なルールとしては憲法の刑事裁判に関する条文，刑事訴訟法，刑事訴訟規則がある。一般によく知られている裁判員裁判は「裁判員の参加する刑事裁判に関する法律」，裁判所および裁判全般に関

わることは裁判所法で決められているなど，重要なルールが別の法律として決められていることがある。その場合は，必要に応じてそれらのルールにしたがって裁判が進められる。

それでは，以下では段階を細かく分けて，公判がどのように進むかを見ていこう。

(1) 公判の開始

公判は，検察官が裁判所に対して刑事裁判を始めることを求めることで始まる。そのことを「公訴提起」，短くいうと「起訴」という。検察官が起訴をするには起訴状を裁判所に提出する（刑事訴訟法256条）。これが公判が始まる原則的な形態で，起訴する権限はほぼ検察官のみが持っている。ただし，例外的には，検察審査会が2回「起訴相当」または「不起訴不当」という決議をすると起訴されるいわゆる「強制起訴」がある。

起訴状には，事件の概略が記されている。だれが，いつ，どのような事件を起こしたのかについてできるだけ特定して，しかしなるべく簡潔に書くことが求められる。そして，どのような罰則が適用されるべきかについても書かれている。

いつ，どのような事件かについての記述を「公訴事実」といい，公判ではこの部分に書かれていることが本当にあったのかどうかが審理される。「公訴事実」には「事実」という言葉が含まれているので，日常的に使う意味からすると，すでに本当に存在しているものごとのことをいうのではないかという印象を持たれるかもしれない。しかし，「公訴事実」の「事実」はこれから検察官が証拠で証明しようとすることがらをいい，すでに確定したものごとのことではない。

起訴状が裁判所に送られ，受け付けられると公判がいつ行われるかが指定される。その指定の期日に裁判所に関係者が集まり，公判が始まる。指定は，受付からおおよそ1ヶ月くらい先の日になることが多い。実際に関係者が法廷で一堂に会する日や，会すること自体を「公判期日」と呼ぶ。

(2) 裁判の始まり

公判期日の法廷では，開始時間前に検察官と弁護人がそれぞれの席に座り，傍聴人は傍聴席に座り，書記官は裁判が滞りなく行われるように準備してい

る。事件によっては通訳もつく。公判の開始時間が近づくと被告人が入廷する。被告人が入廷し終わって準備が整うと，書記官は裁判官に連絡する。そして，間もなく裁判官と，事件によっては裁判員が入廷する。全員が起立し，一礼すると裁判が始まる。

(3) 冒頭手続

　裁判の始まりに際しては，裁判長が審理の開始を宣言する。その後，裁判長が「人定質問」を行う。これは被告人として起訴されている人物が本当に法廷にいる人物で間違いないかを確かめるための手続で，名前，生年月日，本籍，住所，職業を尋ねる（刑事訴訟法196条）。初めて刑事裁判を見ると奇異に映るかもしれないが，罰を逃れるために身代わりの人が裁判に出てきたり，そうでなくとも取り違えて別の人に対して裁判をしてしまう，ということも考えられる。そのため，起訴されている人物が間違いなくその場にいる人なのかを確かめることが，手続としてルール化されている。

　間違いないことが確かめられると，検察官が起訴状を読み上げる。これを「起訴状朗読」という。起訴状は予め被告人と弁護人，裁判官の手にも渡っているから，ここでは公判廷で調べて欲しい内容を改めて宣言しているようなものである。一方，多くの傍聴人にとってはここで起訴された事件の概要を知ることになる。

　起訴状朗読が終わると，被告人に対して黙秘権があることが裁判長から知らされる。この権利については憲法にも書いてあるが，だからといってその場にいる被告人が，その内容を起訴された状態という非日常的な状況で十分理解しているとは限らない。そのため，できるだけわかり易い言葉で説明される。

　それが終わると，起訴状に書かれたことを認めるかどうか，一部だけ認めるとするとどの部分かについて，被告人と弁護人に質問される。この質問への答えは，事件の内容に応じて「間違いありません」「私はしていません」「刃物は出しましたが刺すつもりはありませんでした」といったようなものになる。弁護人の答えは「被告人と同じです」といったものや，被告人が否認した場合にはどの部分について争うかについて，より詳しく回答するものとなる。これが「罪状認否」といわれるもので，マスメディアに注目される事件であると，被告人が認めたかどうかが大きく報道される。

(4) 証拠調べ

　冒頭手続が終わると，検察官の主張が本当かどうか，証拠を裁判官や裁判員が見たり聞いたりする手続が始まる。証拠を見たり聞いたりすることを証拠調べ，または証拠の取調べという。

　証拠調べに先立って，検察官が「冒頭陳述」を行う。これは，検察官がこれからどういったことを証明しようとするのかを述べるもので，起訴状に書かれている事件概要の「公訴事実」を詳しくした上でストーリー仕立てにしたものである。このあと出てくるさまざまな証拠が結ぶべき像を示すものである。

　それが終わると，必要に応じて弁護側が冒頭陳述を行う。これは，被告人の側から見た事件についてのストーリーを述べるものである。しかし，被告人が罪を認めている場合など，弁護側が冒頭陳述を行わないことも多い。

　そのあと，本格的な証拠調べが始まる。検察官と弁護側が調べて欲しいと裁判所に求めた証拠のうち，裁判官が認めたものを法廷で呈示し，裁判官や裁判員が見たり聞いたりする。それが証人の場合は，証人に対して検察官や弁護人，さらには裁判官が質問をして（証人尋問），事件についての事実がどのようなものだったかを裁判官や裁判員が判断していく。

　事実についての証拠が調べられた後で，罰の重さに関する証拠が調べられる。もし，被告人をよく知る人が被告人の人柄や過去の行状，許された場合に引き取ることを述べるときには，ここで調べられる。

　事実について，罰の重さについて，それぞれ証拠調べを行ったあとで，被告人の意見を聞く被告人質問が行われる。もちろん，これに対して被告人は黙っていることもできる。

(5) 最終弁論手続

　証拠調べが終わると，検察官，被告人・弁護人の意見を述べる機会が与えられる。

　検察官は，これまで示した証拠で，検察官が冒頭陳述で述べた事件の内容が十分に証明されたことを述べる。これを論告という。そのうえで，ふさわしい罰の重さについての検察官の意見を述べる。これを求刑という。

　それに対して，弁護人は被告人側の事情や検察官の立証不十分な所などについて意見を述べる。これを最終弁論という。論告，求刑，最終弁論はそれぞれ

当事者の意見であって，裁判官や裁判員は法律上，それに従わなければならないということはない。したがって，求刑を超える刑を言い渡しても法律上問題ない。しかし，実際には論告，求刑，最終弁論はかなり重視されている。

それが終わると，最後に被告人の意見を述べる機会が与えられる。これを最終陳述という。最終陳述が終わると，裁判の審理はすべて終了する。これを弁論終結，または結審するという。

(6) 評　議

結審したあと，裁判官同士，あるいは裁判官と裁判員は結論を決めるために話し合いをする。この話し合いを裁判官同士の場合は合議，裁判員を含める場合には評議という。評議は原則として多数決だが，場合によって若干変則的なルールが使われる。もちろん，裁判官が一人で担当する事件（単独事件）では評議はない。

(7) 判決の言渡し

評議が終わると，裁判官は判決書を作成する。判決書が完成すると，あらためて公判廷に関係者が集まり，その内容が言い渡される。その際は，判決書をすべて読み上げるのではなく，被告人が法律に詳しくなくてもよくわかるよう，要約されたり説明が補われたりすることが多い。

なお，判決の内容を言い渡したあとに，裁判官がお説教をすることがある。これはルールにないことをやっているのではなく，刑事訴訟規則221条の「訓戒」と呼ばれるものである。ただ，訓戒の内容は裁判官によってかなり異なっていて，裁判官の人となりがにじみ出ることも多い。

公判にかかる時間

裁判は長いというイメージが持たれることがあるが，公判にはどのくらいの時間がかかるものなのだろうか。ここでは，最高裁判所が毎年公表している「司法統計年報」の2011年版によってその傾向を見てみよう。

刑事裁判にかかる期間を考える上で大事なのは，事件の事実を審理する第一審であろう。第一審は，多くの場合，地方裁判所または簡易裁判所が担当する。司法統計年報の第19表によると，受理からの平均審理期間は地方裁判所で3.0ヶ月，簡易裁判所で2.1ヶ月となっている。ただし，被告人が罪を認めてい

る事件（自白事件）と認めていない事件（否認事件）で大きく異なり，地方裁判所では，自白事件の平均審理期間は2.5ヶ月である一方，否認事件には8.6ヶ月かかっている。簡易裁判所の扱った事件では，自白事件は1.9ヶ月，否認事件は5.7ヶ月となっている。このように，自白事件と否認事件ではかかる期間に大きな差がある。また，事件の重大さによっても違っていて，重大な事件，つまり，裁判官が必ず3人で扱わなければならない合議事件の平均審理期間は8.2ヶ月であり，裁判員が審理に加わる事件では8.9ヶ月である。重大事件には複雑な事件が含まれるほか，公判前整理手続が入ることがあることで，受理から終了までの期間が長くなっていると考えられる。

それを踏まえても，全体の平均審理期間が自白事件に近くなっているのは，ほとんどの事件が自白事件であることによる。

なお，控訴審は3.1ヶ月，上告審は4.0ヶ月となっている。起訴されてから上告までして争われた事件でも，起訴からの平均審理期間は16.8ヶ月となっている。

このように，第一審で終わるほとんどの刑事裁判は2～3ヶ月で終わっている。上告しても1年半弱である。以上からすると，刑事裁判のほとんどの姿は，被告人が罪を認めており，起訴されてから1ヶ月くらいで最初の公判が開かれ，その後1～2ヶ月で終了する，というものである。大学に入ったばかりの学生に裁判について書いてもらうと「日本の裁判は長い。数年かかるのはあたりまえである」というイメージが強固にあることがわかるが，それは刑事裁判の実態を反映していない。

学生の多くはメディアを通じて刑事裁判に触れてきたとおもわれるが，メディアでとりあげられる事件は年間約47万件の刑事の訴訟事件のごく一部であり，多くの人の耳目を集める複雑な事件，大きな事件，否認事件が多い。そうなると，複雑な事実について主張・立証が必要になるために証拠や証人や鑑定人などが多く登場し，あるいは公判前整理手続に長期間かかることになるだろう。しかし，それは刑事裁判全体から見ると少数である。

また，裁判員裁判の公判日数は平均で5.0日であり，裁判員が審理に立ち会ったのは11時間あまり，評議時間は9時間あまりである（最高裁判所の「裁判員制度の実施状況等に関する資料」2011年度版による）。したがって，裁判員裁判に

かけられる8.9ヶ月のうちのほとんどは，準備にあてられているといってよい。

2 公判における意思決定

公判における意思決定とは，裁判官や裁判員が，どのような事実があったか認定し，有罪または無罪を選択することを指す。有罪の場合には，何罪にあたるのか，そしてどのような罰を言い渡すのかまでが公判における意思決定である。公判においてそのような意思決定を行うのは，裁判官，そして市民参加者である裁判員である。

裁判員が裁判官とともに意思決定者となるのは，重大事件についてのみである。地方裁判所における刑事裁判の訴訟事件の新受件数全体が80,608件（2011年度）であるのに対して，裁判員裁判として裁かれたのは1,525件である。それ以外の事件は裁判官のみによって裁かれている。2011年度においては，裁判員に選任されたのは8,815人，裁判員候補者は131,860人にのぼり，裁判員制度がもたらした社会的インパクトと，われわれの裁判への見方と関心の高さに与えた影響ははかり知れない。しかし，裁判員制度導入後も，処理件数から見ても，役割の上から見ても裁判官が裁判における重要な意思決定者であることに変わりはない。

そこで以下では，裁判官についての意思決定研究について述べた後，市民参加者の意思決定，裁判官と市民に共通する問題について述べる。

裁判官の意思決定

裁判官はどのように事件に関する意思決定をするのだろうか。憲法では，裁判官は「良心に従ひ独立してその職権を行ひ」，「憲法と法律にのみ拘束される」（日本国憲法76条3項）と規定されている。裁判官は真理を直観的に把握してそれを後から理屈づけるか，あるいは精緻な推論を重ねて結論に到達するか，という論争では，裁判官は事案の勘所を直観的に把握し，そのあとで判断の理由について言語化していくという議論もある。

ここでは，裁判官の直観的判断がどのような仕組みでできるのかについてのWrightsman［1999］のモデルを紹介する。Wrightsman［1999］は，態度モデ

ルと認知モデルを提案している。態度モデルとは，裁判官の意見は「態度」に影響されると考えるモデルであり，認知モデルとは，裁判官の意見は「スキーマ」に影響を受けているというモデルである。

(1) 態度モデル

ここでいう「態度」とは心理学の用語である。態度とは，オルポートによる定義を要約すると，個人の反応に対して直接的な影響を及ぼす内心的準備状態である。より簡単な定義では，なんらかの対象についての好悪の評価，ある問題に対する賛成・反対の評価などである。そのような評価は人の心のなかに保持されていて，何かのきっかけで活性化し，その結果人間の行動に影響をあたえて発現されると考えられている。

態度を言葉として表現したものが意見になる。Wrightsman の態度モデルは，裁判所の裁判官の意見は，裁判官のイデオロギー的な立場と事件の内容によって決まるとする。イデオロギー的に受け入れられない行動について裁判官は棄却の判断を下すが，その判断はイデオロギーからの直接的判断とはいわれず，論理によって武装されている。

ここでいう「イデオロギー」が心理学のいう態度であると考えると，態度モデルは，裁判官の態度によって裁判官の意思決定が説明でき，予測できるというモデルである。

(2) 認知モデル

態度モデルには問題がある。それは，態度が裁判官の出す結論に直接影響すると考えることである。このように態度と行動が単純にあるいは直接的に関連しているという考えは，実はすでに時代遅れのものとなっている。

そこで，認知モデルは「スキーマ」が裁判官の意思決定に影響を与えていると考える。「スキーマ」は過去の経験によって得られた知識が体制化されたものであり，新規の経験を解釈するために使われる認識の枠組みである。スキーマという概念自体は，認知過程を説明するための概念である。そのため，認知モデルは裁判官の意思決定の過程における認知を重視しているといえる。

「スキーマ」が態度と違うのは，態度は意思決定などの行動を直接規定すると主張されるのに対して，スキーマは認識の枠組みであり，裁判官が情報を処理するフィルターとして機能すると考えられるところである。

裁判官の心証形成の心理学

　Wirghtsmanの心理学的なモデルとは異なるが，裁判官の意思決定についての興味深い研究として，Gotthold Hermann Bohneによる『裁判官の心証形成の心理学』（北大路書房，2006年／庭山英雄・田中嘉之訳）がある。本節では，この論文と訳者解説にもとづいて，法律家の観点から見た心証形成のモデルについて紹介する。

　この論文が指摘した重要な点は，裁判官の心証形成に感情（emotion），心理学の用語でいうと情動が影響していることを正面から議論している点である。今日の心理学では，我々の認知や意思決定に感情が影響していることは広く受け入れられている。認知においては「熱い認知（hot cognition）」が存在することが言われているし，規範に合致するかどうかの判断においては感情的判断が影響しているとされている。

　しかし，当時のドイツはもちろん，現在の日本でも，裁判官の判断に感情が大きな影響があることを正面から認めるのは難しい。なぜなら，裁判官の一般的なイメージとして事実と法の論理にもとづいて冷静に判断した結果を判決や決定として言い渡していると考えられているからである。

　Bohneは情動の要素を考慮して，裁判官の心証形成の心的過程をモデル化している。まず，裁判官の心証形成とは，裁判上の確信形成であることを前提として認めている。これは当然の事のように思われるかもしれないが，ボーネの当時の議論として，次のようなものがあった。有罪判決に必要なのは裁判官の「主観的確信」（裁判官が「そうだ」と強く思うこと）なのか，それとも客観的な「高度な蓋然性」（客観的にみてそうである可能性が高いこと）なのかという議論である。ボーネはこのふたつのうち，主観的確信の方を採る。

　そして，確信形成は解決行為，解決意識，解決検証の各段階からなるとした。これらの段階は心理学における問題解決過程と同じであるとしている。ここに心理学との接点が明確に指摘されていると同時に，法学理論における裁判官の心証形成と心理学における研究の接点が見出される。

　Bohneの議論そのものやそれが前提とした心理学の研究は新しいものではない。しかし，人間の意思決定に感情が影響していること，それは裁判におい

てもそうであること，さらにそれを法律家の観点から心理学的モデルを提示したいという点で，今日でも法と心理学の研究として参考にできる。この考えと，その後の心理学の進展を考えあわせて裁判官の心証形成についてモデルを立てることは有効だろう。ただ，惜しむべきは Bohne はそのモデルを検証した実験などについて報告していないことである。裁判官を実験参加者として多数募るのは現実的に難しいが，法と心理学の研究として今後期待される。

思考や認識のバイアス

バイアスとは，歪みのことをいう。認識のバイアスとは，事実として存在しているものをそのままの形で認識するのではなく，何らかの形で歪んで認識することをいう。多くの場合，認識している人は自分の認識が歪んでいることに気づいていない。

社会心理学で扱われるバイアスのひとつに，「後知恵バイアス（hindsight bias）」がある。これは，「物事が起きた後，振り返ってその物事が起きたかどうか考えると，最初からそれが予想されたことであったように認識する思考の歪み」である。たとえば，選挙の結果がわかった後に，「この選挙で誰が勝つと予測していましたか？」と質問をすると，だれが当選するか最初から正しく予測していたと回答する人が増える。事故や事件が起きたあとに振り返ってみると，事故や事件が起きる前に，事故が起こることは予測できたと考えてしまいがちになる。裁判は，必ず何らかの事件が起こったあとで，事件発生時の責任の有無などの判断を行うものなので，判断者は後知恵バイアスの影響を受けた状態で判断していると考えるべきだろう。

ある鉄道の線路について事故の起こる確率を一般の人々が予測したところ，「事故は実際に発生しましたが，それは考慮に入れないで客観的に判断してください」と教示された。その場合，教示がない場合に比べて事故の起こる確率を80％高く評価した［Sunstein, Hastie, Payne, Schkade, & Viscusi 2003］。さらに，Sunstein et al.［2003］は裁判官にも同様の実験をした。事故の確率の回答は一般人ほど高くなかったが，後知恵バイアスのパターンはまったく同じように見られた。事故が発生したと告げられた場合には，そうでない場合と比較して，鉄道事故の発生確率を80％程度と回答したと報告している。事故のリスクに

ついての判断を裁判官と一般人で比較べると，裁判官のほうがリスクについての判断バイアスが少なく，法的にも理にかなった判断を行ったと報告されている。

このように，裁判官であっても事故の発生確率についてのバイアスは逃れがたい。しかし，知識と経験によって一般人より良い判断ができる課題もある。

市民と裁判官の意思決定

裁判官は，法律と訴訟指揮のプロとして日々知識と経験を積んでいる。そのため，裁判のあらゆる面において素人を凌駕し，その意思決定は異なると考えられることがある。

実際に裁判官と市民の意思決定を比較した古典的研究として，Kalven & Zeisel [1966] がある。この研究では，1954年～1955年と1958年の2回にわたり，アメリカの地方裁判所の裁判官3500人に質問紙を送って調査した。質問紙の内容は，実際の刑事陪審事件として裁かれた事件の要約を呈示し，その事件について自分ならどう判決するかを尋ねたものであった。この質問紙調査では，555人の裁判官から，のべ3567件の事件についての回答があった。その裁判官の回答を実際に陪審が下した評決と比較したのである。

その結果，3567件のうち，裁判官と陪審の判断をみると70%が一致していた。有罪で罪名も一致したのが56.6%，無罪で一致したのが13.4%であった。不一致のうち，陪審が無罪としたのに裁判官が有罪としたものが16.9%，逆に陪審が有罪としたのに裁判官は無罪としたのが2.2%であった。そして，陪審も裁判官も有罪と判断したが罪名が一致しなかったのは5.4%であった。そのうち，陪審のほうが厳しく評決していたのが0.7%，裁判官の判断のほうが厳しかったのは4.7%であった。なお，元々のケースで陪審が評決不能（hung jury）に陥っていたものが全体の5.5%含まれていた。

不一致の理由で最も多かったのは証拠の判断の違い（54%），その次が法に対する陪審の態度（29%），3番めが個々の被告人が陪審に与えた印象（11%），となっていた。事実の判断の違いはもちろん事件の判断結果に影響すると考えられるが，そのような理由以外に法に対する態度によって判断が異なることも特筆すべきである。その中には，正当防衛概念の拡張，民事法の考え方である寄

与過失を刑事法に用いること，社会の法感情の反映などの理由があった。

一方，Wirghtsman［1999］もプロと素人の違い（The expert-novice distinction）について議論している。それによると，プロはその専門領域について，大きく意味のあるパターンを知覚でき，素早く情報を処理できる。そして問題を深く見，あるいは示すことができる。この過程を記述するものとして，手がかり理論（cue theory）が提案されている。裁判官はさまざまな手がかりをもとに，たとえば上訴の可否を判断しており，その手がかりには，だれが上訴を求めているか，それを代理する弁護士の評判，下級審の裁判官の評判や事件の種類が含まれている。

素人ではなかなか考慮できないこういった要素を考えあわせて，裁判官は裁判を素人よりもはるかに速く的確にこなしていると考えられる。

〔藤田 政博〕

08章 法廷戦略
――裁判員の心理を理解し，説得の技術を磨いて，法廷に臨む

  裁判は勝利をめざす戦いである。舞台は法廷である。その法廷を裁判員裁判は劇的に変えた。勝利するためには，求める結論に評議を導くための戦略が必要である。

  裁判員裁判における戦略を考えるにあたって，どのような視点が必要か，戦略を実現するための法廷技術の基礎とすべきことは何かをみてみたい。技術以前の立ち居振る舞いが裁判員に及ぼす影響についても考える。さらに，裁判員に刑事裁判の原則を伝えることの重要性と伝え方について触れる。

1 | 裁判員裁判がもたらしたもの

裁判とは何か

  裁判は勝利をめざす戦いである。民事裁判でも刑事裁判でもそれは変わらない。刑事裁判の場合，「勝訴」や「敗訴」という表現が用いられることはあまりない。しかし，刑事裁判もまた，弁護人と検察官が事実認定あるいは量刑をめぐって勝敗を争うものである。弁護人が敗れることによって失われるのは，被告人の命，自由，財産である。

  勝つために弁護人は事実（および量刑）認定者の票を獲得しなければならない。そのために，弁論と証拠調べを通じて，自らの求める結論が正しいことを事実（および量刑）認定者に訴えて説得する。

  その説得は裁判の各段階で行われるが，はじめに法廷に立つときまでに，裁判の最後までを見通し，各段階で何をどのようにするかを予め考え，しかも一貫した方針なしに勝利することはできないだろう。裁判の最後までを見通した

方針，それが戦略である。

それでは，われわれは，どのような場でどのような人を説得するのであろうか。

裁判員裁判における変化

裁判で勝利するための戦略は，裁判における審理のあり方によって異なる。たとえば，当事者主義の裁判と職権主義の裁判とでは当然その戦略は異なるだろう。さらに重要なのは，勝敗を判定する事実（および量刑）認定者の特性である。説得の対象が職業裁判官か市民裁判員かで検察官・弁護人の説得の仕方はまったく異なる。わが国で長く続いた裁判官裁判のもとで裁判官を説得するためにもっとも有効な手段は書面による説得であった。証拠も弁論も書面が圧倒的に重要な役割を果たしてきた。

裁判員裁判はこれを劇的に変えた。

裁判員はさまざまな職業や経歴をもつ市民である。裁判員裁判では，裁判員が執務室で記録を読んで心証を形成するようなことを前提にできない。実際，そのようなことを試みてもうまくいくまい。裁判員裁判では，裁判員・裁判官は，法廷における直接，口頭による証拠調べを見聞きして，事実と量刑についての心証を形成する。直接，口頭による弁論を聞いて当事者の主張を理解する。

審理の内容だけでなく，他に職業をもつ裁判員が参加する裁判の審理日程は必然的に連続したものになる。

法廷戦略は，そのような審理のあり方を明確に意識したものでなければならない。

裁判員の心理を理解する

公判における弁護人の活動は，求める結論にむけた説得活動である。裁判員裁判における法廷戦略は，説得の対象である裁判員がどのように判断する人たちかを理解すること抜きには有効なものとならない。裁判員の心理を理解すること抜きにはといってもよい。裁判員には普通一般の市民がなる。したがって「裁判員の心理を理解する」とは普通の市民の心理を理解することと同義であ

る。そう考えると、ことは簡単にみえる。

　だが、長く法曹界に身をおいてきた実務家にとって、職業裁判官ではなく市民の心理と行動を理解するのはそれほど簡単なことではない。新人の実務家には、「長く職業裁判官による裁判になれてきた」ハンディーはないが、逆に法廷での実務経験が少ないというハンディーがある。しかも、問題となるのは、法廷、評議室における裁判員の心理である。実務経験や年齢にかかわらず、学ばずして、裁判員の法廷及び評議室における心理と行動を理解することはできない。

法廷戦略の再構成

　かくして、われわれは、普通の人たちである裁判員の心理を基礎において法廷戦略を構築しなければならない。ただし、やっかいなことに、裁判員だけを説得の対象に考えていると失敗する。裁判員裁判の裁判体は、3名の職業裁判官と6名の裁判員からなるからである。はたして、裁判員だけを説得の対象に考えてもよいのだろうか。答えは明白である。もちろん勝つためには裁判官の支持も必要である。

　両者を同時に説得できないときはどうするか。たとえば、裁判官の支持を受けられないと見込まれるときには、裁判員に対して、裁判官を重視しないようにとのメッセージを送ることも必要となる。

　戦略を考えるにあたって、心理学の知見や陪審裁判の歴史をもつ国での研究結果が多くのことを教えてくれる。

2 | 法廷戦略

すべての手続は相互に関連する

　公判の手続は、検察官による起訴状朗読にはじまり、弁護人の最終弁論および被告人の意見陳述で終わる。それぞれの手続にはそれぞれの目的と機能がある。しかし、それぞれが独立して意味をもつのではない。ある手続におけるパフォーマンスだけを取り出して、できが良いとか悪いと評価することはできな

い。たとえば，ある反対尋問が成功しているか失敗しているかは，最終弁論との関係で決まってくる。ある証言の信用性を完璧に破壊するような反対尋問ができたとしても，それが最終弁論に役立たないのであれば良い反対尋問とはいえない。それぞれのパートにおけるパフォーマンスの善し悪しは，求める結論にどのように結びつくかで決まってくる。

　戦略を抜きにして局地戦での勝敗を考えることはできないと言い換えてもよいだろう。

　それでは，戦略は一体何をもとに構築すればよいのか。

■ケース・セオリーがすべての基礎となる

　検察官は被告人が起訴状記載の犯罪を犯したと主張する。冒頭陳述で被告人はどのような人間か，犯行はどのように行われたかを明らかにし，その主張を裏づける証拠を提出する。

　これに対し弁護人が無罪の結論を求めるとしよう。裁判員・裁判官（ただし，裁判官は公判前整理手続で弁護人の主張に接している）は，弁護人から「無罪である」との結論を聞いただけでは，何故無罪なのかを理解できない。弁護人は，なぜ無罪の結論を求めるのかの説明をしなけばならない。その説明がケース・セオリーである。

　ケース・セオリーが必要なのは犯罪事実の成否を争う場合に限らない。量刑が争いの対象である事件でも，求める結論，たとえば執行猶予判決であれば，なぜこの被告人が刑の執行を猶予されるべきかを説明しなくてはならない。

　裁判員・裁判官を説得できる説明であるためには，弁護人が求める結論を論理的に導くものでなければならない。その説明は法律の定めに合致していなければならない。さらに，その説明は法廷に姿を現すすべての証拠を説明できるものでなければならない。説明できるとはいっても，ある証拠の説明と他の証拠の説明が矛盾するようなものであってはならない。

　ここで言うケース・セオリーとはそのようなものである。

　法廷戦略の基礎にはケース・セオリーがある。すぐれたケース・セオリーに基づく戦略こそがわれわれを勝利に導く。

　しかし，待ってほしい。すべての証拠を説明でき，その説明に矛盾はないも

の，とは言っても，われわれはそもそも全ての証拠を見ることができるのか。もちろん見ることはできない。全面証拠開示制度は未だ実現していない。しかし，公判前整理手続で証拠開示請求権が認められている（現行の証拠開示制度にはいくつかの改善すべきところがあるが，ここでは論じない）。証拠開示制度を活用することによって，多くの証拠を見ることができる。しかも，公判前整理手続終了後の新たな証拠調べ請求に制限があるので，原則として，公判になってから，検察官が新たな証拠を出してくる心配はない。法廷で使えるカードはすべてオープンにされ，かつ隠し球がないことを前提としてケース・セオリーを考えることができる。

一旦考えたケース・セオリーが新たに出てきた証拠によって成り立たなくなれば，そのケース・セオリーを捨て去ることをためらってはならない。

最初に最終弁論を考える

最終弁論は法廷に現れたすべての証拠をもとに，われわれのケース・セオリーが正しいことを論証し，検察官のケース・セオリーを論破する場である。すぐれた戦略をたてるためには，到達点を明確にイメージして，そのイメージをどのように実現するかを考えることが有効である。

公判の準備段階の比較的早い時期から最終弁論を考えてみる。素材は，検察官の証明予定事実，検察官の請求証拠，開示請求によって開示された証拠，弁護人の独自調査によって収集した証拠，および被告人から聞き取った事実などである。できれば最終弁論を文章にしてみる。

それによって，足りない証拠がわかる。有利な事実と不利な事実がわかる。弱点がわかる。主尋問で何を聞くべきかがわかる。反対尋問で聞くべき事項がわかる。冒頭陳述で何を語るべきかがわかる。

ケース・セオリーが変化するのと同様，最初に考えた最終弁論がそのまま最良のものであることは希である。最終弁論も書き換え，書き換えて完成させることが必要である。

削るべきところを削る

われわれの前にはたくさんの証拠がある。そのなかには数多くの事実が詰

まっている。それらの事実はどれもこれも重要かもしれない。あれもこれも法廷で明らかにしたほうが安心できる。……そのようにして，多くの証拠，盛りだくさんの事実を裁判員・裁判官に知らせようと考えるべきではない。多すぎる証拠と事実は裁判員を混乱させ，退屈させる。

ケース・セオリーを確立する。最終弁論から遡って全体を見渡す。そうすると，必要な論点と不要な論点が見えてくるはずである。論点に対応して必要な事実と不要な事実が見えてくる。

どのような事件でも，重要な事実はわずかなものに限られる。それを見極めて，不要な論点および事実を「省くこと」が優れた戦略を立てる上で重要である。われわれは，省くことに本能的な躊躇を覚える。しかし，不要な論点および事実を省くことこそが優れたケース・セオリーには必要である。

公判のスタートからゴールまでをイメージする

ケース・セオリーが確立し，最終弁論案ができていれば，手続きのどこで何を獲得するかが明確になる。まず，最初の意見陳述で何をどのように述べるかを考える。ついで，冒頭陳述でどのような物語を語るかのアウトラインを考える。主尋問で証人に語らせるべき事実をピックアップする。検察側証人に対する反対尋問で何を獲得するかを検討する。そして，最終弁論でどのように論証をするかをもう一度考える。

われわれは，今や，公判のどの場面で何を獲得すべきかの見取り図を手にしたことになる。

その見取り図にそって効果的に弁護をするためには技術が必要である。その技術の基礎にあるものを次にみてみよう。

3 | 法廷技術の基礎

物語を語る

裁判の中核は過去にあった事実の再現である。ほとんどすべての場合，検察官の語る事実と弁護人の語る事実とは異なる。われわれは，裁判員・裁判官

に，本当は検察官の主張するようなものとは違った事実があったことを理解させ，納得させる必要がある。どのようにして理解してもらうか。その役割を果たすのにもっとも適しているのが物語である。

　すぐれた物語は過去に何があったかを聞く人に生き生きと伝えることができる。箇条書きのレジメ，弁護人の評価や意見ではなく，物語こそが過去に何があったかをもっともよく伝えうる。

　物語の機能を，訴訟のあらゆる段階で意識する必要がある。

　主尋問では，証人の証言が物語を紡ぐように尋問を組み立てることができる。反対尋問は時系列にしたがって出来事を聞いていかないのがむしろ通常である。また，証人がわれわれと同じ物語を自発的に語ることはないだろう。しかし，反対尋問は「あなたが語り，証人が認める」ものではなかったか。そうだとすれば，反対尋問にも物語の要素を持ち込むことができる。

　冒頭陳述の本領は物語にある。冒頭陳述は公判で裁判員が事件の実質的な情報に接する初めの機会である。その機会に「被告人とされているのはどんな人か」「被告人が犯罪を犯したとされるときに，本当は何があったか」の物語を語るのである。

　反対に，最終弁論では物語をくり返してはならない。最終弁論は物語を語るところではない。最終弁論はわれわれのケース・セオリーとわれわれの物語が正しかったことを証拠を評価して論証する場である。

事実，事実，事実を語る

　物語を語るときに重要なことは物語を事実で構成することである。われわれが伝えるべきは事実である。われわれは，形容詞や副詞によるほうが簡潔で正確だと誤解することがある。しかしそのような伝達では正確な事実は伝わらない。「真面目な青年」「質素な暮らし」「節約家」と言う代わりに，「毎朝5時に起きました。家族の食事を作りました。それから自転車に乗って勤務先まで通いました。40分かけて勤務先につきました。片道220円の電車賃を節約するためです。3年前からずっとそうしてきたのです」という事実を語ることによって，物語はよりよく伝わる。

　重要なのは事実である。

ただし，すべての事実が重要なのではない。ここでもケース・セオリーが指針を示す。捨てるべき事実ととりあげるべき事実がある。詳細な事実こそが物語の重要な部分にリアリティーを与えることがある。他方，物語にとって重要でなく物語を分かりにくくするだけの詳細な事実もある。後者を捨て前者を生かす。

書面に頼らないで語る

　物語は読むのではなく語る。われわれは書面に頼ってはならない。なぜ書面に頼ってはならないのか。
　一つは，裁判員・裁判官のわれわれに対する信頼である。下を向いて書面を読み上げる，あるいは書面をちらちらみながら話す。裁判員はこのように思うかも知れない。「この弁護人の頭の中に証拠と事実は正確に入っているのだろうか」。書面に頼らないで語る弁護人を前にすると，証拠と事実がその弁護人の頭の中に完全に入っていることが伝わる。裁判員・裁判官は，そのような弁護人を信頼するだろう。われわれが目指すべきは，まず，裁判員・裁判官の信頼である。
　もう一つは，裁判員・裁判官とのコミュニケーションである。われわれは裁判員・裁判官を説得しようとしている。そのときに，裁判員・裁判官の目をみることなく書面に頼っていては説得の力は削がれてしまう。
　書面に頼らないことは，公判のあらゆる段階で必要である。裁判員・裁判官に直接語りかける冒頭陳述や最終弁論だけでなく，証人尋問でも同じである。尋問メモに頼って，準備したとおりの問を予め決めた順序で質問するより，証人を注意深く観察しながら，証人の答に応じて滑らかに質問を進める方が，証人の語る物語は裁判員・裁判官に受け入れられやすいだろう。

論理的に語る

　書面によるものであれ，口頭によるものであれ，内容が論理的でなければ説得は受け入れられない。内容が論理的でなければならない点では両者に差はない。文章の方が口頭による語りよりも論理的な叙述に優れている，というのは誤解である。論理的でない文章はあるし，論理的な口頭での説明もある。とは

言っても，口頭での説得は，目で文章を遡ってもう一度確認するといったことができない。そのため，複雑な論理は，論理自体が論理的に正しくとも，聞いただけでは理解しにくいことがある。

裁判員裁判では書面による説得ではなく口頭による説得が基本である。口頭による説得のハンディーを意識しなければならない。次のような注意点が考えられる。

論理はシンプルであることが必要である。仮定を積み重ねたり，聞く人をいくつもの枝分かれした論旨に導いてはならない。くっきりとした論理を考えることが極めて重要である。

ここでも盛り込みすぎることによる弊害を意識することが役にたつ。全体のボリュームも大きすぎないこと小さすぎないことが必要であろう。

論理をシンプルにすることによって，語るべき重要なことを削ってしまうことにはならない。シンプルにすることは単純化することではない。裁判員裁判でわれわれの扱うのは数学や物理学ではなく，過去に起こった出来事がどのようなものであったかである。かりに裁判で膨大な事実が現れたとしても，複雑な論理でしか説明できないような事件はない。もしそのように感じるのであれば，もう一度，説得の論理を考え直したほうがよい。科学的な鑑定が問題となるケースは，単純な「事実」を問題とする場合と違う。しかしそのようなケースでも，できるだけシンプルかつ明解に説明することが必要である。

日常用語を用いて語る

弁護士のように語ってはならない。専門用語を使ってはならない。裁判員が日常使う言葉を使って語ることが必要である。公判のすべての手続は事実（および量刑）認定者の説得のためのプレゼンテーションである。

われわれが裁判員・裁判官に直接語りかける冒頭陳述や最終弁論がプレゼンテーションであることはすぐに理解できる。それだけでなく，証人尋問もまた裁判員・裁判官へのプレゼンテーションである。違いは，直接か，尋問者と証人の問答を通じてかだけである。

それゆえ，冒頭陳述や最終弁論だけでなく，証人尋問でも日常用語を使うことが必要である。専門家証人であっても，質問や答を日常用語に置き換えた

り，途中で解説を求めたりする配慮がいる。

4 | 視覚資料

なぜ視覚資料なのか

われわれは言葉によって，聞く人の心の中に，過去にあった事実を映像として浮かばせることができるかもしれない。しかし，視覚資料は映像そのものを提供することができる。

心理学の知見が教えるところによれば，視覚的な記憶は聴覚による記憶よりも正確である。また心理学の知見は，聞いているだけよりも，聞いているときに同時に何かを見せられている時のほうがはるかに聞くことに集中するし，話の内容をよく記憶することを教えている。

われわれが法廷で視覚資料を利用するのはこのためである。

何を利用するか

何を利用するかは，どのようなことを語るかによって決まる。たとえば殺意を争う事件の最終弁論で凶器のナイフの小ささについて論じるとしよう。そのようなときには，写真や図ではなくナイフそのものを持ち出して，「これが凶器です」と説明するのがよいだろう。凶器が被告人のものでないことを争っている事件で，ナイフの特徴を問題にするのであれば，現物よりナイフの拡大写真を使うほうが有効かもしれない。被害者と被告人の距離関係を論じるのであれば，図面を拡大したものを利用することを考える。

このように，何を利用するかは，どのようなことを語るかによって決まる。

どのようなモノが許容されるか

証拠物，証拠物の写真，ビデオ映像，証言の一部を抜き書きしたもの，グラフ，模型など，利用できるものに制限はない。

裁判員・裁判官が判断の基礎にしてよいのは法廷で調べられた証拠である。したがって，証拠そのものを法廷に持ち込んで利用することは問題がない。証

拠書類や写真を拡大したものも問題がないだろう。

　しかし，写真，グラフ，模型等で，証拠になっていないものを裁判所に持ち込む場合には一定の制約がある。証拠の一部に変更を加えた写真，証言の一部を変えた書面，不正確なグラフ，現物から離れて「模型」といえないような物，これらの利用は制限される。要するに，証拠調べの結果を正しく伝えるためのものであるか否かが問題である。証拠内容を誤って伝えるような視覚資料でないかぎり，弁論の補助手段として利用できる。

　われわれは，常に，視覚資料を用いることよってもっとわかりやすくならないか，と問う必要がある。

　なお，相手方当事者が視覚資料の利用に異議を申し立てることがありうる。法廷でいきなり冒頭陳述や最終弁論が中断されないように，利用するものが許容されるべき理由を考えて，もし異議申立があれば直ちに反論できるように考えておかねばならない。

視覚資料には副作用がある

　視覚資料は人の目を引きつける。引きつけすぎると本来口頭での話の補助具であったものが，主役になってしまう。その結果，人が話に集中しないことがおこりうる。ここからいくつかの原則が浮かび上がる。

　多すぎないこと。すべてを強調することは何も強調しないと同じである。視覚資料が多すぎると，何も視覚資料がなかったときと同じことになりかねない。

　内容がシンプルであること。視覚資料の中身に詰まっている情報が多すぎると，視覚によって伝わりにくくなる。そのため，裁判員・裁判官の集中力は話より視覚資料の解読に向けられてしまう。

　利用したらすぐ引っ込めること。話が次に移っているのに視覚資料が残っていると，裁判員・裁判官の注意は視覚資料に向けられたままのことが起こる。

パワーポイント，パネル，書画カメラ，ホワイトボードなどのどれを使うか

　視覚資料をどのような方法で裁判員・裁判官に見せるかを考えてみよう。ここで問題とするのは，証拠物そのものの利用以外の場面である。

パワーポイントはいろいろな点で優れている。費用はかからない。美しい画面が作成できる。拡大，縮小がその場でできる。内容の修正が容易であるし，削除して新たなパネルと入れ替えることもできる。アニメーションを入れることができる。直前でも修正ができる。たとえば検察官の論告を聞いて，その場で最終弁論のパワーポイントに修正を加えて論告に対応したものにすることも可能である。

　しかし，今のところパワーポイントには非常に大きな欠陥がある。それはわが国の裁判員法廷のディスプレーの配置に原因がある。法廷の両側の壁，弁護人席と検察官席の後ろに大ディスプレーがある。それとは別に，法壇には各裁判員二人に一つの小型ディスプレーがある。

　われわれが，パワーポイントを使うとどのようなことが起きるか。

　法廷の真ん中に立って話をすると，裁判員・裁判官は法廷の壁の大ディスプレーを見るか，裁判員二人の前の小型ディスプレーを見るかである。話をしているわれわれを見る人はまれである。もともと，視覚資料は話の補助であったものが，パワーポイント画面が主で，話はその解説になってしまう危険がある。

　発砲スチロール版に印刷物を貼り付けたパネルを利用することも行われている。その利用は幾つかの点でパワーポイントとは正反対の特色を持っている。多額ではないが費用がかかる。自前でつくると手間暇がかかる。直前に作ることは困難だし，その場で修正できない。拡大や縮小はできなし，アニメーションを利用することはできない。このように，パネルはいくつもの点でパワーポイントに敵わない。

　しかし，パネルにはすぐれた利点がある。それは，語り手とパネルの一体感である。何枚かのパネルを用意し，それを順にイーゼルに立てて話を進める。語り手はパネルのすぐ横で話をする。裁判員・裁判官は視覚資料を見ながら語り手を見てその話を聞く。

　このような視覚資料の利用の仕方は，視覚資料を利用する根源的な理由にもっとも忠実なものである。しかも，アナログ的な感じがあり親しみやすい。

　書画カメラはどの裁判所にもあるのでこれを利用することも考えられる。だが操作がスムーズに行かないことがあるし，映像をパソコンに取り込んでディ

スプレイに映せば同じことができる。とくに書画カメラを利用するメリットはない。

ホワイトボードを用いて，話しながらそこに書き込むのが有効なことがある。ただし，美しく書くことが必要不可欠である。

どのような視覚資料を用いるにせよ，本番でトラブルが生じないように一度はデモをして正常に作動するかを確かめておく必要がある。パワーポイントを使う場合には，事前に法廷で操作し，正常にディスプレイに映るかを確かめておかねばならない。イーゼルの組み立て，書画カメラの操作，ホワイトボードの配置なども事前に一度たしかめておく必要がある。

5 立ち居振る舞い

非言語情報

視覚資料を考えたところで，理解と記憶に関して視覚が果たす役割をみた。心理学者の他の実験によれば，言葉そのものによって伝達できるのは，ボディーランゲージや声の調子等を除いた10％でしかない。

われわれが立ち居振る舞いに注意しなければならない理由はここにある。

被害者が死亡している事件の法廷で，裁判員が，弁護人の談笑している姿を目にしたとしよう。その後に弁護人が「本件は痛ましい事件です。……」と述べても裁判員は弁護人の言うことを信用しないだろう。証人が証言しているときにだらしなく座っていたら，その弁護人を信用しないだろう。起立するでもしないでもなく中途半端な姿勢で不明瞭な発言をする弁護人を信用しないだろう。

発言するときもしないときも，われわれは法廷にいるだけで常に情報を発している。そして裁判員・裁判官はそれを見ることができる。弁護人席に近い裁判員は視力がよければ，段の上からすぐ下の弁護人席の机の上の書類の中身までも見ることができる。

注意すべき立ち居振る舞い

　服装に注意を払うべきである。高価な服を着る必要はない。しかし清潔できちんとした身なりをするにこしたことはない。

　立ち上がるときは静かにすくっと立つ。わが国の裁判員法廷の椅子と机は，あまり立ち上がりやすくはできていない。それでも少し浅めに座るとスムーズに立ち上がることができる。座るときも静かにすわる。

　発言は裁判長に向かってする。許可を受ける必要があれば「裁判長，発言をお許し下さい」とか「裁判長，よろしいでしょうか」と言ってから発言する。間違っても検察官に向かっていきなり発言してはいけない。

　発言は丁寧であるべきだが，丁寧過ぎる必要はない。過度な丁寧さは信頼を損ねる。

　法廷内を歩くときには早足すぎないように注意をする。

　冒頭陳述や最終弁論では裁判員・裁判官の目を見て話す。リハーサルをすることが有効である。話すときの声の大きさ，スピード，間合い等は，リハーサルの様子をビデオ撮影して見てみるとよい。多くのことに気づくであろう。

重要なことは何か

　こんな声が聞こえてきそうである。重要なのは中身である。話し方や振る舞い等本来重要でないことに注意を払えというのは間違っている。さらに，こんな声も聞こえてくるかもしれない。本来重要でないことが重視されるような裁判員裁判であれば，そのような裁判が間違っている。

　しかしそうだろうか。

　われわれは勝つために事実（および量刑）認定者を説得する。説得にあたって，何を伝えるかと同時にどのように伝えるかも重要であるとことは自明ではなかろうか。さらに，裁判員・裁判官が非言語情報からも情報を受けとるとすれば，それを計算にいれないで法廷に入るのは地雷が埋設されているのを気にせずに歩くようなものである。

　われわれは，法廷に入った瞬間から最後に最終弁論を終えて裁判員・裁判官を見送るまで，言葉，視覚資料，立ち居振る舞い等すべてを総動員して説得を

重ねなければならない。

6｜刑事裁判の原則・証明基準

最強の武器

　刑事裁判の原則はわれわれにとって最強の武器となりうる。無罪の結論を求める場合に刑事裁判の原則が重要な意味を持つことは論じるまでもない。無罪の結論を求める場合以外に情状事件でも重大な情状事実に争いのあるときには重要な武器となる。

　裁判長は裁判員法39条に基づく説明をしなければならない。裁判長はこのとき刑事裁判の原則について裁判員に説明することになっている。しかし，裁判長によってその説明に精粗があり，十分な説明がされるとは限らない。

　刑事裁判の原則の説明次第では最強どころか小さな武器にすらならない。そこで，われわれが刑事裁判の原則を説得のなかにはめ込むことが必要不可欠となる。とりわけ証明基準が重要である。いつ，どのように伝えるかが次の問題である。

刑事裁判の原則の伝え方

　われわれが裁判員・裁判官に直接語ることのできる機会は3回ある。被告事件についての陳述（刑事訴訟法291条3項），冒頭陳述（316条の30），最終弁論（293条）である。このすべての手続で刑事裁判の原則について述べるのが有効だろう。ただし，それぞれの段階で伝えるべき内容と伝え方は異なる。

　被告事件の陳述ではごく簡単に，その直前にあった「裁判長の39条説明を心にとどめてもらいたい」程度の言及がよい。

　冒頭陳述ではわれわれのケース・セオリーに沿った物語を語る。その後に，刑事裁判の原則を説明して，「これから始まる証拠調べの結果，検察官は合理的な疑いをいれない証明はできないだろう」ことを付加することが考えられる。

　最終弁論では，刑事裁判の原則を説明するだけでなく，なぜそのような原則

があるのか，その原則を守ることは犯罪者の隠れ蓑ではなく市民を守ることに他ならないことにも言及する必要がある。さらに，最終弁論で重要なのは，証拠調べの結果明らかになった具体的な疑問点を証明基準にあてはめて指摘することが不可欠である。

7 | 被告人の権利と利益

　公判は映画とは違う。はじめから終わりまで息つく暇もないような法廷はない。どこかで退屈なところが必ずある。公判の最初から最後まで裁判員が身を乗り出して見聞きするような法廷はない。しかし，検察官と弁護人が最後まで見通した戦略をたて，優れた技術で攻撃防御をくり広げれば，法廷は必然的にドラマチックなものになる。そのような法廷では，裁判員がその職責を果たすことを負担に感じることはないだろう。

　さて，被告人にとってはどうか。

　裁判員・裁判官に被告人の運命をゆだねる。それに不安はないのか。もちろん多くの被告人に不安はある。しかし，くる日もくる日も「犯罪者」を裁いてきた裁判官ではなく，法律の素人である裁判員が加わる裁判員裁判を望む被告人は少なくない。

　裁判員裁判では，弁護人の活動が結論に与える影響は裁判官裁判に比して格段に大きい。弁護人のすぐれた戦略と確かな技術によって，被告人の権利と利益を守ることができるのである。

〔後藤 貞人〕

09章 | 量刑と賠償額の判断
―― 一般市民の判断に関する心理学的考察

刑事裁判のニュースを見たとき，あなたはまず何について知りたいと思うであろうか。検察官や弁護人がどういう主張をしたのか，被告人が何を供述したのかなど，公判の内容についてはもちろん関心をもつであろう。しかし，何よりも気になるのが，裁判の結果，すなわち被告人に対して司法がどのような判断をしたのかという点ではないだろうか。さらにあなた自身，そうした判断に対して「無罪の可能性もあるのではないか」「懲役6年では軽すぎるのではないか」といった感想をもつことがあるかもしれない。心理学の世界でも，司法の判断はその社会的重要性から高い関心が寄せられていた。この章では，量刑と不法行為に対する賠償額の判断に焦点をあて，先行研究を紹介しつつ関連する諸問題について考察を深めていく。

1 | 量刑判断

はじめに

量刑判断とは，刑事事件で有罪となった被告人に対してどのような刑罰を科すべきかという判断である。広義には，執行猶予をつけるか，保護観察処分とするか，勾留された日数を刑期に含めるかなどの判断も含まれる。

判断するのは誰であろうか。これは，各国の司法制度によって違いがある。基本的に，アメリカ，イギリスなど陪審制を採用している国々では，陪審員に選ばれた一般市民は事実認定のみを行い，量刑判断は専門の裁判官が行う（ただし，アメリカの一部の州では，死刑の判断だけは陪審員の全員一致でなされる）。一方で，参審制を採用しているドイツ，イタリア，フランスなどのヨーロッパ諸国と裁判員制度を採用している日本では，裁判官と一般市民の評議により量刑

が決まる（ただし，軽犯罪はその対象にならない国がほとんどである）。

　日本の場合，量刑は法的に次の3つのステップを経て決まる。第1のステップは法定刑である。法定刑は，あらかじめ法律によって定められた刑罰の一定の範囲のことである。たとえば，殺人罪に対しては刑法199条により「死刑又は無期若しくは5年以上の懲役」が科せられることになる。第2のステップは処断刑である。処断刑は，法律や裁判で法定刑を加減する事由があるときに，法律上の規定が適用されて決まる刑である。たとえば，併合罪や再犯は加重する事由となり，未遂や情状酌量の余地は減刑する事由となる。これらの事由によって加減されることで，刑罰の範囲はより具体的になる。最後のステップは宣告刑である。宣告刑は，処断刑の範囲のなかから言い渡される刑罰である。宣告刑を決める過程においては様々な事由が総合的に考慮される。たとえば，被害の大きさ，犯行の方法，悪質性，犯行後の被告人の態度，被告人の前科・年齢・性格，犯罪の社会的影響などが挙げられる。

量刑判断にはたらく直感

　法的な話はさておき，直感的に，われわれはどのようにして刑罰を決めるのであろうか。直感とは，「あなたの感覚でいうと，この被告人に対してはどれくらいの刑罰を与えるべきだと思いますか」といった質問によって得られる意見のようなものである。実は，こうした直感は，量刑判断の判断プロセスのごく最初の段階からはたらき，その後の法的なプロセスや評議を経た後の判断にも影響することがわかっている。犯罪など社会的違反行為に出くわすと，我々の心理の中では「その違反者を罰しよう」とする動機が強まり [Tetlock 2002; Tetlock ら 2007]，直感が決まる。もちろん，こうした直感は，判断材料を吟味するなどして意識的に排除することもできる。しかし，直感の影響を完全に排除することは難しいと考えられている。極端なことをいえば，量刑判断を含め道徳的な判断のほとんどは直感で決まっており，その後の判断プロセスは直感を正当化するにすぎないとさえいわれている [Haidt 2001]。直感の影響は裁判官であっても例外ではない。Wrightsman は，裁判官も結局は直感で判断し，それを合理化するために後から理由を考えている可能性が高いと述べている [Wrightsman 1999]。一般的に，判断基準が明確ではない課題や判断材料が多す

ぎる課題では，直感がはたらきやすい。先ほど述べたとおり，処断刑から宣告刑を導く過程では多くの事由を考慮しなければならない。さらに，明確な基準もない。こうした状況と心理学的知見とを総合すれば，実際の法廷の判断に対しても直感が影響している可能性は否定できないと考えられる。

直感の決まり方

それでは，直感はどう決まるのであろうか。先行研究の多くは，一般市民の直感は応報的に決まると結論づけている［Byrd 1989；Carlsmith 2006；Carlsmith, Darley, & Robinson 2002；Darley, Carlsmith, & Robinson 2000；Kolber 2009；Meyer 1968；Vidmar & Miller 1980，綿村・分部・高野 2010］。応報とは，悪いことに対する報いとして刑罰を与えようとする心理のことである。そのため，直感は，犯罪が重大であるほど厳しい刑罰を科そうとする。

研究例として，Darley らの研究を紹介しよう［Darley ら 2000］。Darley らは，実験参加者たちに対して，事件のシナリオを読み被告人に対する量刑を直感で決めるよう求めた。事件は重大性に応じて CD の窃盗（最も軽い）から重要人物の暗殺（最も重い）までの5種類があり，被告人の前科もあったか否かで2種類があった。参加者たちは事件の種類と前科の有無を組み合わせた計10パターンのシナリオを読み，それぞれについて量刑を決めた。その結果，参加者たちは，重大な事件であるほど量刑も重くするというように，重大性に応じて量刑の重さを変えたが，前科の有無ではそれほど変化させなかった。つまり，参加者たちは重大性を重視して量刑を決めていたのである。

さらに，Carlsmith らは窃盗などを題材として，被害が大きい条件（重大）と小さい条件（軽微）のふたつのシナリオを用意した［Carlsmith, Darley & Robinson 2002］。同時に，それぞれのシナリオのなかで，事件の発生頻度が高い条件（社会的脅威が高）と低い条件（社会的脅威が低）の2つを設定した。これら2×2の4パターンで比較したところ，被害の大きさによる差は顕著であったが，発生頻度による差はほとんどみられなかった。なお，他の研究でもこれと同じ結果が示されている［Warr, Meier, & Erickson 1983］。以上の研究から，われわれの直感は前科や社会的脅威などの情報には影響を受けにくい反面，事件の重大性によって影響を受けやすいといえる。このことは，一般市民の直感が

応報的であるということを意味していよう。

　ここで，ふたつ補足しておく。ひとつは「重大性」という概念についてである。殺人事件における被害者の人数，横領事件における被害額などはもちろん重大性の評価に関わってくる。たとえば，被害者が1人よりも3人のときのほうが「この事件は重大である」と評価される。しかし，重大性の評価はあくまで主観的なものである［Warr 1989；綿村ら 2010］。Alterらの研究では，殺人未遂のほうが過失致死よりも量刑が重く判断された［Alter, Kernochan, & Darley 2007］。つまり，被害者の死という客観的な被害以上に，人を殺そうとした被告人の悪意のほうが重大性の評価を高めていたといえる。2つめの補足は，重大性に関係ない情報は判断に影響しないのかという疑問についてである。もちろん全く影響しないわけではない。しかし，重大性に関する情報と比較すれば，その影響は弱いか限定的である。Ruckerらの研究では，重犯罪に対する量刑は，検挙率に関係なく重く判断された。一方で，軽犯罪に対する量刑は，検挙率が低いと重く，検挙率が高いと軽く判断された［Rucker, Polifroni, Tetlock, & Scott 2004］。一般的に，応報的な態度は軽犯罪のときよりも重犯罪のときのほうが強いため，重犯罪では重大性以外の情報が考慮されにくくなる［Gromet & Darley 2009；Van Prooijen 2010；Weiner, Graham, Reyna 1997］。言いかえれば，軽犯罪では重大性に関する情報の影響が弱いため，重大性以外の情報が相対的に強く影響してくるのである。

直感に関するその他の心理学的研究

　一般市民の直感が応報的であるということは，他の側面からも示されている。たとえば，情報の評価や選択のしかたである。Carlsmithは，実験参加者たちに判断材料を複数見せ，それぞれが「量刑判断においてどれほど重要であるか？」と尋ねた［Carlsmith 2006］。その結果，被害の大きさ，被告人の悪意，情状の余地など，応報に関連する判断材料は「重要である」と考えられていたが，被告人の性格，前科，犯罪の発生頻度，検挙率などはそれほど重要視されていなかった。さらにCarlsmithは，コンピューターのスクリーン上で判断材料のカテゴリー（例．被害の大きさ）を参加者たちに見せ，量刑を決めるうえでどれから知りたいか，パネルをめくる要領で選ばせた。その結果，応報に

関連する判断材料は真っ先に選択された。しかも，それらを知ったうえでの判断は，参加者自身も「正しい判断ができた」と自信を深めることが示された。もちろん以下のような批判も可能かもしれない。「応報に関連する判断材料はどれも基本的な情報なので，それらがなければどのような事件の中身がわからず，判断のしようがない。それらが優先的に選ばれたり，自信を深めたりするのは当たり前ではないか」と。しかし，こうした批判をふまえて Keller らが行った追試でも，同じ結果が得られている［Keller, Oswald, Stucki, & Gollwitzer 2010］。

熟考や教示・評議の影響

先に述べたとおり，直感は法廷での判断に対しても影響している可能性がある。ではその影響はどれほどなのであろうか。残念ながら，法廷での判断を分析した研究はほとんどなく，この問題に正確な答えを出すことは非常に困難である。しかしながら，法廷にあって直感にはない要因に注目すれば，ある程度の見当くらいはつけられるかもしれない。

そうした要因のひとつは，合理的に判断しようとする動機である。直感はお茶の間で刑事事件のニュースを見て抱く感想にすぎない。しかし，実際の法廷では，本物の被告人を目の前にして証拠調べや意見陳述などの手続きがなされ，かなりの重責のもとで判断することになる。たとえ直感で最初の判断が決まるとはいえ，こうした状況下では誰でも慎重に判断しようとするはずである。もし，自分の直感に自信が持てなければ意識的に判断を変えようと試みるであろう。事実，Fleming らの研究によれば，一般市民は陪審員という立場におかれるだけで（とくに何も指示されなくても）自分の直感を疑い，合理的な判断を試みようとする［Fleming, Wegener, & Petty 1999］。しかし，Tetlock らも述べているように，自らの意識によって直感の影響を排除するのは非常に難しい。そもそも，自ら直感を修正するには次の4つの条件を満たす必要がある［Petty, Wegener, & White 1998］。

①直感が判断に影響している可能性に気づこうとする動機があること。
②直感の情報源が自分できちんと特定できていること。

③その情報が，どういう方向でどれほど強い直感を生じさせているかを把握できていること。
　④直感を排除しようとする動機があること。

　Fleming らのいうように，自発的に直感の影響を疑い排除しようという動機があるならば，①と④は満たせそうである。しかし，②と③はどうであろうか。②と③を満たすためには，応報に関連する情報すべてが特定でき，それらの情報が（なかったときに比べて）自分の判断をどれほど偏らせているか（例．被告人の更生可能性を無視してしまっているか）がわかっていなければならない。しかし，自分の直感を正確に分析するという認知作業は非常に難しい［Nisbett & Wilson 1977；Wilson & Dunn 2004］。そのため，なんとなく予想をつけるしかないが［Wegener, Kerr, Fleming, & Petty 2000］，もし予測がはずれてしまうと，逆に直感を過修正してしまう可能性がある［Oswald & Stucki 2010；Petty ら 1998］。以上から，合理的に判断しようとする動機があっても，直感を"正しく"制御することは極めて難しいと考えられる。

　要因のふたつ目は，教示（裁判では説示）である。Darley らの研究では，「被告人の再犯抑止をふまえて判断するように」と伝えておくと，参加者たちがちゃんとその教示どおりに判断できることが示された［Darley ら 2000］。しかし，この研究では，同じ参加者が同じ事件における前科ありパターンとなしパターンの両方を判断していた。そのため，参加者がその違いに気づいて意図的に判断を変えただけの可能性もある。実際に，パターンごとに参加者を変えた研究では，教示をしても直感の影響が残ることが示されている［Watamura, Wakebe, & Maeda 2011］。さらにいえば，判断者が教示に対してどれほど受容的かという問題もある。Costanzo らは，実際の裁判に参加した陪審員を対象に，裁判中の教示がどれほど自分の判断に影響したかを尋ねた［Costanzo & Costanzo 1994］。その結果，多くが「既に判断は決まっていたので関係なかった」と回答し，27人中7人にいたっては「教示を聞く必要性そのものがなかった」と答えていた。このように，判断者が直感に強い自信をもっている場合には，教示をすんなり受け入れる可能性は低いと考えられる。

　評議も法廷にしかない要因である。もちろん，他者との評議によって個人が判断を変えるという可能性は大いにある。しかし，問題は「どう変わるのか」

という点である。個々人の直感がうまく相殺・修正され,バランスのとれた判断に変わるのではないかという期待も持てるかもしれない。しかし,必ずしもそうなるとは限らない。むしろ評議によって評議前の考えが強まり,それが全体の判断になることもある[Lynch & Haney 2009]。

以上のとおり,法廷における要因はいずれも,直感を完全に排除あるいは制御することはできない。そう考えればやはり,直感は法廷での判断にかなりの影響を及ぼしていそうである。

問題と展望

これまで紹介してきた研究の大半は学生を参加者にしているため,裁判員や陪審員になりうる一般市民を検証しているわけではない。さらに,一部の研究は研究材料として裁判ビデオや音声を用いているが,多くが文章のシナリオを用いている。こうした問題に対して楽観的な意見を述べている研究者もいるが,「心理学的研究の知見は法廷での判断にもあてはまるはずだ」と考えることにはやはり慎重になるべきである。

報告された知見には偏りがあるという点にも注意しなければならない。バイアスなど法的に望ましくない知見を示した研究は注目されやすいため,報告数が多くなる。一方で,法的に問題がないという結果を示した研究はあまり注目されず,相対的に報告数が少なくなる。こうした知見の偏りにより,一部の研究でたまたま得られた知見が「一般的によくある」という結論に発展してしまう危険性も考えられる。

裁判官の判断に関する研究が少ないことにも問題がある。多くの国々において,裁判官は量刑判断に関わっている。しかし,裁判官を研究の対象とすることは現実的には難しく,裁判官の判断についてはよくわかっていない。しかし,裁判官であっても,ある程度は一般市民の性質が当てはまるはずであり,直感もはたらいている[Wrightsman 1999]。しかし,経験・知識あるいは立場の違いにより,一般市民とは異なる側面があることも確かである。法廷での判断に迫るためには,やはり裁判官を対象とした研究をする必要があろう。

量刑判断を通じてみえる心理

　最後に，量刑判断を通じてみえる心理について興味深いと思われる知見を紹介する。先ほどから，一般市民の直感は応報的と説明しているが，こうした直感が形成される過程の一部は潜在的であり，本人の意図を伴わずに進められている可能性が示唆されている［Carlsmith & Darley 2008；Miller 2001］。つまり，「この事件はこれくらい重大だからこれくらいの罰にすべきだ」というような判断は，証拠を見てあれやこれやと頭で考える前にある程度決まっているということである。そもそも，量刑判断は「人や行為の善し悪しをどう評価し，どう対処するか」といったごく素朴な道徳的判断に由来している［Darley 2009］。また，悪いことに対してその分の報いを与えようとする応報的な心理は，社会的動物であるヒトには生得的であるともいわれており［Manner & Gowdy 2010］，神経科学的にも情動系や報酬系といった直感的認知を支える脳部位との強い関連性が認められている［Rilling & Sanfey 2011］。もし直感が意図を伴わずに決まっていて法廷での判断に影響しているのだとすれば，一般市民の量刑判断には理性や合理性といった法的概念とは相容れない性質があることになる。この問題に対して，われわれはどう考えていけばよいのであろうか。いっそのこと，直感を排除するように裁判や司法の仕組みを変えてしまえばよいのかもしれない。しかし，量刑判断は道徳的判断のひとつであることもまた忘れてはならない。量刑判断には，犯罪者に対する処遇を通じて，判断者がどのような正義を実現したいかという心理が表れている。もし，法がそのことを無視し続ければ，人びとは法に対して不信を抱き，世の中を不公正だと感じるようになるかもしれない［Carlsmith 2008；Robinson & Darley 1997］。今後の研究から，刑事裁判の様々な側面が科学的に検証されていくであろう。そこで明らかになったことが何を意味するのか。研究者のみならず，実務や理論に携わる司法関係者も考えていく必要がある。

2 | 賠償額の判断

はじめに

損害賠償とは，民事事件で不法な行為をした加害者が，その行為によって損害を受けた被害者に対し金銭的な弁済をすることをいう。損害賠償の対象には経済的損害とそれ以外の損害がある。経済的損害には，けがを負ったことによってかかった治療費，通院費，その間に得られる予定であったはずの給与など，損害で被った一連の費用が含まれる。それ以外の損害としては，けがによる肉体的・精神的苦痛，外見上の不利益，身体的障害，残りの人生における楽しみの喪失（LEL：Loss of Enjoyment Life）などがある。ただし，賠償の方法は金銭に限られているため，後者の損害に関しては何らかの方法で金銭に換算する必要がある。また，英米法圏の国々には，加害者に対する制裁や社会的なみせしめを目的とした懲罰的賠償（Punitive Damages）もある。

賠償額の判断においてとくに問題となるのは，経済的損害以外に対する賠償である。経済的損害に対する賠償額の判断は「どこまでの損害に対して弁済するか」という問題はあるものの，そう難しくはない。たとえば，けがの治療費や通院費は実費を計算すれば済む。しかし，経済的損害以外に対する賠償あるいは先述の懲罰的賠償のように，客観的な基準のないものはどうすれば金銭に換算できるであろうか。以下では，主にアメリカの研究例を引用しつつ，賠償額の判断における心理学的な諸問題について検討していく。

理論的モデル

Hansらのモデルによると，陪審員は以下のステップにしたがって賠償額を判断するといわれている [Hans & Reyna 2011]。

ステップ1は，当該事件のストーリー形成である。たとえば被害者がけがをした場合，被害者と加害者，けがをしたときの前後関係などの情報が因果的に推論・整理され，大まかな解釈ができあがる。加害者に過失・責任があったかどうかもこの解釈に基づき判断される。ステップ2では，加害者に賠償させる

べきか否かが判断される。この判断は All or Nothing の2択で,「賠償させるべきだ」と判断されればステップ3に進む。ステップ3では,賠償額を高くすべきか低くすべきかが,被害者が受けたけがなどの結果に応じて決められる。この判断は賠償額の高低を決めるだけのカテゴリカルな判断であり,両者のいずれでもなければ「中」と判断される。最後のステップでは,ステップ3のカテゴリカルな判断に対して具体的な金額が割り当てられる。もちろん,いくらが妥当なのか陪審員には見当がつかない。そこで,何らかの手がかりが使われることになる。手がかりのひとつは,日常的に目安として使われるような額である（例.高額といえば1億円）。また,治療費や弁護人が主張する賠償額なども手がかりとなる。

ただし,Hans らのモデルは,賠償額を一緒くたにして陪審員に判断させたときの説明モデルであり,個別の要素（例.治療費,肉体的・精神的苦痛）がどれほど考慮されているのかといった詳細な部分についてはわからない。さらにいえば,ただの損害賠償なのか,あるいは懲罰的賠償かといった賠償の種類に応じた判断の違いも説明できない。

心理学的諸問題

とはいえ,Hans らのモデルから,賠償額の判断に関していくつか重要な問題点がみえてくる。

ひとつは後知恵バイアスの影響である。後知恵バイアスとは,あらかじめ結果がわかっていると「初めからその結果が予測できたはずだ」と考えてしまう傾向のことである。たとえば,あるデパートで従業員がエスカレーターに乗っている場面を想像してほしい。そこへ幼い子どもがやってきて,エスカレーターの緊急停止ボタンを押してしまい,従業員がけがを負ったとする。アメリカで実際にあったこのケースでは,「緊急停止ボタンの色が子どもの注意をひきやすかったため,デパートの経営者側は子どもが誤作動させてしまう可能性が予見できたのではないか」という議論があった。賠償額の判断には,金額を決める以前の問題として,加害者が結果を予見できたかどうか（それにより過失があったか否か）を判断する必要がある。この点に関しては,多くの研究から,後知恵バイアスのせいで過失があったとみなされやすくなることがわかっ

ている［Hastie, Schkade, Payne 1999；Harley 2007；Smith & Greene 2005］。先ほどのケースでいうと，陪審員は「従業員がけがを負った」という事実を既に知っているので，「子どもが緊急停止ボタンを誤作動させてしまうことは予見できたはずだ」と考えてしまいがちになる。では，なぜそうなってしまうのであろうか。Hans らのモデルのステップ1は，事件の情報が因果的に推論・整理されストーリーが形成される過程である。事件の結果とその原因になりうる情報が一緒にあると，筋が通った内容になるようにストーリーが形成され，後知恵バイアスが生まれやすくなる［Wasserman, Lemport, Hastie 1991］。困ったことに，ストーリー形成のメカニズムには，事件情報の記憶そのものの変容が関与しているため［Blank & Nestler 2007］，判断者も知らずしらずのうちに後知恵バイアスに陥りやすい。こうして，賠償額の判断はごく最初の段階から「加害者は賠償すべきである」とみなす方向で歪んでいる可能性がある。

　ステップ3は賠償額の高低をカテゴリカルに判断する過程である。問題なのは，賠償額が結果に応じて決まるという点である。通常の損害賠償であれば，被害者への弁済が目的であるため，結果に応じた判断になるのは当然といえる。しかし，懲罰的賠償は制裁およびみせしめを目的としているため，結果ではなく，加害者の悪意・非難可能性や不法行為が起こりうる危険性によって判断しなければならない。Robbennolt は，実験で参加者に「うつ病の病人が副作用の被害に遭った」というシナリオを読ませ，病院側への賠償額を判断させた［Robbennolt 2002］。その結果，結果による違い（心臓発作と吐き気）は，損害賠償だけではなく，懲罰的賠償の額にも影響するという結果が示された。これは，陪審員が賠償の定義・目的をふまえて判断できるのかという問題に関わっており，非常に重要であると考えられる。

　最後のステップは，「高い賠償額にすべきだ」といったカテゴリカルな判断に対して具体的な金額が割り当てられる過程である。心理学的にみて，このステップは特に難しい問題を抱えている。それはアンカリング効果である。アンカーとは，確率などの数字で答える判断課題において基準点となる数値のことをいう。Hans らが述べているように，陪審員は賠償額を決めるとき，何らかの手がかりを使う。その手がかりとなったアンカーの額によって陪審員の判断も影響を受けうるのである。Chapman らは，弁護人の主張する賠償額を100ド

ルから1億ドルまでの範囲でいろいろ変えながら参加者に示し，同一事件の賠償額を判断させた［Chapman & Bornstein 1996］。その結果，示された賠償額が高いほど，賠償額が高く判断される傾向がみられた。賠償額の上限がアンカーになることもある。アメリカでは「懲罰的賠償は過度に高額になる」との社会的通念がある。その原因のひとつに考えられているのが，賠償額に上限がないことである。そのため，いくつかの州では懲罰的賠償に上限を設けている。そこで，Robbennoltらは，上限が懲罰的賠償の判断にどのように影響するのかを検証した［Robbennolt & Studebacker 1999］。その結果，実験参加者の判断は，実験的に操作された上限につられてしまうことが示された。つまり，上限が高くなるほど，賠償額も高くなっていたのである。この結果は，陪審員の判断は恣意的に決められたアンカーによって影響を受けるということを示している。具体額の判断の難しさは算定のしかたを工夫してもなかなか解消できない。一言で賠償額とはいっても損害にもいろいろな要素がある。こう考えるならば，全部を一緒くたにして判断させるために高額になってしまうのかもしれない。しかし，この可能性を検証した実験では，個別の要素に分けて判断したときのほうが一括で判断したときよりも，賠償額が高くなることが示されている［Gregory & Winter 2011；Poser, Bornstein & McGorty 2003］。また，McAuliffらは，賠償額が時間割り，日割り，月割り，一括のそれぞれで請求された場合に，賠償額の判断が変わるのかどうかを検証した［McAuliff & Bornstein 2010］。その結果，時間割りの賠償額は，一括の賠償額と同じくらい高額に判断された。このように，具体的な額の判断は，個別の要素に分けたり分割にしたりなど算定のしかたを変えたところでやはり難しいのである。

その他の知見

　量刑判断についてもそうであったが，賠償額の判断についても「一般市民と裁判官とで違いはあるのか」という疑問がある。両者を比較した研究によれば，賠償額のばらつきに関しては，陪審員（一般市民）のほうが裁判官よりも大きいということ［Robbennolt 2002；Vidmar 1995］，賠償額じたいも陪審員のほうが高い傾向があるということがわかっている［Wissler, Hart, & Saks 1999］。もっとも，裁判官はそれだけの経験・知識を蓄えているので，どの裁判官でも

額が近似し，判断した額が抑えられるのは当然であろう。しかしその一方で，興味深い研究も報告されている。損害賠償額の判断で，陪審員は加害者の裕福度を考慮しなかったのに対し，裁判官は考慮してしまったのである［Robbennolt 2002］。損害賠償は，被害者が被った損害に対して支払われるべきものである。したがって，規範からいえば，加害者の裕福度は賠償額に反映されてはならないのである。つまり，この研究では，陪審員が規範的で裁判官が規範的ではない判断をしていたということになる。

　また，先にも触れたとおり，陪審員が判断する懲罰的賠償は高額になるといわれている。しかし，実際にはそうでもない（それゆえ本章では「社会的通念」と書いた）。たとえば，医療ミスをめぐる訴訟では，陪審員はそれほど高額に判断していないことが示されており［Vidmar 2009］，誤ったイメージが先行しているというのが実態である。こうした例をみても，賠償額の判断においては依然科学的検証の必要性が高いと考えられる。

〔綿村 英一郎〕

Column 04 「修復的司法」と「法と心理学」

■修復的司法とは何か

　修復的司法について明確な定義を与えることは困難であるが，その特徴を指摘するならば，犯罪を抽象的な法規範違反のレベルで捉えるのではなく，具体的に発生した被害のレベルで捉えるものであり，単に加害者に対して制裁を加えるというのではなく，実際に生じた損害の回復が志向されているということを挙げることができるであろう（たとえば，川出・金 [2012：316]，高橋 [2003：73；122-126；171] を参照されたい）。もっとも，その実践形態は多様であり，被害者や加害者，そしてコミュニティが集まって，発生した損害の修復方法について議論するようなものから，被害者と加害者との間の和解を問題とするもの，さらには，被害者に対する補償制度まで，修復的司法に含まれ得る [高橋 2003：78-80]。

　ここで，被害者と加害者の対話を重視するような修復的司法の試みは，日本においてもいくつか存在する。たとえば，警察によるモデル・パイロット事業として「少年対話会」が実施された [植木 2008]。また，弁護士会の仲裁センターを利用した被害者と加害者の対話の試み [荻野 2010；高原・松岡 2010] や，NPO 法人による活動 [山田 2006；2010] がある。しかしながら，これらの試みと公的な事件処理との関連は，今のところない [川出・金 2012：317]。

■修復的司法に関する心理学的研究

　このように，日本における修復的司法の試みは限定的なものにとどまっているが，修復的司法に対する関心自体は根強く，今後もその意義や限界について議論が続くことが予想される。加えて，そもそも公式の刑事手続に組み込むことなく，そこでは扱うことのできないニーズを受け止める場としての修復的司法の意義を指摘する意見 [山田 2006：122-123] もある。

　そこで，修復的司法の問題に，心理学がどのように貢献できるかを考えておくことには意義があるだろう。とりわけ，修復的司法は，それが加害者の更生に資することや，加害者の謝罪により被害者が精神的な満足を得られる可能性などが，利点として指摘されているが，本当にそのような効果があるのか否かについて調査するためには，心理学的な研究が欠かせない。そこで，このような問題に対して，心理学，とりわけ社会心理学がどのようにかかわっていくことができるのかを見ていきたい。

　まず，加害者の更生の問題については，Tyler et al. [2007] が，オーストラリアで行われた実験的研究「RISE (Reintegrative Shaming Experiments)」に

よって得られたデータの一部を利用した分析を行っている。これは，飲酒運転で逮捕された市民を，正式な刑事手続によって処理するか，修復的カンファレンスによって非公式に処理するかをランダムに決め，その後の再犯率等を調べたものである。しかしながら，少なくともこの研究では，修復的カンファレンスがその後の市民の再犯率に与える影響を確認することはできなかった。Tyler et al. [2007：565；576-577]は，ここでの対象事案が飲酒運転であり，直接的な被害者がいなかったことが，修復的カンファレンスの効果が十分に大きくなかったことの原因の1つとして考えられると指摘している。他方で，手続的公正感や，再統合的恥づけの感覚（自分を気にかけてくれる人がいるという感覚や自分の再犯によって社会的関係に生じる問題が深刻であるという感覚などから構成されている）が，法を遵守しようとする意思を通して，再犯の抑制につながっている可能性が示された。Tyler et al. [2007：573-574]は，修復的カンファレンスを経験した市民の方が，手続的公正感や再統合的恥づけの感覚を強く抱いていたことから，これらの心理メカニズムについての理解を深め，修復的カンファレンスの在り方を彫琢する方向性を示している。

　次に，修復的司法が被害者にもたらす効果についてであるが，これについては，加害者による謝罪によって，修復的カンファレンスを経験した被害者の精神状態が改善する可能性が指摘されている[Strang et al. 2006：303；Strang et al. 2011]。ここで，そもそも，加害者による謝罪が被害者にとってどのような意義を有するかについては，社会心理学において豊富な知見が蓄積されているところであり，修復的司法の意義を考える際には，これらの研究を参照することが考えられる。謝罪に関する社会心理学的な研究の蓄積については大渕[2010]を参照されたいが，そこにおいても，修復的司法と謝罪研究との関連について指摘があること[大渕2010：162]は注目に値する。

　修復的司法が，実際にどのような効果を持っているのかについては，まだまだ検証の過程にあるように思われるが，修復的司法の効果を検証するに際して，社会心理学における諸研究を参照することは重要であろう。

〔佐伯昌彦〕

10章 被害者参加
―― 法的判断との関連を中心とした
　　心理学的検討

　本章では，刑事裁判への被害者参加について，心理学の観点から検討を加える。それは，被害者参加に関する法制度を評価する前提として，心理学的な知見を踏まえておくことが重要であると考えられるからである。もっとも，論点は多岐にわたるため，そのすべてを本章で扱うことはできない。そこで，ここでは，被害者参加が法的判断に及ぼす影響という問題を主としてとりあげて，検討することとする。

1 | はじめに

被害者参加に関する制度

　犯罪被害者（以下では単に被害者と呼ぶ）は，事件の当事者であるにもかかわらず，長い間，刑事司法手続から疎外されてきたとの指摘があった。しかしながら，この点につき，2000年以降，刑事訴訟法上の改正があった。具体的には，意見陳述制度（刑事訴訟法292条の2）や被害者参加制度（同法316条の33以下）が導入されたのである[*1]。

　意見陳述制度とは，被害者に，「被害に関する心情その他の被告事件に関する意見」を公判期日において陳述することを認める制度である（同法292条の2第1項）。もっとも，裁判所によって相当でないと認められたときには，意見の陳述ではなく，「意見を記載した書面」の提出になることもあるし，意見陳述自体が認められないこともある（同条第7項）。

　次に，被害者参加制度であるが，これを利用することが可能な事件は，故意の犯罪行為により人を死傷させた罪や強制わいせつ，強姦，業務上過失致死

傷，自動車運転過失致死傷，逮捕・監禁，略取誘拐・人身売買などに限定されている（同法316条の33第1項各号）。被害者は，被害者参加人となることで，公判期日の出席（同法316条の34）や情状に関する証人尋問（同法316条の36），被告人質問（同法316条の37），事実又は法律の適用に関する意見の陳述（同法316条の38）をすることが認められ得るようになる。また，被害者参加人は，検察官の権限行使について意見を述べることができるし，検察官は必要に応じて，自身の権限行使あるいは不行使について理由を説明しなくてはならないとの規定も置かれた（同法316条の35）。被害者は，これらの行為を自身で行うこともできるし，弁護士に委託することも可能である。

さて，ここまでに，被害者という言葉を用いて制度の説明をしてきたが，ここで，「被害者」の意味について明確にしておくこととする。すなわち，本章においては，意見陳述制度および被害者参加制度を利用することができる者を指して「被害者」と呼ぶこととする。刑事訴訟法290条の2によれば，被害者等とは，「被害者又は被害者が死亡した場合若しくはその心身に重大な故障がある場合におけるその配偶者，直系の親族若しくは兄弟姉妹」と定義されている。そして，意見陳述制度を利用することができ，また，被害者参加人になれる者は，「被害者等又は当該被害者の法定代理人」であるとされている（同法292条の2第1項，316条の33第1項）。実際上，重要なポイントは，本章において「被害者」という場合には，犯罪によって被害を受けた本人だけではなく，その遺族も指していることがあるということである。

被害者参加に関する問題点

被害者による刑事裁判への参加を認める上記二制度については，その是非論も含めて，多くの議論が存在するところである。本章では，意見陳述制度や被害者参加制度が法的な判断に及ぼす影響に関する問題に焦点を絞って検討していくこととする。

2 │ 被害者参加と法的判断

被害者の刑事裁判への参加については，それが量刑判断に影響を及ぼすこと

Horitsubunka-sha Books Catalogue 2013

法律文化社 出版案内
法律分野
2013年版

法学の現在と近未来　義信 編　9030円
激変する家族法や債権法改正の動きに合わせ、外国法の知見をふまえた先端的分析や問題提起から今後の方向性を示す。

ハーグ条約と子の連れ去り　吉信 著　7140円
●ドイツの経験と日本への示唆　ドイツの加盟から現在までの連れ去り事例を取り上げ、加盟に向け準備を進める日本に示唆を与える。

判例にみるフランス民法の軌跡　金山直樹・横山美夏・森山浩江・香川崇 編　8400円
代表的な判例を選び、解説を付したうえで、法典の条文順に配列。フランス民法の全体像を見渡す必携のガイド。

グループ経営の法的研究　正二 著　3990円
●構造と課題の考察　統一的指揮に基づく円滑なグループ経営へ向けての法整備を展望、その理論的到達点を示す。

イギリス民事手続法制　ドリュース 著／溜箭将之・山﨑昇 訳　8295円
前半で民事訴訟の裁判手続を、後半で裁判外紛争解決手続を解説。本書で触れられる論点は日本の民事手続の考察にも有益。

移行期正義　康恵 著〔関西学院大学研究叢書第147編〕　4200円
●国際社会における正義の追及　理論・メカニズム・規範形成を包括的に研究し、国際社会における取り組みと課題を示す。

社会保険の法原理　馨実 編　6195円
社会保険の法的な意義と役割について根源的に再認識・再検討を試みる。主要な論点・観点から考察。

ハンセン病と平等の法論　恭剛 著　3150円
ハンセン病への差別を史的・根源的に問いただし、マイノリティにかかわる正義と、ヒトの社会に根源的な「匡正」の平等を提起。

90年代以降に生じた法の構造変化を論究する。学会設立20周年企画。

国際経済法講座〈全2巻〉 日本国際経済法学会 編　各6300円

Ⅰ 通商・投資・競争
村瀬信也 編集代表
WTOの動態分析を中心に、国際経済秩序の鳥瞰図を公法の側面から提示。

Ⅱ 取引・財産・手続
柏木 昇 編集代表
経済のグローバル化が各国政策や企業行動に与えた影響を私法的側面から検討。

■争点と課題を整理し、持続可能な制度構築を提起する

新・講座 社会保障法
日本社会保障法学会 編　〈全3巻〉
A5判／1＝314頁／3990円　2＝326頁／2990円　3＝352頁／4200円

1. **これからの医療と年金**
   将来像と改革への具体的な論点を提示。
2. **地域生活を支える社会福祉**
   理念・構造・権利・財政を把握、領域別に考察。
3. **ナショナルミニマムの再構築**
   格差・貧困問題を概観し、多面的に論究。

法律文化社　〒603-8053 京都市北区上賀茂岩ヶ垣内町71　TEL 075(791)7131　FAX 075(721)8400
URL:http://www.hou-bun.com/　◎価格は定価（税込）

法学部ゼミガイドブック	西南法学基礎教育研究会 著	1890円	●ディベートで鍛える論理的思考力 演習、レポートなど、それぞれの概要と目的の解説に加え、上達のポイントを指南。
私たちがつくる社会	髙作正博 編	2520円	●おとなになるための法教育 法という視点をとおして、だれもが〈市民〉となるために必要な知識と方法を学ぶ。
レクチャージェンダー法	犬伏由子・井上匡子・君塚正臣 編	2625円	身近な問題から展開し、問題状況と法の接点を抽出。法的思考を修得するジェンダー法学の標準テキスト。[αブックス]
史料からみる中国法史	石岡浩・川村康・七野敏光・中村正人 著	2625円	法学入門的トピックを切り口に、現代日本法と比較し叙述。現代日本語訳とやさしい語り口で読み解くユニークな入門書。
憲法入門	市川正人・倉田原志 編	2415円	●憲法原理とその実現 アクチュアルな事件や裁判について、憲法上の論点を解説。既存の学説・判例へ問題提起を行う。
憲法入門講義	尾﨑利生・鈴木晃 著	2415円	法学部新入生や一般教養として憲法を学ぶ人のために、国家や人権への理解を深めていくための入門書。
憲法教室	松井幸夫・永田秀樹 編	2625円	憲法に対する理解を深め、体系的な知識や理論を身につける。最新動向をふまえ平易・簡潔に解説。
憲法	加藤一彦 著	3360円	個別意見や学説による判例批判をふまえ、複眼的な学習方法で憲法学を修得することを目的とした体系的教科書。
ロースクール憲法総合演習	原田一明・君塚正臣 編	4410円	●〈基礎〉から〈合格〉までステップ・アップ 新司法試験の全問題と旧司法試験最後期の問題に対する解答・解説を収録。
ニューアングル憲法	辻村みよ子 編著	3990円	●憲法判例×事例研究 高度な判例理論を読み解くための〈ニューアングル〉を提供した体系的憲法判例・事例研究の基本書。
レクチャー情報法	松井修視 編	2940円	高度情報化社会を生きる私たちが、メディアに向き合ううえで知っておくべき項目を体系的にわかりやすく解説。[αブックス]
アクチュアル企業法	西山芳喜 編	3360円	従来の商事法分野を企業法という枠組みで捉え直し、現実の法実務と関連づけて理解することを目的とした教科書。
ハイブリッド会社法	石山卓磨・河内隆史・尾崎安央・川島いづみ 著	3465円	企業社会の現実をふまえや発展的なトピックなど会社法を実践的に修得する
アクチュアル民事訴訟法	池田辰夫 編	3045円	実際の民事裁判実務を念状モデル」「判決文モデルロースクールへ進む学生に
現代社会と刑法を考える	甲斐克則 編 [HBB+]	2625円	犯罪や刑罰などを身近にめの題材を提供し、市民と意義と役割がつかめること
レクチャー国際取引法	松岡博 編 [αブックス]	3150円	問題指向型アプローチにをあげて具体的叙述に心が使うなど初学者にもわかり
18歳から考えるワークルール	道幸哲也・加藤智章 編	2310円	仕事を探し、働き、やめる局面から、問題解決への考んだ入門書。[く18
労働法	林弘子 著	2940円	労働法の基本的な考え方ややすく解説。重要判例をて、生きた法の動向をとら
法社会学の基礎理論	T.ライザー 著／大橋憲広 監訳	10500円	社会学の一分野としての法の分肢としての法社会学とを浮き彫りにし、知見の体系
沈黙する人権	石埼学・遠藤比呂通 編	3360円	人権を雄弁に語ることにい感じる著者らが、日本社会を批判的に分析。人権〈論
平和憲法と永世中立	澤野義一 著	5040円	●安全保障の脱構築と平和立論の現代的意義を検討し体の安全保障や平和政策の
平和憲法と人権・民主主義	憲法研究所・上田勝美 編	7560円	常に論争的課題とされてきいて論点を精査し、理論的研究所創立50周年記念出版
行政法の原理と展開	紙野健二・白藤博行・本多滝夫 編	8610円	●室井力先生追悼論文集の学問的薫陶をうけた研究集。学問的遺産の継承・発
「地方自治の本旨」と条例制定権	南川諦弘 著	7770円	国と法令との関係に注目しの解釈により、地方自治行治主義の徹底を図る。

を懸念する議論があった。ここでは，まず，被害者の刑事裁判への参加が量刑判断に影響を及ぼすのかどうかという点について，アメリカをはじめとする英米法圏での実証研究を紹介し，続いて，日本において，被害者の刑事裁判への参加が，量刑をはじめとする法的判断に及ぼす影響について検討することとする。

英米法圏における実証研究の紹介

英米法圏においては，Victim Impact Statement（VIS）が量刑判断にどのような影響を及ぼすのかについて，いくつかの実証研究が存在する。VISとは，Black's Law Dictionaryの第9版によれば，「被害者や被害者遺族が犯罪により被った経済的，身体的，および精神的影響を裁判官や陪審に伝えるために，量刑を審理する段階で記録に組み込まれる陳述」[Garner 2009：1703] と定義されている。また，損害だけでなく，被害者の量刑に関する意見などを陳述する場合には，特にVictim Statement of Opinionなどと呼ばれることがある [隅田 2000：141n6]。しかし，ここでは，これらを総称して，VISと呼ぶこととする。また，イギリスにおける類似の制度には異なる名称が付けられているが（詳しくは，隅田 [2011]，吉村 [2010] を参照されたい），記述の便宜上，これらもVISと呼ぶこととする。

まず，このVISが，裁判官の量刑判断に及ぼす影響についてみてみたい。VISとは異なるが，被害者の意見等を裁判官に伝えることを促進することを内容に含むプロジェクトであるVictim Involvement Projectの効果を検証したDavis et al. [1984] によれば，それが事件処理の結果に及ぼす影響は見出されなかったという。また，VISの効果をフィールド実験によって調査したDavis & Smith [1994] も，それが量刑判断に及ぼす影響を実証することができなかった。さらに，オハイオ州で行われた調査研究 [Erez & Tontodonato 1990] でも，VISが，刑期の長さに関する判断に及ぼす影響は見出されていない。これらの研究は，すべてアメリカで行われたものであるが，オーストラリアで行われた調査研究（たとえば，Erez & Roeger [1995]，Erez et al. [1994] を参照）でも，VISが量刑を重くしているという効果は示されていない。加えて，イングランドおよびウェールズで行われたVISのパイロット事業の評価研究におい

ても，VISが量刑判断に影響を与えることは滅多にないと結論付けられている[Morgan & Sanders 1999]。

これらの結果等を踏まえて，少なくとも全体として見た場合に，VISが裁判官の量刑判断に及ぼす影響は実証されていない，あるいは，その影響はわずかであるとの指摘がなされることがある［エレツ 1995：255-256；Roberts 2009：373］。しかし，ここで注意する必要があるのは，VISが，被告人に拘禁刑を科すか，それとも被告人を保護観察に付すかという二者択一的な判断に限定するならば，それが判断に及ぼす影響を示す研究も存在するということである［佐伯 2010：470］。たとえば，Erez & Tontodonato [1990] の調査研究によれば，前述したように，たしかに刑期の長さに関する判断にVISが及ぼす影響は見出されていないが，拘禁刑とするか保護観察とするかの判断にVISが影響を及ぼす可能性は指摘されている[*4]。

次に，VISが死刑判断に及ぼす影響について検討したい。ここで，VISが死刑判断に及ぼす影響を検討した研究では，主として陪審による判断が問題とされている[*5]。アメリカにおいては，VISの問題は死刑事件において激しく議論されており，その合憲性に関する連邦最高裁判所の判例の変遷も見られたところである[*6]。ここで，陪審による死刑判断に対してVISがどのような影響を及ぼすのかについては，主として，模擬陪審研究に依拠したものと，陪審員経験者への面接調査に依拠したものとがある[*7]。

模擬陪審研究に依拠した研究の嚆矢としては，Luginbuhl & Burkhead [1995] があげられる。この研究は，大学の学部学生にシナリオを読んでもらう方法で実施されたものであるが，それによれば，VISが提示されることで死刑判断が促進されることが示された。また，実験参加者の死刑に対する態度に応じて分析対象を区別すると，そのようなVISの死刑判断促進効果は，死刑に対して「ある程度賛成である（moderately favored）」実験参加者においてのみ統計的に有意であることも分かった［Luginbuhl & Burkhead 1995：10］。また，最近の研究としては，一般市民から実験参加者を募り，彼らに実際の裁判の映像を編集したものを見せるという大掛かりな手法を採用した実験［Paternoster & Deise 2011］がある。ここでも，VISが死刑判断を促進する効果が確認されている［Paternoster & Deise 2011：148-149］。このように，模擬陪審研究で

は，VISが陪審の死刑判断に影響を及ぼす可能性が示されていると評価することができるように思われる［Myers & Greene 2004：504；Myers et al. 2006：18；Salerno & Bottoms 2009：280；282］[*8]。

他方で，実際に死刑事件の陪審員を経験した者に対して行ったインタビュー調査から得られたデータを分析した研究［Eisenberg et al. 2003；Karp & Warshaw 2009］では，VISが死刑判断に及ぼす影響は示されなかった。

ここで，いずれの研究方法によって得られた知見が妥当であるかを判断することは難しい。いずれの研究手法においても固有の問題が含まれているので，双方の研究結果を細かく対応させて検討していくことが必要となる（この点につき佐伯［2012］を参照）。ともあれ，少なくとも，VISが量刑判断に影響を与えていたとしても，そのような影響が生じる事案は，死刑事件一般ではなく，その一部に限定されているというSundby［2003：372］の指摘は適切であるように思われる。

日本における研究

以上までに，VISが量刑判断に及ぼす影響について，英米法圏の先行研究を紹介してきた。これらの研究が，日本における制度の問題を考えるうえで一定程度有益であることは否定できない。しかしながら，研究対象となっている被害者参加に関する制度等の違いに鑑みれば，これらの研究結果を直接日本の問題に当てはめることには慎重であるべきであって［佐伯2010：470］，日本でも独自に実証研究が実施されることが望ましいだろう。また，VISが裁判官の量刑判断に及ぼす影響を検証したアメリカにおける研究結果について，理由付けは異なるが，日本の問題への援用に慎重であることを説くものとして，瀬川［2000a：107］を挙げることができる。

ここで，日本における問題を考える際に注意しておくべきことがある。たとえば，アメリカにおいては，被告人の有罪・無罪について判断するための審理と，有罪とされた被告人の量刑について判断するための審理が分離されている。いわゆる手続二分であり，VISは後者の審理において提出されるものとされているので，主としてVISが量刑判断に及ぼす影響が問題とされてきた[*9]。他方で，日本においては，このような手続二分が採用されていないために，意

見陳述制度や被害者参加制度が，被告人の有罪・無罪に関する判断に及ぼす影響についても検討しておく必要があるだろう［仲2009a：408；2009b：143］。とりわけ，被害者参加制度については，仮に手続二分がなされたとしても，被告人の有罪・無罪に関する審理の段階で，被害者が裁判に関与することを認める制度であり，フット［2007：310］はこの点を問題視している。また，被害者参加制度と裁判員制度の開始時期が近いこともあって，被害者参加制度については，それが裁判員の量刑判断に及ぼす影響について懸念が示されている［岩田研二郎2007：89；日本弁護士連合会2007：4-5；山下2008：20-21］。

　このような問題状況にあって，仲［2009ab］は，日本における被害者の刑事裁判への関与が，有罪・無罪に関する判断と量刑判断とに及ぼす影響を，心理実験の手法を用いて検証した。この実験では，法科大学院生80名と文学部と医学部の学生57名とが参加し，彼らは，正当防衛が成立するか否かが問題となっている架空の裁判の模様について提示を受けたうえで，当該裁判に出てきた被告人に関する判断などを求められた。実験参加者に提示された裁判の様子については，2つの要因について操作が加えられていた。1つは遺影の有無であり，もう1つは，遺族による手紙の読み上げの有無である。結果を要約すると，遺影がある場合には，それがない場合に比べて，被告人にとって不利な方向で事実認定がなされる可能性が示された。すなわち，遺影がある場合に，実験参加者は，被告人に「殺意あり」と判断する傾向が強くなり，とりわけ法科大学院生である実験参加者においては，「正当防衛ではない」と判断する傾向が強くなっていた［仲2009a：411；2009b：144-145］。また，「被告人は有罪になると思う」との判断は，遺影が提示された条件で強かった［仲2009a：412；2009b：145］。さらに，男性の実験参加者に限って言えば，遺族の手紙の朗読も，「被告人が有罪になると思う」との判断を強めていた［仲2009a：412］。

　次に，量刑判断における被害者の刑事裁判への関与の影響は，法科大学院生の実験参加者には見られなかったが，文学部と医学部の学生において見られた。すなわち，死刑と無期懲役の判断をした実験参加者を除いて分析すると，遺影と手紙の朗読の両方の提示があった場合に，それ以外の条件と比較して，量刑判断が最も重かったのである［仲2009a：412；2009b：145］[*10]。さらに，仲［2009a：414-415；2009b：145-146］は，以上のような被害者による刑事裁判への

関与が判断に及ぼした影響について，実験参加者は気づいていない可能性を指摘している。

また，裁判員裁判における被害者参加制度の影響については，裁判員制度開始前に法曹三者で実施された模擬裁判においても検討されていた。これらについては，たとえば，朝日新聞2008年11月4日付朝刊30頁（2社会面）や朝日新聞2009年1月29日付朝刊34頁（2社会面）のほか，佐藤・三村［2009］を参照されたい。しかしながら，分析対象が少ないために，一定の結論を引き出すことは未だ困難であるように思われる。さらに，読売新聞2010年1月5日付朝刊35頁（社会面）に，被害者参加制度の利用によって裁判員裁判での量刑判断が重くなっている傾向を見出すことはできなかったとの記事が掲載された。しかしながら，これも，分析対象とした件数が少ないこともあり，未だ一定の結論を引き出すことは困難であろう（たとえば，奥村［2010：106］を参照）。

3 | 検　　討

以上までに，被害者による刑事裁判への参加と法的判断との関係について，関連する実証研究について紹介してきた。この分野においては，さらなる実証研究が望まれることはもちろんであるが，最後に6点だけ課題を指摘し，若干の検討を試みたいと思う。

第1に，被害者の刑事裁判への参加が，裁判員の法的判断に及ぼす影響について仲［2009ab］の研究を紹介したが，今後は，被害者の刑事裁判への参加が裁判官の法的判断に及ぼす影響についても研究が進められるべきであろう。とりわけ，英米法圏での研究によれば，被告人に拘禁刑を科すか，それとも保護観察とするかに関する裁判官の二者択一的な判断に，VISが影響を及ぼしている可能性が指摘されているところ，日本においても，意見陳述制度や被害者参加制度が，執行猶予とするか実刑とするかの二者択一的な判断に及ぼす影響に注意しつつ研究する必要があるように思われる［佐伯2010：475］。[*11]

第2に，裁判員裁判における被害者参加の影響を考えるのであれば，そのような影響が，個々の判断者に及ぼす影響だけでなく，それが評議を経た後にも持続するものかどうかを検討する必要があるだろう［仲2009b：148；Salerno &

Bottoms 2009：291-292］。とりわけ，心理実験を使った研究では，Myers & Arbuthnot［1999］が例外的に評議過程も実験計画に組み込んでいたが，個々の判断者による判断への影響が調べられることが多い。しかし，日本における裁判員制度を前提とするのであれば，裁判員が被害者参加によって一定の影響を受けたとしても，その後の他の裁判員や裁判官との評議，裁判官からの量刑についての説明（この点につき，司法研修所［2012］を参照されたい），および類似事例における量刑傾向などの情報への接触などを経ても，その影響が残るのか，あるいは抑制されるのかを調べることが重要であろう。

　第3に，被害者の刑事裁判への参加が法的判断に及ぼす影響を，意見陳述制度や被害者参加制度の影響とみるべきなのか，それとも，それらの制度自体の影響として捉えることが適切ではないのかについても検討する必要がある。意見陳述制度導入時に，それが量刑判断に影響することを懸念する意見があったことはすでにみたが，他方で，それ以前から被害者が刑事裁判に関与することはあったので，制度導入自体による影響は生じないであろうとの指摘［椎橋1999：16-17］もあった。[*12] また，被害者参加制度導入に際しても，すでに意見陳述制度がある以上は，被害者の量刑に関する意見の陳述の導入によって，追加的に量刑判断に影響が生じるわけではないとの意見［川出2007：21］があった。この点で，裁判官の量刑判断について言えば，遺族の処罰感情自体は，量刑上考慮する事由として位置づけられていることからすれば［司法研修所2007：25-26；40-48］，意見陳述制度や被害者参加制度が利用されたことによって，制度が利用されたことに起因する固有の影響が量刑判断に生じるわけではないと考えることもできるかもしれない。また，裁判員の量刑判断についてSaeki［2010］は，実験研究の中間的な報告に留まるものだが，被害者や被害者遺族に関する情報自体が量刑判断に影響を及ぼすことは考えられるが，意見陳述制度や被害者参加制度固有の影響として，それを捉えることの困難性を示している。そうであるならば，制度の影響という総論的な検討よりも，むしろ，各論的に被害者による刑事裁判への参加におけるどの側面が，判断に強く影響しているのかという点を特定していくことの方が重要な課題となってくるであろう。そのような意味で，VISに含まれる情報を区別して，それぞれの影響を調べようとしたGreene［1999］のようなアプローチが参考となるであろう。

第4に，被害者による刑事裁判への参加が，法的判断に一定の影響を及ぼしていたとして，それが規範的に支持されるかどうかについて考える必要がある。この問題は，とりわけ量刑判断への影響を考える際には難しい問題となるであろう。そもそも被害者による意見陳述は，それを量刑上考慮することが否定されておらず（刑事訴訟法292条の2第9項），その導入によって量刑判断の資料が豊富になることを期待する意見があった［椎橋ほか2001：83（高橋執筆部分）］。そして，英米法圏では，VISが量刑の正確性と均衡性を高めているとの調査結果が示されているとの指摘［椎橋2000：45-46；椎橋ほか2001：83（高橋執筆部分）］もなされていた。たしかに，Erez & Rogers［1999：235］は，VISは量刑判断を重くする方向だけでなく軽くする方向でも作用していたことを指摘しているが，この知見はごく少数の実務家から得られた印象に留まるうえに［Morgan & Sanders 1999：18］，それとは異なる結果を示す研究［Davis & Smith 1994：464-465；Morgan & Sanders 1999：18］もあることに注意が必要である。他方で，被害者による意見陳述や量刑に関する意見等が，被告人の有罪・無罪に関する判断に影響を及ぼすことについては，規範的に望ましくない点について合意が得やすいかもしれない。そのような問題意識から，被告人の有罪・無罪に関する判断を終えた後で量刑審理を行うという手続二分を，運用上実施していくべきであるとの意見があり，実際にそのような実践例がいくつか報告されているところである［杉田2012］。

　第5に，規範的な問題を考えていく際には，感情の機能に着目していくことも重要であるように思われる。アメリカでは，VISによって陪審員が感情的になり理性的な判断が下せなくなる可能性が問題視されていた。たとえば，Payne v. Tennessee, 501 U.S. 808（1991）におけるStevens裁判官の反対意見を参照されたい。また，日本においても，斉藤［2000a：95-96］が，「量刑が感情に流される危険性」を指摘していたし，杉田［2012：415-416］は，被害者遺族の陳述といった，感情を喚起し得る情報が，罪責問題についての裁判員の判断に影響しないようにすべきであると述べている。しかし，ここで問題としたいのは，被害者の刑事裁判への参加によって判断者が感情的になってしまうこと自体ではない。法的な判断に際して一定程度の感情が発生していることは不可避であろうし［Rose et al. 2006：218；Salerno & Bottoms 2009：276；289］，感情

が喚起されることと人が理性的でなくなることとは同一でもないのである[Bandes 1996：366；Myers & Greene 2004：502-503；Myers et al. 2006：16]。むしろ，より特定的に，一定の感情の喚起が，その感情の性質に照らしてどのような判断方略につながるかを問題とすべきであろう。もちろん，法的判断に際してある特定の感情が作用していることの是非について心理学が決定することはできないが，そのような規範的な議論を行う前提として心理学的な知見は有用であろう[Salerno & Bottoms 2009：276-277；293]。たとえば，Myers et al. [2006：16-18] は，怒り感情によって，あまり情報を慎重に吟味せずに判断することにつながることや（この点につき，Lerner & Tiedens [2006：125-127] も参照されたい），生じた結果の原因を，状況ではなく行為者に求めようとする傾向が促進されることについて，心理学的な知見を援用しながら検討している[*13]。これに対して，Paternoster & Deise [2011] が，VISの提示が怒り感情の喚起を引き起こしているものの，VISの提示が量刑判断に及ぼす影響を媒介している感情は，被害者への共感や同情であることを示していることが注目される。したがって，被害者への同情や共感，あるいは好感という感情に着目した検討が必要かもしれない（これらの感情が，被害者が参加する裁判で問題となり得るとの指摘については，後藤 [2009] を参照されたい）。

第6に，被害者による刑事裁判への参加がもたらす判断への影響が規範的に望ましくないと判断される可能性を前提として，そのような影響に対処する方法について検討していくことにも意義があるだろう。そのような方向性を志向する研究としては，Platania & Berman [2006] やBlumenthal [2009] を挙げることができる。

4 | 総　　括

以上までに，被害者の刑事裁判への参加が法的判断に及ぼす影響について，既存の研究を紹介し，いくつかの検討を加えた。ここで指摘した問題は，被害者の刑事裁判への参加がどのような影響を法的判断に及ぼすのかという事実的側面に留まらず，法制度の在り方や具体的な運用レベルでどのような対応をすべきなのか（あるいは，すべきでないのか）という規範的側面にもかかわってく

る。本章での検討からも明らかなように，このような問題について考察するためには，法学と心理学の協働が重要であろう。

もっとも，被害者の刑事裁判への参加について，法と心理学の観点から問題とすべき領域は，法的判断への影響に留まらない。たとえば，意見陳述制度や被害者参加制度の導入に際しては，被告人の反省を促す効果も期待されていたが，被害者の刑事裁判への参加にこのような効果があるのかどうかもひとつの論点であろう。また，被害者の刑事裁判への参加には，被害者の応報感情を宥める効果も期待されていた。刑事裁判への参加という経験が，被害者にとってどのように評価されているのかという点も，重要な問題である（この点については，犯罪被害者のための施策を研究する会［2004：17-18］，佐伯［2011］，山田［2006］を参照されたい）。このように，紙幅の関係もあり，本章では十分に検討できていない問題も多い。しかしながら，被害者参加の問題を考えるうえで，法と心理学のアプローチが重要であることを示せたならば，幸いである。

〔註〕
* 1　意見陳述制度に関しては，甲斐ほか［2001］の該当箇所や酒巻［2000］を，被害者参加制度に関しては，川出［2007］や白木［2008］の該当箇所を，それぞれ参照されたい。
* 2　意見陳述制度に関しては，たとえば，加藤［1999：35］や，川崎［2000：3］，水谷［1999：40］，日本弁護士連合会［1999：15］，斉藤［2000a：95-96］を参照されたい。また，被害者参加制度に関しては，たとえば，山下［2007：83］を参照されたい。
* 3　以下で紹介する研究については，たとえば，佐伯［2010：433-440］でも，その一部を紹介しているので参照されたい。また，先行研究のレビューとしては，Roberts［2009：373-377］も参照されたい。
* 4　性犯罪事件に限定した調査研究としては，Walsh［1986］がある。Walsh［1986］は，被害者が保護観察の意見を述べた場合に，保護観察の判断が促進されるという方向性での，VISの影響を示している。もっとも，加害者が被害者の父親あるいは義父ではない場合には，被害者が拘禁刑を求めるか，それとも保護観察を求めるかという点が，実際の量刑判断に正の影響を及ぼしていることが示されている［Walsh 1986：1134-1135］。加えて，スコットランドで行われたVISのパイロット事業の評価研究［Leverick et al. 2007：30-31］の知見も，VISが拘禁刑の判断を促進している可能性を排除していない。

　　他方で，たとえば，Davis & Smith［1994］やErez & Roeger［1995：367］では，VISが，被告人に拘禁刑を科すかどうかという判断に及ぼす影響は見出されていなかった。

*5　もっとも，死刑判断が専ら陪審の判断のみに基づいて下されているわけではないことには，注意を要する。この点については，岩田太［2009：12-13n21］を参照されたい。

*6　最初にVISが問題となった事件では，連邦最高裁判所は，死刑判断を行う陪審にVISを提示することを違憲とした［Booth v. Maryland, 482 U.S. 496 (1987)］。その2年後にも同様の判断が維持されたが［South Carolina v. Gathers, 490 U.S. 805 (1989)］，最終的に，死刑事件におけるVISの利用それ自体は違憲ではないとの判断が下されるにいたった［Payne v. Tennessee, 501 U.S. 808 (1991)］。これらの判例の推移については，斉藤［2000b：445-453］を参照されたい。最近でも，被害者の生前の写真などを編集し，BGMや遺族のナレーションを付けて量刑審理において放映することの是非が問題とされたが，連邦最高裁判所は，この問題に関する裁量上訴を受理しなかった［Kelly v. California, 555 U.S. 1020 (2008)］。

*7　その他にも，死刑宣告数の経年変化を分析するもの［Cassell 1999］や，実際の死刑事件の記録等からデータを抽出して分析したもの［Aguirre et al. 1999］もある。これらについては，佐伯［2010：443-445］において紹介しているので，そちらを参照されたい。

*8　この他にも，Myers et al.［2002］は，VISにおいて被害が深刻であることを伝えることで，量刑判断が重くなることを示している。また，若干の留保が必要だが，Blumenthal［2009］やButler［2008］も，VISが量刑判断に一定の影響を及ぼす可能性を示していると言えよう。評議まで実験計画に組み込んだMyers & Arbuthnot［1999］は，VISが評議前の量刑判断に及ぼす影響については示すことができなかったが，評議後の量刑判断に及ぼす影響は見出している。ForsterLee et al.［2004］は，被告人が女性である場合に限定してだが，VISが量刑判断を重くすることを示している。また，量刑判断自体を従属変数とはしていないが，とりわけVISにおいて記載された被害者の人柄に関する情報が，判断者の認知に及ぼす影響を検証した実験研究としてGreene［1999］とGreene et al.［1998］がある。

　　他方で，VISが量刑判断に及ぼす影響を見出すことができなかった実験研究［McGowan & Myers 2004；Myers et al. 2004］もあることに注意されたい。また，Gordon & Brodsky［2007］は，VISによって，量刑判断に関わる要因の見方が大きく変わるわけではないことを指摘している。

　　模擬陪審研究のレビューとしては，佐伯［2010；2012］，仲［2009b］も参照されたい。また，死刑事件におけるVISが陪審員の判断に及ぼす影響を検討している上記諸研究とは扱っている場面を異にするが，被害者が死亡してはいない事案を用いた模擬陪審実験［Hills & Thomson 1999；Nadler & Rose 2003；Rose et al. 2006；Tsoudis & Smith-Lovin 1998］も存在する。

*9　もっとも，Myers & Arbuthnot［1999］は，例外的に，VISが有罪・無罪に関する判断に及ぼす影響についても検討している。

*10　ここで，量刑判断への影響については，その個人差に着目すべきであるとの指摘も存在する。たとえば，白岩ほか［2012］は，被害者参加制度に反対である人ほど，被害者参加人による影響を自分は受けにくいと考えるようになり，その結果，相対的に自分よりも他者の方が，被害者参加人による影響を受けやすいと評価する

ようになり，このような自己と他者についての評価の非対称性が大きい人ほど，量刑判断が軽くなる可能性を指摘している。本稿で十分に検討する余裕はないが，このような影響の個人差は，今後さらに検討されるべき課題であろう。
* 11 斉藤［2000a：96］は，「わが国の場合には職業裁判官制度をとっているが，死刑と無期かの選択，さらには執行猶予をつけるかどうかというように微妙な限界の場合に，被害者の感情的なアピールによって影響を受ける可能性は，否定できないであろう」と述べている。
* 12 量刑判断自体を分析対象としているわけではないが，吉村［2007］は，遺族による意見陳述と供述調書，量刑理由との関係を調べ，意見陳述は供述調書と比較して情報量が少なく，量刑理由には情報量の多い供述調書の方が反映されていることを指摘する。
* 13 他方で，怒り感情は，むしろ分析的思考を促進する可能性があることを指摘する研究として，Moons & Mackie［2007］を参照されたい。

〔佐伯 昌彦〕

11章 司法臨床
── 情状心理鑑定をめぐって

　わが国における「法と心理学」の研究の動向について，法と心理学会設立後約10年間の同学会の研究テーマを参照すると，「目撃記憶・証言・供述」に関する研究を中心とした6カテゴリーに集約でき，近年の研究動向は「裁判員裁判の判断傾向」である［石崎2010］。これらは，伝統的な裁判手続に基礎心理学の知見を導入した研究であるといえよう。

　こうした研究の現状について若手研究者からは，法と心理学の活動領域や方法論，役割が定形化され，特定の範疇に収まりつつあると指摘されている［若林2010］。さらに，「臨床としての法と心理」について議論を深め，心理学者としての解決策，臨床への応用可能性について示すことができれば，法と心理の協働が一層進展する［吉井2010］，という展望を示している。すなわち，司法と基礎心理学の連携を経て，新たに心理臨床学との協働を目指すべき時機が到来しているということである。

　心理臨床学は基礎心理学の応用領域であるが，その方法論に大きな違いがある。基礎学としての心理学は，因果論を基本的な方法として，人間の特徴的な機能や心的側面を対象化して客体としてとらえる。それに対して，臨床学としての心理学は，人間を人と人との関係の所産として動的な「生きた心」にアプローチする。

　筆者は，家裁調査官としてかかわった数千例の非行臨床と家族臨床の臨床実践例の検証をもとに，司法的機能と心理臨床的機能の両者の交差領域に浮かび上がる問題解決機能によって，少年事件，家事事件にアプローチすることを「司法臨床」と定義した［廣井2004］。さらに，「司法臨床」とは，司法と心理臨床の機能的分業による連携や協力に留まらず，司法と臨床の対等性に基づく両者のダイナミックな相互交流のプロセスによる協働によって実現する概念であることを実証し，その両者を有機的に統合した高次のユニットとして「司法臨床」

の方法論を構築した［廣井 2007］。そうした成果は，法と心理学会第11回大会で，「司法臨床の可能性―司法と臨床の協働をめぐって」をテーマとして大会企画特別シンポジウムで報告した［廣井 2011］。

本章では，以上のような動向をもとに，裁判員裁判の開始に伴ってその必要性がクローズアップされている情状心理鑑定（以下，情状鑑定）を取り上げて，刑事裁判における法と心理臨床の協働の可能性とその課題について考察する。

1 | 責任能力鑑定と情状鑑定

刑事精神鑑定には，責任能力鑑定，訴訟能力鑑定，心身喪失者等医療観察法にもとづく鑑定，情状鑑定，などがある。従来，精神鑑定といえば責任能力の鑑定といっても過言ではなかったが，2009年に始まった裁判員裁判で一般市民が裁判に参加して以来，情状鑑定の必要性が高まっている［辻 2013］。その理由は以下で述べるように，責任能力鑑定と情状鑑定それぞれの犯罪および犯罪者に対する理解の仕方の相違によるものである。

責任能力鑑定とは，刑法39条にもとづくもので，被疑者／被告人（以下，被告人）の精神障害などの生物学的要素の有無，さらにその症状として被告人の弁識能力（事物の理非善悪を弁識する能力）と制御能力（その弁識に従って行動する能力）の状態など心理学的要素を鑑定するものである［高田 2012；高岡 2010］。その結果を裁判官等が参照して，責任能力がないと判断すれば心神喪失とされ，その者に刑罰を科すことはできない。責任能力が大幅に損なわれていたなら心神耗弱とされ，その者の刑は減軽される。

一方，情状鑑定とは，刑法25条（執行猶予），同法66条（酌量減軽）に関するものであるが，わが国では若干の事件を除いてほとんど行われていないのが現状である［高田 2010］。兼頭によれば，情状鑑定とは「訴因事実以外の情状を対象とし，裁判所が刑の量定，すなわち被告人に対する処遇方法を決定するために必要な智識の提供を目的とする鑑定である」［兼頭 1977；高岡 2010］。

すなわち情状鑑定の目的は，被告人が事件を起こすまでの生育歴，家族歴や友人関係などの諸関係をとらえ，生活体としての生身の人間である被告人を理

解し，なぜ事件を起こしたのか，そしてどのように処遇することで更生できるのかを見極めることによって，刑の量定につなげるためのものである。

　言い換えれば，責任能力鑑定が生物学的要素，心理学的要素といった被告人個人の内的側面に焦点をあてるのに対して，情状鑑定とは被告人を取り巻く人間関係などの諸環境に視点を拡げて，その関係性のなかで被告人を理解する。つまり，責任能力鑑定は精神内界（intra-psychic）論に依拠し，問題を被告人に内在化するのに対して，情状鑑定は対人関係（inter-personal）論に依拠し，問題を被告人を取り巻く関係性の歪みの表れであるととらえることが特徴である。

　たとえば，個人に焦点をあてた犯罪理解によれば，犯罪という問題性を被告人に内在させ「問題＝被告人」と定義することによって，犯罪の原因は被告人だけにあると見なされる。その結果，犯罪の責任が被告人個人に帰せられ，刑罰の論議に集約される。このような，原因が結果を一義的に規定する（原因→結果）という認識論を直線的因果論と称して，法的に犯罪事実の認定や被告人の有責性を明らかにするための司法判断の根幹をなすものである。

　それに対して，被告人を取り巻く関係性に視点を移すことによって，被告人が起こした犯罪行為という問題性は，被告人の生育歴にさかのぼった原初的な親子関係，およびそこから派生した時間的経過に伴う人間関係とその時々の生活空間・環境の歪みに移行する。その結果，被告人個人のみが責任を負い，罰せられるべきであると見なされた問題から，被告人の再犯防止と更生のために，被告人を取り巻く関係や環境を修復するというアプローチに方向性が転換するのである。

2｜情状鑑定の事例

　以上のことをもとに，裁判員裁判における責任能力鑑定と情状鑑定を比較することによって，情状鑑定の必要性とその導入にあたっての課題を述べる（なお，事例は秘密保持のため再構成した）。

殺人事件（裁判員裁判）

事件：男性会社員（20歳代）による職場の女性上司（30歳代）の殺人事件。
「殺す相手は誰でもよかった」という被告人が，何の恨みもない熱心に指導をしてくれた女性上司を数十回にわたりめった刺しにして殺害したものである。

本件では，精神科医による起訴前の精神鑑定が実施された。鑑定の結果，被告人は統合失調症に罹患していた可能性はあるものの，仮に罹患していてもその程度は軽微であり刑事責任能力には問題ない，ただし広汎性発達障害の傾向が認められるということであった。精神鑑定における動機については，被告人の供述に従い，「自暴自棄になって誰でもいいから殺してしまおうと思った。たまたま上司が職場に一人でいて殺害の機会があったから殺害した」としている。

弁護人は，被告人が強度の妄想を抱いていた時期があり統合失調症の可能性もあること，また被告人は，「殺すのは誰でもよかった」としながら，なぜ何の恨みもない熱心に指導してくれた女性上司を殺害対象に選び，しかも助命を乞う被害者を数十回にわたってめった刺しにしたのかという殺害動機と態様が不可解であることから，臨床心理士による情状鑑定を依頼した。

(1) 情状鑑定における犯行動機の解明

ところが，被告人は事件後，両親との面会と情状鑑定のための臨床心理士との接見を一切拒んだ。そこで臨床心理士は一件記録を精査したところ，母親の供述調書に，被告人を吸引分娩で出産したことについてのこだわりがくりかえし述べられていた。

その点について，臨床心理士が母親との面接で深めたところ，「吸引分娩で，赤ちゃん（被告人）に何か悪いことが起きるのではないか」「（被告人の）頭に吸引時の跡が残ったことがとても不安だった」と語り，出産直後の被告人に，母親の不安を悪性投影（母親自身の不安や問題を乳幼児に映し見ること）していることが窺えた。そして，母親は３人兄弟のなかで被告人だけを疎んじて虐待してきたことを明らかにした。

すなわち，被告人は他者との関係の原点ともいえる最早期の母子関係におい

て，自己の全存在を認めて抱えてもらうという関係性の原点を獲得することができなかったものと思われる。この最早期の母子関係の欠損が，他者（対象）との関係特定性（つながり）を不全にしてしまい，人間関係における基本的信頼感（自他肯定感）を被告人から奪ってしまったのである。

さらに，広汎性発達障害的傾向が対人関係に影響を与え，被告人は学校で友人関係ができず，就職後もことごとく対人関係に失敗し，本件直前には初めて親しくなった女性に見捨てられるように関係を切られ激しい孤独感と絶望に陥っていた。そうした時期に，再就職した職場の女性上司が被告人の人間関係の拙さを指摘して叱咤してかかわっていたことが，元職場同僚との面接で明らかになった。

このように，被告人が経験してきた時間（二十数年間の生活歴）のタテ軸と，本件時に被告人を取り巻いていた空間（人間関係や諸環境）のヨコ軸を交差させることによって，本件の真の動機は次のように浮かび上がるのである。

すなわち，被告人が述べた「殺す相手は誰でもよかった」という無差別的な殺意は，被告人の「殺す相手を特定できない」という，最早期の母子関係に起因する，他者との関係（否定的な関係も）を形成して維持できない状態を示している。これがタテの軸である。

そして，本件直前に初めての女性とのつながりを一方的に完全に断たれ，同時期に女性上司による叱咤の指導が行われたことが，自分を見捨て虐待した母親の姿を浮かび上がらせた。これがヨコの軸である。本件は，そのタテとヨコの両軸が交差した地点に惹起したものである。このようにして，「殺す相手は誰でもよかった」という被告人が，熱心に指導した身近な女性上司に激しい怒りを示してめった刺しにしたという殺害動機と態様が了解できるのである。

以下，公判での弁護人，検察官，の冒頭陳述の要旨と判決の主旨である。

(2) 弁護人の弁論

犯行事実：犯行事実に争いなし。ただし，被告人に対する量刑を争点とする。

犯行動機：犯行動機に矛盾があり，不可解である。「誰でもいいから殺そう」という無差別殺人的な動機であれば，夜人気のない場所で弱い人を狙えば簡単に殺害は実行できる。ではなぜ，「恨みのない」女性上司をめった刺しにして

殺害したのか不明である。

情状意見：臨床心理士作成の情状鑑定をもとに次のように主張した。

なぜ誰でもいいから殺そうとしたのか（許容性）①最早期の母子関係の欠損による人間関係の希薄さ，②広汎性発達障害の傾向による人間関係の歪み，③本件時の統合失調症の疑い。

なぜ女性上司を殺したのか（必然性）①人間関係を欠損させた母親への恨みの投影，②本件直前の女性による見捨てられ体験による絶望感。

量刑について：本件には被告人の生育歴，広汎性発達障害，という被告人には如何ともしがたい原因がある。また，被害者の落ち度ではないが，被害者である女性上司のかかわり方が被告人を殺害実行に駆り立てる引き金になっており，被告人の犯行動機に酌量の余地を与えるものである。

更生の可能性：たしかに，被告人は本件に対する反省と被害者への贖罪を示していない。被告人は，両親との面会，臨床心理士との面接を頑なに拒否することで，本件の真の動機に気づくことを怖れているように思われる。自我が未熟な被告人は，そうすることで自己の崩壊をかろうじて防いでいるのである。したがって，被告人は，現時点では本件を深く省みて，被害者を殺害したことの意味を理解して，被害者への贖罪の気持ちを表明することが困難な状態なのである。

そのような被告人に対して，母親は臨床心理士との調査面接を通して，被告人を認めて丸ごと受け入れることの重要性に気づき，今後何年かかっても被告人が面会に応じるまで刑務所に通い続け，被告人と母親とのつながりを回復するという決心を述べている。

したがって，被害者に対する贖罪の表明にはしばらく時間を要するが，受刑期間中に母親の気持ちが被告人に通じるにしたがって，被害者と遺族に対する贖罪の意思を示すものと思われる。そのことが被告人の更生にもつながる。

(3) 検察官の論告

犯行事実：無差別殺人的な犯行であり，誰でも被害者になり得た，とくに危険で悪質な犯行である。

犯行動機：人生に挫折して自暴自棄となり，自らの人生を破滅させるために，誰でも良いから人を殺そうと考え，たまたま2人きりとなり，人を殺せる

チャンスがあったという理由で，被害者を殺害したものである。

情状関係（悪情状）：①強い殺意，極めて悪質な殺害態様，②殺害結果の重大さ（被害者が殺される理由がない。助命を無視），③遺族の峻烈な処罰感情，④犯行動機が身勝手で計画的であること，⑤被告人の精神障害は本件犯行に直接影響していない。

更生の可能性：被告人に反省の態度が見られない，①「誰でもよいから人を殺そう」と考えた理由を語らない，②後悔を語らない，③謝罪をしない，④「今後人を殺さない」と言わない。よって，反省なし。再び同じ犯罪を起こす可能性がある。被告人の更生は期待できない。

(4) 判決（無期懲役）の要旨

犯行に至る経緯と動機について：被告人は仕事上の人間関係がうまくいかなくなり，生きていても仕方ないと思うようになった。本件直前に知り合った女性と親しくなったが一方的に交際を拒否されたことで，自暴自棄となって人を殺そうと思うようにもなり，殺人のための包丁等を購入し，誰でもよいから人を殺そうとの考えを強め，包丁等を持ち歩いて通行人を殺害する機会をうかがっていた。

被告人は本件非行日，他の同僚が帰宅したため同店内に被告人と被害者の2人しかいない状況となり，同被害者が殺害しやすい体勢であったことから，殺害を決意した。

犯罪事実：被告人は，殺意をもって包丁（刃体15センチメートル）で被害者に対し，背後からその後頸部を切りつけたうえ，同人の背部を多数回突き刺し，さらに，その場に転倒した同人の腹部を突き刺し，同人が助命を求めてもなお，その腹部及び胸部を多数回突き刺して殺害したものである。

量刑の理由：本件は誰が被害者になってもおかしくない無差別な殺人事件であって，理不尽極まりない犯行である。

被告人は，犯行に際して，背後から頸動脈を狙って首を切りつけた上，被害者から助命を求められてもためらうことなく十数回にわたってめった刺しにしており，態様は際だって卑劣で残虐である。

遺族らは極刑を求める峻烈な被害感情を吐露している。被告人は，遺族らに対する謝罪，反省や後悔の言葉を口にしていない。

情状鑑定で示されている犯行の動機としての，被告人の生育歴と母子関係，女性関係の体験から派生する怒りを被害者に対して行動化したこと，その背景には被告人の広汎性発達障害的な傾向の影響があることが本件犯行の実行に影響を与えた可能性は否定できない。しかし，被告人は殺人のための包丁を購入し，誰でもよいから人を殺そうとしていたというのであるから，本件被害者を殊更に殺害の対象としたものではないことは明らかである。
　被告人の発達障害的な傾向は，本件において量刑上考慮しなければならない程度の影響を及ぼしていない。

3 | 刑事裁判と情状鑑定

　弁護人は，弁論の冒頭に裁判員に向けて，被害者の母の調書を引用して，「犯人は，娘を殺した理由について，誰でもよかった，と話していると検事から聞きました。でも，そんな話では，なぜ娘だったのか，どうして娘がこんなことにならなければならなかったのか，まったくわかりません。何も説明していることになりません」と，被害者の母の気持ちを述べた。さらに，「自暴自棄になって，誰でもいいから殺した。この理由で，私たちは納得できるでしょうか」と裁判員に訴えた。
　2008年の26歳青年による秋葉原無差別殺傷事件が記憶に新しい。私たちはそうした無差別殺人事件が起きるたびに，なぜ，何の罪もない人たちが殺されなければならなかったのか，と不可解になりながらも，結局は，被告人が狂っている，モンスターのようだと非難して排除してしまうだけである。
　弁護人は動機の矛盾と不可解さを指摘して，臨床心理士の情状鑑定をもとに，最早期の母子関係の欠損と広汎性発達障害の傾向による対人関係の歪み，などを示して，なぜ被告人は被害者を殺したのかという理由を解明しようとした。それは，被告人にとっても被害者遺族にとっても重要なことだからである。
　ところが，そうした動機の矛盾と被害者が殺された理由は，本件裁判ではまったく解明されていない。被害者の母親が「何の説明もしていない」と批判したような，検察官の説明をそのまま示しているだけである。

また，更生の可能性についても，被告人が一切を黙秘することを「反省の態度が見られず更生の可能性が乏しい」とするだけで，被告人が語ろうとしない，語ることができない理由を理解しようとしない。また，更生の可能性を議論するためには，被告人の生育歴と諸環境の負因を詳細に検討することが不可欠であるにもかかわらず，その検討もしていない。

　量刑においては，以上をもとにして被告人が負うべき責任と不可避的事由の両面から判断しなければならない。ところが，判決は検察の論告のとおり犯行の悪質性と遺族の処罰感情を強調しているだけである。

　本件裁判は，法律家たちによる法の言葉による法的議論に終始しただけではないだろうか。一般人である裁判員に事件の本質を何も説明していない。被告人を総体としての生身の人間としてとらえ，被告人がなぜ事件を起こしたのか，起こさざるを得なかったのかを解明せず，殺人という事件を起こした凶悪で不気味なモンスター像を被告人に浮かび上がらせただけであるといっても過言ではない。

4｜光市母子殺害事件にみる法と心理臨床

　1999年山口県光市で起きた元少年（26歳）の母子殺害事件[*1]の差し戻し控訴審（1，2審で無期懲役判決）の公判で，遺族の夫は，「弁護人が代わった途端に君の主張が大きく変わったことが，私を今最も苦しめています」と述べたうえで，「君の言葉は全く心に入ってこない」と意見陳述した。それに対する被告人質問で元少年は，「（法廷では）モンスターのような僕を見ている。生身の僕を見てもらいたい」と訴えた[*2]。

　このような法廷における被害者と加害者のやりとりをみるにつけ，被害者の血を吐くような苦しみが加害者に伝わらず，加害者は生身の自分が被害者に伝わらないことにあえぎ，あたかも双方の人間としての感情や思いが司法の場で削ぎ落とされているかのようである。そのため犯罪被害者は，法廷で厳罰を訴えることでしか加害者に怒りや憎しみをぶつけることができなくなる。結局，差し戻し控訴審判決では死刑とされ，2012年2月に最高裁判所は被告人の上告を棄却して死刑判決が確定した。

関連して，すでに二十数年前の事件になるが，宮崎勤による連続幼女殺人事件の判決理由について，司法の場における人間理解に関して，芹沢俊介は次のような論評をしている。*3「法の言葉は犯罪解釈の一定の型に収斂していくのみで，時代精神や社会構造との影響関係に踏み込んでいこうとする意欲を欠いている」「犯罪史，存在論的な二つの仮設が交差する地点に浮かび上がってくるものこそがこの事件の本質を告げるはずだ」と指摘したうえで，「宮崎勤の一人の人間としての声を聞きたい」と結んでいる。すなわち7年間に及ぶ裁判の過程で，宮崎勤という人間の実体が見失われてしまったのではないか，数回の精神鑑定で提示された心理臨床的知見がほとんど判決に反映されていないではないか，と批判したのである。

　ここで着目すべきは，一連の司法手続の中でなぜ生身の人間が削ぎ落とされるのかということである。それは刑事事件に限らず少年事件でも，とくに裁判や審判という司法過程においては，犯罪や非行を法のロジックと言葉に置き換えるからである。

　田中成明［1989］はそのような法の機能について次のように説明している。

①複雑に錯綜した事実関係を分析して，法的権利義務関係や有罪・無罪の確定に関連のある重要な事実とそうでない事実とを区別する。
②このような事実関係の法的分析・構成によって，現実の社会では種々雑多な要因の入り組んでいる生々しい紛争は全体的コンテクストから切り離され，その法的解決に関連のある比較的少数の二元的に対立する争点に絞られる。
③法的観点からの抽象化と単純化が行われる。
④このようにして，もとの具体的紛争に含まれていた政治的・経済的・心理的・道徳的等々の争点が法的考慮の外におかれ，法的世界の自立性が確定される。

　その結果，犯罪や非行の行為をなした加害者の「人」としての総体，さまざまな他者との関係およびそれに伴う感情や意味づけなど，人間学的な「生身の人間」が削ぎ落とされてしまうことになる。加害者を司法の俎上に載せ，裁きの対象にするためには，加害者を法的部分に還元しなければならないからである。こうした特性を持つ司法過程において，加害者をいかにして"総体として

表11-1 法的枠組みと心理臨床的枠組み

	準拠の基準	事実の捉え方	時間軸	境界の設定	思考のプロセス	認識の方法
法的枠組み	法的基準	法的構成	過去志向性	二分割的（白黒）	論理的整合性	直線的因果論
心理臨床的枠組み	個別的基準	多面的把握	未来志向性	非分割的（灰色）	螺旋的思考	システム的（円環的）認識論

の生身の人間"として蘇らせることができるか，さらには被害者の思いをどのように伝えることができるのかということが，司法臨床の重要な機能であり，情状鑑定を導入する意義にもつながることである。

5｜刑事司法と司法臨床

犯罪者の関係性に焦点化して再犯防止や更生に重点をおく司法臨床としての情状鑑定が，刑事裁判であまり活用されず，事例のように判決でもほとんど反映されない理由のひとつとして，法的枠組みと心理臨床的枠組みの相違があげられる。

表11-1は，法と心理臨床の機能が派生する両者の基本的枠組みを対比させたものである［廣井2007］。

このように，法的枠組みと心理臨床的枠組みは，基本的に相反したり矛盾したりする面があるため，裁判過程で法と心理臨床の連携や協働が困難になることがある。それをどのように克服して問題解決に結びつけるかということが，司法臨床の方法である。

この対比において，心理臨床的な認識の方法をシステム論に準拠した円環的認識論を採用しているが，情状鑑定においてシステム間の関係性を理解するためである。システム論による円環的認識とは，問題を含むシステム間の関係性全体を連鎖的な循環作用としてとらえて，その循環を変化させ新たな関係を導き出すためのものである。それに対して，法的認識論の特徴は，既述のように原因が結果を直線的に規定するという因果論である。犯罪事実の認定や当事者の有責性を明らかにするためのものである。

この両者の認識の枠組みの関係は図11-1のようになる。こうしてみると，

[廣井 2011]

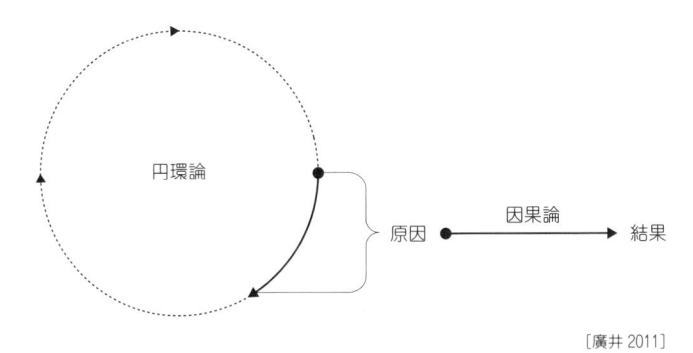

図11-1 心理臨床的認識と法的認識の関係

表11-2 当事者主義法学と治療法学による司法観の対比

伝統的な当事者主義的司法観	治療法学における司法観
紛争解決	問題解決により紛争回避
法的結論を求める	治療的結果を求める
弾劾的訴訟	協調的訴訟
訴訟の強調	訴訟後や代替的処理の強調
法の解釈と適用を重視	科学の適用を重視
過去志向	未来志向
リーガリスティック	コモン・センス
形式主義	非形式主義
効率性重視	効果重視
コンプライアンスによる評価	改善や矯正による評価

[指宿 2012 表の一部]

心理臨床的アプローチと法的アプローチの両者の関係は，問題を含む事象の円環的な連鎖関係から「原因→結果」の因果関係を切り取っていることがわかる。

さらに，法学の司法観によれば，伝統的な刑事裁判が拠って立つところの司法観と司法臨床としての情状鑑定が志向する治療法学による司法観との相違が指摘できる（表11-2）。

刑事司法が基盤とする司法観は，刑事訴訟における手続構造としての当事者主義モデルである。検察側と弁護側の対立構造をもとに法的論戦を行い，裁判

官が法的結論を下すという構造である。わが国のみならず刑事司法の伝統的な準拠モデルである。

それに対して，1980年代にアメリカで提唱された治療法学に基づく新しい司法観が「治療的司法」（therapeutic justice）である。アメリカやカナダの一部において，ドラッグコート，メンタルヘルスコート，など特定の犯罪を専門にした問題解決型裁判所として実践されている。問題解決型裁判所では，臨床心理学に習熟した裁判官，検察官，カウンセラー，精神科医，ソーシャルワーカーなどがチームを組んでアプローチしている。治療法学による司法観は，犯罪者の更生など治療的な結果を求めて司法と臨床が協働することを重視している［Maryka,0./指宿 2007］。司法臨床としての情状鑑定の基盤はこの治療法学における司法観に近似したものである。

治療的司法の導入について，いみじくも指宿［2012］は，「今後，治療的司法に基づく実践的プログラムが導入されていくに当たっては，法理論的に当事者主義的司法観から治療法学に対する批判が予想される。とりわけ当事者主義がその基盤とする権利論的アプローチや自己決定権といった軸と治療の必要性やケアといった治療法学の軸とが一致しない局面では，厳しい対立が起きるであろう」と述べている。

そのように伝統的な当事者主義的司法観と新しい治療的司法観には基本的枠組みの乖離があるため，犯罪者の処遇と更生を目的とする治療志向のアプローチや情状鑑定の知見が刑事裁判に収斂しきれないのである。

6｜法と心理臨床の協働：司法臨床の展開のために

筆者の家庭裁判所調査官時代の経験から言えることは，家庭裁判所の審判を通して非行少年が更生に向かい，家事当事者が紛争を解決する転機となるのは，心理臨床を主に拠り所とする家庭裁判所調査官の関与だけではなく，優れた人間知にあふれる裁判官や弁護士などの法律家に向き合ったときである。法と心理臨床の協働―司法臨床が適切に作用したときなのである。

司法臨床の実現のためには，従来の連携や協力（cooperation）を超える，協働（collaboration）の本質に基づくまさに「コラボレーション」と表記されるべ

き援助システムの確立が必要になる。亀口［2002］は，コラボレーションについて「所与のシステムの内外において異なる立場に立つ者同士が，共通の目標に向って，限られた期間内に互いの人的・物的資源を活用して，直面する問題の解決に寄与する対話と活動を展開すること」と定義したうえで，コラボレーションを成功させるためには，異なる立場双方の自己変革をする覚悟が必要であると述べている。

さらに，コラボレーションのプロセスにおいては，「異なる枠組みの対立は往々にしてあり，その対立を解決するプロセスがコラボレーションの一部でもある」［渋沢 2002］ということを明記しておかなければならない。すなわち，法と心理臨床のコラボレーションである司法臨床とは，単に，法と心理臨床の役割を分業したり，共通点や妥協点を見出すことだけではない。その展開のためには，法律家は心理臨床に，心理臨床家は法に，それぞれ習熟すると共に，お互いが協働して犯罪者の更生や被害者のケアについての実績を積み重ねることである。そのようにして獲得される実践知がさらに法と心理臨床を交差させて「司法臨床」を実現する触媒となるのである。

〔註〕
* 1　光市母子殺害事件は，1999年山口県光市で当時18歳の少年が主婦と幼女を殺害した事件。1審，2審で無期懲役，最高裁で「死刑を選択するほかない」と2審を破棄し高裁に差し戻し，2012年に死刑が確定した。
* 2　2007年9月21日朝日新聞
* 3　1997年4月15日朝日新聞

〔廣井 亮一〕

COLUMN 05　刑事法学者，心理学と出会う

■心理学との最初の出会い

　思い起こせば，心理学への最初の関心は，スティーブンソン「ジキルとハイド」を読んだこと（1950年代，高校生）に芽生えたといえる。「二重人格」ということがあるのを知ったのは，この本によってである。

　次いで，映画「サイコ」を見たとき（1960年大学1年生），そのショックから，「異常人格」への興味が湧き，早速，「異常心理学」を購入して読んだ。その頃，大学では，南博教授の心理学の講義が開かれており，筆者は，この科目をとり，同教授の「心理学入門」に接した。この本は，心理学をわかりやすく，またおもしろく講じるもので，南教授の講義と並行して読み，いっぱし心理学を習得したかのような気分に浸っていたものである。「心理学」の期末試験は，自由論題によるレポート提出であったので，筆者は，時は来たれりとばかりに，映画「サイコ」を素材として，「異常心理」に関するレポートを作成し，意気揚々と提出した。

　しかし，これは見事に鼻をへし折られた。自信満々で提出したレポートの評価は「良」。自信満々のわりには，単なる映画の感想を書いたに過ぎないという評価だったようで，現時点で思い返しても，よくも「異常心理」などという表題が付けられたものだという駄作である。汗顔の至りとはこのことである。

■植松博士との出会い

　商学部4年のときに，植松正教授の刑法総論を受講し，教授の「刑法教室」や「刑法概説」を読み，その卓越した文章力に魅せられた。教授が，もともとは心理学を専攻しており，パンの学として法律を勉強し，司法試験を受験したことを知り，一層親近感を覚え，法学部に学士入学をしてからは，植松ゼミに所属した。

　「証言の信頼度」は学生時代に読んだが，自分自身が証言心理学に関心を持つまでには至っていない。もっとも，卒業論文のテーマ選びに際して，まず，目的的行為論に関心を持ち，とくに，そこにおける意識と潜在意識に興味をもって，潜在意識を刑法論に位置づけることができるかを研究してみようと思ったことがある。過失犯の構造について，ドイツの議論，とくに，エンギッシュの過失の心理分析に興味をもち，エンギッシュを中心として議論を進めたのは，心理学への関心の延長かもしれない。

　しかし，裁判心理学へ本格的に関心をもったのは，司法修習が修了して，植松教授の勧めで一橋大学に助手として戻ってからである。

■武蔵野精神療養所研究員
　大学に戻って，1年近く経ったころ，大学に来ている医者が武蔵野療養所勤務であることを知り，その人の紹介で武蔵野療養所研究員になった。ここで，診療会議に参加し，療養所の図書館で精神病理学と心理学との関係について勉強をした。診療会議において関心を持ったのが，異常と正常の分界点である。これは，刑事法の領域では，責任能力における心理学的要素の意味の解明に役立った。精神医学と心理学の関係を考える中で，刑事法学における心理学の役割，あるいは心理学の専門性についても，考えさせられた。

■法廷小説に見る心理学研究
　私は，ミステリーや推理小説の類が好きである。法廷小説の中にも，心理学や精神医学にかかわるテーマを扱ったものが多い。刑法の研究書より前に，法廷小説の中で刑事法にかかわる精神医学や心理学の用語を知ることがある。'Irresistible Impulse'（抗拒不能の衝動）を知ったのは，ロバート・トレイヴァーの「裁判」においてである。「ジキルとハイド」や「サイコ」も同様であるが，このような，かなり通俗的なところから専門的なことに興味を抱いていくのが，私の性癖のようである。しかし，案外これも有効な方法であると自分では思っており，学生にもこの方法を勧めることが多い。

■浜田寿美男氏との出会い
　甲山事件を通じて，浜田寿美男氏と知り合いになった。最初の出会いは，九州大学の内田ゼミと一橋大学の私のゼミとの合同ゼミ合宿においてであったように思う。あるいは，それ以前に甲山事件の関連で会っているかもしれない。合同ゼミは1989年から毎年，行ってきたが，その最初のテーマが甲山事件であり，神戸を会場として行った。その席に，浜田氏に来てもらって話をうかがった。

■目撃証言研究会
　1993年，日弁連の中に，目撃証言研究会ができた。これは，一瀬敬一郎弁護士の尽力により，法律家と心理学者が集まって作られた研究会である。この会を通じて，多くの弁護士・刑事法学者と心理学者とが知り合いになった。私もその一員である。
　この研究会が母体となって，法と心理学会が生まれた。

■国際心理学と法学会第1回ダブリン大会にて
　1998年7月7日から9日までの8日間，ダブリンのトリニティ・カレッジを会場として，第1回国際心理学と法学会が開かれた。そこには，日本からは，心理学系では浜田寿美男，仲真紀子，原聡，厳島行雄など，法律系では一瀬敬一郎，佐藤博史，村井が参加していた。目撃証言研究会のメンバーである。大会前日のレセプションパーティはダブリン城で開かれた。そのパーティ会場には，韓国の法と心理学会からの参加者もいるということで，朴光培氏を紹介されたところ，朴氏から「日本の法と心理学会のホームページを探したのですが，見つからなくて」と言われ，参加していた上記の日本のメンバーは大変にショックを受けた。見つからないのも道理。そもそも学会自体が立ち上がっていなかった。
　そこで，日本に戻って，直ちに学会立ち上げの相談にはいった。

■法と心理学会立ち上げの相談
　1999年2月21日夕方，浜田，仲，原，厳島，大橋靖史，村井など，ダブリンで朴発言にショックを受けた者を中心として，浅田和茂，渡辺修，三島聡，中川孝博の法律系が大阪に集まり，とりあえず学会の立上げ是か非かを検討する会をもった。1993年以来，目撃証言研究会を継続してきたこと，研究会を重ねてきた実績を踏まえると，研究会から学会に移行する時期にきていることなどが指摘され，2000年秋に京都で学会を立ち上げようということになった。
　学会の名称については，「裁判心理学会」や「法心理学会」も検討されたが，法律学と心理学の対等な学会であることを示す名称として，「心理学と法」「法と心理学会」どちらかということになり，後者が選択された。創立総会は，次の年の11月3日に京都で開催しようということになり，学会発足へ向けて進み出すことになった。

■学会の今後について
　学会立ち上げの経緯もあって，学会メンバーは少し偏りがある。法律学は刑事法学系，心理学は認知心理学系が中心となっており，その他の領域が少ない。「法と心理学」会としては，その趣旨からすると，あらゆる法学と心理学との共同研究が想定されている。今後は，できるだけ他領域への広がりが期待される。
　さらに，当初から，懸念されていたことに，法学と心理学が対等な関係での

共同研究ができるかということである。まず、用語が異なること。心理学者は法律用語に戸惑うことが多いようであるが、法学者も心理学用語に戸惑う。研究会で、心理学者がごく普通に使用している言語がわからないということは、しばしば起きる。しかし、それぞれの専門用語が違うという場合には、それはそれでよい。問題は、同じ言葉でも、それぞれの専門領域によって違う内容を指している場合である。この場合には、お互いわかったつもりで、違った内容を考えていることになり、後で大変に問題になることがある。これは、単なる用語の問題ではなく、専門内容の違いに関わって、いささか厄介である。

　異なった専門領域の研究者が協力し合うには、最低限、上記のことは頭に入れておかなければならない。しかし、逆に、相互に気を使いすぎると、これまた共同関係はぎこちなくなる。法律系からいえば、心理学者が法律学にあまりに気を使いすぎると、かえって異文化との接触による触発度が少なくなって、共同研究の新鮮味が薄くなる。

　ともあれ、お互いの専門領域を尊重しつつ、自らの専門領域で勝負する。これが異文化同士の共同研究の難しさでもあるが、面白さでもあるのだろう。

〔村井 敏邦〕

IV
民　事

12章 商　　標
―― 心理学の商標分析への応用と課題

商標は，消費者がどのように認識するかという点で心理学の研究対象であるし，法によって認可されたり，保護されたり，使用が制限されたりするという点で法学の研究対象であるということも明らかであろう。かかわってくる法分野としても，商標法，不正競争防止法をはじめ，表現の自由との観点から憲法などにまで及ぶ。しかし，わが国の法と心理学の研究ではあまり扱われてこなかった分野でもある。実務の世界では，消費者の商標の認識に関するアンケート調査という形で，法的判断の参考に用いる資料として用いられることがある。そのようなアンケート調査が行われる際には，主に，アメリカで用いられている方法を大きく参考にしている。本章では，商標においてはどのようなことが問題として存在し，どのような観点から法的判断が下されるのかということを概観し，具体的な調査方法の例をいくつか簡単に見て行く。そして，商標の自他識別機能を司る部位の認定に関する基礎的な研究例も紹介する。

1 | はじめに

わが国の法と心理学の研究のなかで，おそらく学術的探求という面でも，そして実務的応用という面でも，最も手薄な研究テーマのひとつが知的財産法に関する研究であろう。ここでは，知的財産法諸分野のなかでも，最も心理学とかかわりが深い商標についてとりあげる。

商標の問題は，アメリカではかなり以前から心理学の問題として認識されてきた。実務の立場においても，アメリカ合衆国連邦最高裁裁判所において，「商標の保護は，標章（マーク）の心理的機能を法が認識するもの」（*Mishawaka Rubber and Woolen Mfg. Co. v. S.S. Kresge Co.*, 316 U.S. 203（1942））と判示されて

いる。欧米では同分野に関して一定の研究の蓄積があり，法実務への応用も少なからず見られる。

以下，商標の基礎に簡単に触れた後，商標の法心理学的知見が応用された実例をいくつか紹介する。

2│商標と心理学

商標の定義

商標と心理学を論ずるにあたり，まずは，商標とは何かということを明らかにしておく必要がある。商標法第2条によれば，商標とは，業として提供される商品やサービスの自他を区別する表示としての「文字，図形，記号若しくは立体的形状若しくはこれらの結合又はこれらと色彩との結合」とされる。そして，「業として商品を生産し，証明し，又は譲渡する者がその商品について使用をするもの」か「業として役務を提供し，又は証明する者がその役務について使用をするもの」とされる（商標法2条1項および2項）。前者は，製品そのものに付される標章（マーク）で，商品商標と呼ばれる。後者は，業者によって提供されるサービスに付されるもので，役務商標（サービスマーク）と呼ばれる。たとえば，Panasonic 社が提供するコンピュータの「Let's Note」は，文字による商品商標の例（図12-1）となる。クロネコヤマト社が提供する荷物宅配サービスの「宅急便」は文字による役務商標の例（図12-2）となる。図形でいえば，図12-3に示す，コンピュータおよび関連製品の APPLE 社のロゴがそれにあたる。立体的形状でいえば，清涼飲料のコカ・コーラの瓶や図12-4のような乳酸菌飲料のヤクルトのプラスチック容器である．文字，図形，記号，立体的形状のふたつ以上を組み合わせたものは，結合商標と呼ばれる。結合商標の例としては，スポーツ用意品の製造販売の adidas（図12-5）などがあげられる。

商標の主な機能

商標の有する主な機能を知ることで，商標を研究するにあたって必要なこと

が見えてくる。したがって，ここでは商標の機能を簡単に見てみたい。商標の自他識別力とは，概して言えば，特定の商標が，消費者に特定の製品やサービスを，他の事業者の製品またはサービスと区別・識別させる力のことである。商標は，この自他識別力を潜在的に有することが予定されている［角田・辰巳2000］。この自他識別力に基づいて，商標には以下の3つの主な機能があるとされる。第1が，「出所表示機能」と呼ばれるもので，商品・サービスが同じ事業者によって提供されているものであることを，それを必要とする消費者（需要者）や取引者に示す機能である。第2が，「品質保持機能」と呼ばれるもので，同じ標章を付された商品・サービスであれば，同一の質であることを需要者に期待させる機能である。第3が，「広告宣伝機能」と呼ばれるもので，商標自体が需要者に購買決定を促す機能である。これは，当該商標が使用されることによって，需要者に記憶され，事業者の信用が蓄積され，需要者が愛着を感じると共に無意識のうちにその商標が付された商品・サービスを良いものと考えるようになることから生じる機能である。

図12-1　文字の例：Let's Note

図12-2　役務商標の例：クロネコヤマトのロゴ

図12-3　図形の例：APPLE社のロゴ

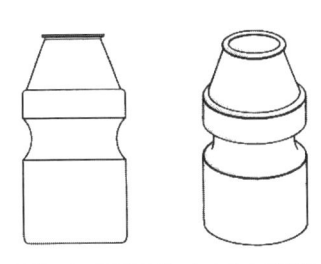

図12-4　形状の例：ヤクルトの容器

図12-5　結合商標の例：Adidasのロゴ

こういった機能は，需要者である人間の認知，記憶，連想，判断等に密接に結びついていることから，心理学的研究の対象として深くなじむ。しかも，こういった作用が権利や法的効力にかかわってくるという点で，法と心理学の研究としても成立するのである。

3│商標の諸問題

わが国の商標法の主たる目的は，「商標を保護することにより，商標の使用をする者の業務上の信用の維持を図り，もつて産業の発達に寄与し，あわせて需要者の利益を保護すること」（商標法1条）である。つまり，製造者と消費者を守ることが商標法の目的である。特に，商標の使用をする者の業務上の信用の維持を図り需要者の利益を保護するという観点から商標の法実務に心理学的分析が必要な代表的な問題としては，商標の自他識別力に関する問題が挙げられる。商標は，自他識別力がなければ，登録することもできないし（商標法3条1～6項），上掲の諸機能を果たすこともできない。商標をとりまく代表的な問題である，認知度，類似・混同，普通名称化，稀釈化などの現象は，概して，商標の自他識別力の問題と言い換えることもできる。以下，これらの問題に関し，現象の説明と法心理学がとりくむべき課題について，簡単に論じていく。

商標の混同

商標の混同とは，ある特定の商標と第三者の標章が，消費者にとって混同する恐れがあるほどに似ているかどうかという問題である。混同の恐れの判断基準は，需要者の一般の心理が基礎になっている［井上1995］。実務的には，特定の商標に対して第三者の標章が，「商標が使用される商品・役務の需要者層および取引の実情を考慮し，同一または類似の商品・役務に使用されれば，需要者の通常有する注意力を基準として，その商品・役務の出所について混同を生じさせる場合」［角田・辰巳2000：186］に類似していると判断される。つまり，当該の商品やサービスを必要としている消費者（＝需要者）が，目的の商品やサービスと間違って購入してしまう恐れがあるほどに第三者の標章が似ているかどうかを判断するのである。たとえば，寿司販売の「小僧寿司」とおに

ぎり販売の「小僧」が、需要者が同じ会社あるいは関連会社と勘違いするかどうか（「小僧寿司」事件／最判平成9年3月11日民集51巻3号1055頁）ということである。しかし、「混同の恐れ」という概念は、需者の心理状態や購買行動の動機等の消費者心理に関わるものであり、法的判断の専門家である裁判官が主観を滅して客観的判断を行うのは困難である［井上 1995］。したがって、心理学の知見が有効に活用されうるのである。

商標の類否判定をめぐっては、心理学的知見は、マーケティング調査の会社によって、アンケート調査という形で活用されることが主流である。また、調査の方法は、法的判断の枠組あるいは慣行にできるだけ沿った形で行われるため、通常の心理学での慣行とは異なった形式で行われる。以下、法的判断の枠組を外観してみる。

商標の類否は、主に外観、称呼、観念という側面から判断される。外観とは見た目、称呼とは名称の音の聞こえ方、観念とは意味のことである。これらを中心に総合的に検討し、二者の商標には混同の恐れがあるかどうかが判断される。類否判断の95%は、称呼に関するものである［松田 2007］。

堀田［2010］が指摘するように、この判断の基準には、語や表現の構造といった側面は含まれていない。しかし、語構造も言語認知には大きくかかわっているため、商標の類否を考察する際には、本来、欠いてはならない側面のはずである。科学的事実と法的事実の乖離があるのである。しかし、実務的に判断基準がこのような形で運用されている以上、法的事実認定の枠組に乗っとらざるを得ない。鑑定のような実務的な応用を視野にいれるならば、その枠組を明らかにするような方法での検討調査計画をする必要がある。次項から、商標実務における判定方法を紹介する。

(1) 商標の類否の観察手法の実務的慣行

商標の類否・混同に関する心理学的調査では、争われているふたつの商標を比較する形で提示すること（対比観察）は不適切とされ、通常は時と場所を異にした状態で比較（隔離観察）される。実際の取引において、需要者は、広告で知ったり、過去に接した商法を、時と場所を別にして、その記憶を手がかりにして選択するのが通常であり、ふたつの商標を並べて見比べたりはしない。したがって、隔離観察を原則とするのである。対比観察はあくまでも、副次的

に利用されるに過ぎない。

　商標を構成する要素のなかで，とくに需要者が，当該商標を同定するための手がかりとして注意を引きやすい部位（要部）に着目して比較観察することを要部観察という。たとえば，「高崎市茂木園」という商標であれば，「高崎市」は，単に商品の販売地を示す語であり，識別力はなく，「茂木園」の部分が識別性の源泉となる要部となる（東京高判昭和59年7月31日判工所2853の140）。しかし，一般的に需要者は，商標の一部ではなく全体的な印象をもとに記憶しているわけであるから，商標の構成要素の全体的印象にもとづいた全体観察もとり入れた総合的判断を行うのが原則である。

　現行の慣行を打破する目的でこれらの慣行に則らない方法で行う研究も必要であるが，それには大変な時間も労力も要するであろう。したがって，実際の事件での要請に基づく調査のように，注ぎ込める時間も労力も限界が明らかな状況では，これらの実務的慣行に従う形でアンケート調査や実務的応用を目指した心理学的研究が行われることが望ましいということになるだろう。以下，後者の立場からの調査方法について論じて行く。

(2) サンプルの抽出方法

　商標の調査では，サンプルの母集団の決め方について，一定の要件がある。通常，そういった調査を行う対象は，その製品，サービスの主たる需要者層でなければならないとされる。なぜなら，たとえば，日本酒の銘柄の商標の認知度や識別力の調査を行うにあたって，まったくお酒も飲まず，日本酒とは縁遠い生活をしている人々に調査したところで，適正な判断・結果が得られる可能性が低いからである。

　また，個別の分野での事情や商慣習なども考慮に入れて判断が行われなければならない。たとえば，専門的な取引者間が高度な注意力をもって取引が行なわれていると考えられる商品のような場合は，一般の購買者層を対象とした商品よりも高い類似度を有した商標でも非類似とされることがある。たとえば「アトム」と「鉄腕アトム」（東京高判昭和55年3月31日）は，指定商品のかばんが広く一般が需要者になることから類似とされた一方，一見，外観や称呼において類似度が高そうな「SANSOCIZER」と「SANTICIZER」（東京高判昭和39年8月15日行裁集15巻8号1511頁）が，指定商品の可塑剤については，専門家が

相当な注意をもって商標の選択に臨む可能性が高いことから非類似とされている。

加えて，適用する法律が全国を対象としている（例，商標法3条2項，不正競争防止法2条1項2号）か，特定の地域を対象としている（例，商標法4条1項10号，不正競争防止法2条1項1号）かによって，調査を実施する地域を考慮に入れなければならない［青木 2004］。

また，サンプルを集める際に，街頭インタビューによるものは，電話や郵便やインターネットに比べ，何かを参照して回答する可能性が低くなる［青木 2004］ものの，たとえば，ショッピング・センターで調査を行った場合，そこに集まる人びとのライフスタイルや嗜好が大きく異なるため，適切に人口統計学的な代表をなしていないという批判もある（Corbin, Gill, and Jolliffe 2000）。

(3) 調査方法

青木［2004］によれば，アンケート調査は，質問事項の不適切さが理由で，採用されないことが多い。たとえば，誘導的な質問はもちろん，調査対象者は法律の専門家ではないため，法的価値判断を伴う質問事項も避けなければならない。したがって，比較検討されている商標の類似や混同の度合いを直接問う質問は，法的価値判断を伴うので不適切である。したがって，後述するウォークマン事件のように，商標の類似を直接問う形式ではなく，「認知度」という商標の類似を判断する際の事情を尋ねる形をとったりする。

具体例として，アメリカで最も標準的な方法と言われる Eveready 方式（Eveready format）と呼ばれる質問方法を見てみたい。電球に関する商標 EVER-READY（被告）と電池に関する EVEREADY（原告）との混同が争われた米国の事件の判決（*Union Carbide Corp. v. Ever-Ready, Inc.*, 531 F.2d 366 (7th Cir. 1976)）において認められた方法である。この質問法では，被告商標を提示して，以下の形で質問が行われる。

　①「この商品はどこの業者が製造あるいは販売していますか？」
　②「どうしてそう思うのですか？」
　③「この商品を出しているのと同じ会社が出している製品をあげてください？」

①の質問で原告のことを言及したり，③の質問で原告の他の商品を挙げた場合には，需要者に心理的に混同を生じているといえる。これらの解答をするにあたり，出所をはっきりと言及できなくても問題ない。

次に，Exxon 方式（Exxon format）と呼ばれる方法を紹介する。これは，米国の大手石油会社の EXXON が，テキサス州で自動車修理を営む TEXAS MOTOR EXCHANGE OF HOUSTON, INC. に対して訴訟を提起した事件（*Exxon Corp. v. Texas Motor Exchange of Houston, Inc.*,. 628 F.2d 500 (5th Cir.1980)）において用いられた方式である。この方式では，被告標章を見せ，「この名称を見て最初に思い浮かぶのは何ですか？」と尋ねる。そして，もし回答者が特定の事業者の名称に言及できない場合，「どの会社が思い浮かびますか？」と尋ねる。さらに，その後，「その名称で，あなたにそう言わせるものは何でしょうか？」と尋ねる。もし，被告標章を見せているのに原告商標のことが思い浮かぶのであれば，混同が生じていることになる。

わが国でこの方法を利用した証拠が提出された事件としては，たとえば，ウォークマン事件で，原告の携帯用カセットテーププレイヤーの商標「WALKMAN」が，靴の販売店の放送袋や看板に付された被告標章「WALKMAN」との間で争われた事件（千葉地判平成 8 年 4 月 17 日）がある。この事件に関わる調査では，東京都や千葉県の高校生から40代までの計500人に対して，「『ウォークマン』という言葉からどのようなものを思い浮かべますか？」「どこのメーカーの商品ですか？」という質問がなされた。結果，「ウォークマン」という言葉からソニーを連想した人は，東京都の居住者で83.3％，千葉県の居住者で76％にものぼった。このように，このアンケートでは，混同だけでなく，商標の周知性・著名性をも明らかにすることができる。

これらの他にも調査方法はこれまでいくつか試行されてきており，また事件ごとに質問方法もバリエーションがある。詳しくは，青木［2004］を参照されたい。

商標の普通名称化

商標の普通名称化とは，もともとは自他識別力を有する標識として機能していた商標が，同種の商品を呼ぶ一般的な名称として用いられるようになること

を言う。例としては,「ホッチキス」や「エスカレーター」などが挙げられる。商標権者にとっては,普通名称化は大変深刻な問題である。商標が普通名称化すると,識別力を失い,同業者が自由に用いることが可能になってしまったり,登録が取り消されてしまったりすることがあるからである。

わが国の法律では,普通名称と慣用商標を区別している。普通名称については商標法3条1項1号,および26条2号と3号,慣用商標については,3条1項2号および26条4号にそれぞれ規定されている。普通名称というのは,「みかん」という商品に対する「みかん」という語のように,とくにもともと商標であったかどうかは関係なく一般的な語彙をさす。それに対し,慣用商標というのは,ここで言う,普通名称化した商標のことである。したがって,普通名称化は慣用商標化と言い換えることも可能である。

普通名称化しても,登録商標として存在するものもある。たとえば,絆創膏の「バンドエイド」や荷物の宅配サービスの「宅急便」である。

アメリカでは,普通名称性の判断は一般需要者を基準に行われており,法律の条文上でもそのことが明文化されている（15 USCS § 1064）。一方,わが国では,判例において,当該分野の業者間においての使用状況を検討するべきで,一般需要者の認識は問題とされないとされている（例,「セロテープ事件」神戸地裁尼崎支判昭和36年1月25日下民集12巻1号62頁,「アールグレイ事件」東京高判昭和56年5月28日 無体裁集13巻1号471頁）ため,一般市民を対象としたアンケート調査は意味をなさない。

したがって,ここではアメリカで行われた普通名称化に関する調査を紹介する。この種の調査については,米国では,Thermos事件（*American Thermos Products Co. v. Aladdin Industries, Inc.*, 207 F. Supp. 9 (D.Conn.1962), aff'd, 321 F.2d 577 (2d Cir. 1963)）が有名である。魔法瓶の商標「Thermos」が普通名称かどうかを争った事件で,被告の競業者であるAladdin社が利用した調査方法である。Thermos方式（Thermos format）で用いられる質問のいくつかを紹介する。

 a.「スープ,珈琲,紅茶,レモネードなどの液体を一定時間,保温または保冷してくれる容器を知っていますか？」

b．「今まで自分でそのような（液体を保温または保冷してくれるタイプの）容器を使ったことありますか？」
　　c．「どんな時にその容器を使いますか？」
　　d．「もし明日そのような（食べ物や飲み物を保温または保冷する）容器を買うとしたら，どのようなタイプの店を選びますか？」
　　e．「何を買い求めますか？　つまり，店員に何が欲しいと言いますか？」
　　f．「液体を保温または保冷する容器を買い求めるのに使う他の表現が思いつきますか？」
　　g．「この容器を何と呼びますか？」

　こういった質問のなかで，eやgでThermosという答えが返ってくれば，普通名称として使われている可能性が高いと考えるわけである。このテストの難点は，店頭で口頭で商品名を店員に告げて購入する場面を想定した質問形式であり，より一般的である商品棚に陳列された商品を消費者が自ら選んで購入するという場面ではないため，適切ではないという指摘もある［Swann 1999］。
　普通名称化のテストとしてもうひとつTeflon方式（Teflon format）がある。Du Pont社が表面をフッ素樹脂で加工した調理器具について使用していたTeflonという語の普通名称性が争われた際に用いられた調査方法である（*E.I. Du Pont de Nemours & Co. v. Yoshida International, Inc.*, 393 F. Supp. 502, 185 USPQ 597 (E.D.N.Y. 1975)）。Teflon方式では，以下のような形で質問される。

　　8つの名称を読み上げますので，それぞれブランド名か普通名称と思うかを言ってください。ブランド名というのは，特定の会社によって製造されている「シボレー」のようなことばです。普通名称というのは，たくさんの会社によって製造されている「自動車」のようなことばです。では，もし『シボレー』はブランド名ですか，普通名称ですか？」と聞いたら，何と答えますか？

　この説明で，ブランド名と普通名称の違いを教え込み，被験者が理解したかを確かめた後，「○○はブランド名ですか，普通名称ですか？」（○○の部分に「STP」「THERMOS」「MARGARINE」「TEFLON」「JELL-O」「REFRIGERATOR」「ASPIRIN」「COKE」という普通名称や実際のブランド名が入る）と尋ねる形式の調

査である。

　井上［2008］によれば，この調査の利点としては，その簡便性や，他の名称の認知度と比較することが可能なため事実認定者の判断の助けとなることなどが挙げられる。一方，このようにブランド名かどうかを聞かれるタイプの質問をされると対象となる語がもともとブランド名であったのではないかと推測し，ブランド名と答えてしまうという，要求特性のバイアス［Orne 1962］が生じる可能性がある。

商標の稀釈化

　商標の稀釈化（ダイリューションとも呼ばれる）とは，著名な商標が有している顧客吸引力にただ乗り（フリーライド）し，その著名な商標を，当該商標権者以外の第三者が自己の商品・役務に使用することにより，著名商標のイメージが他の商品や役務に分散されてしまう現象をいう。たとえば，シャネルという名称を歌謡スナックの名称に用いた事例などである（スナックシャネル事件／最一小判平成10年9月10日）。稀釈化は，不正競争防止法2条1項2号によって規制される。

　商標法においては，商標の混同が常に中心的な問題であったが，1927年にShechterによって指摘されて以来，稀釈化も新しい商標の問題として，時折，議論が行われてきた。わが国では，1995年のアメリカにおける Anti-Dilution 法の導入に伴って議論が行われるようになった。しかしながら，その定義，および判断に関して，議論はまだ熟したとはいえず，たとえば，何をもって稀釈化と看做すのか，どんな損害があり得るのか，どのような法的保護を与えるべきかに関し，学者，判例の双方において議論が揺れており，アメリカでは，同じ裁判管轄内でさえ，その扱いに一貫性を欠いていると言われる［Welkowitz 1991］。心理学でももちろんほとんど扱われていない分野であり，今後の研究が待ち望まれる。

4 ｜ 商標の識別力に関する基礎研究

　これまで見てきた例は，心理学の知見の実務的応用であった。商標に関して

は，法と心理学という立場から行われた基礎的研究，理論的研究は少ないと言える。数少ないそのような研究の中でも上述の識別力，混同，普通名称化，稀釈化等について，心理学的知見を導入して検討をしている代表的な理論的研究が，Jocoby［2001］である。Jocobyは，既存の基礎的研究の成果を援用し，認知ネットワーク（cognitive network）がどのように活性化されて商標の認識が行われるのかという観点から上掲の諸現象を説明している。たとえば，混同であれば，商標の認識は記憶に基づいて行われるが，その記憶の再生は，複数の刺激の関わり合いによって集合的識別力（collective distinctiveness）になり，パターン認識が基本となるため，全体の正確性および個々の正確性は必要とされないと説く。

また，識別力そのものについては，Hotta & Fujita［2011］が，商標の識別に有効な部位となる「要部」の認定に関し，商標を構成する表現の構造において，Grice［1975］が提唱する「協調の原理（cooperative principle）」の違反が生じている要素が需要者の注意を喚起する要素，すなわち要部であるとの見解を示し，その心理的実在を証明すべく，心理言語学の立場から，協調の原理の違反が生じている単語の認知に関して反応潜時に基づいた実験を行っている。

協調の原理とは，人間がコミュニケーションにおいて守っている原則で，「量」「質」「関連性」「様態」の4つの公理からなる。たとえば，量の公理であれば，情報の送り手と受け手は，多すぎず少なすぎない量の情報をやりとりすることを前提としており，これに違反する時は，必要な情報自体を有していないなど，一定の不可避の事情があるか，送り手側にことばの表面に現れない意味（「含意」）があると受け手も考えるのである。

言語表現に協調の原理の違反が生じている部位があるとすれば，その部位は異質（「有標」）なものとなる。その異質性は，需要者の注意を喚起するため，要部として機能すると考えるのである。たとえば，PIZZA HUTという表現は，「ピザ」と「小屋，あばら屋」を差すが，このふたつの語の結びつきは関係が即座には見い出しにくく，関連性の公理の違反が生じると考えられる。したがって，この結びつきが生じているPIZZA HUTという表現全体が要部として機能すると考えるわけである。

Hotta & Fujitaの実験によれば，関連性の公理が生じている表現は，関連性

の生じていない表現や非単語よりも反応潜時が長いことが明らかになった。この実験結果が示すのは，表現内に関連性の公理が生じている場合，被験者はその違反の理由を考えることにより多くの認知資源を必要とするため，結果，反応潜時の遅延をもたらすと考えられる。

　商標の普通名称化に関して，どのようなメカニズムで当該現象が生ずるのかに関しては，言語学の立場からは Clankie [2002] が議論している。Clankie の分析は，同氏の博士論文を基にしており，概観するにも膨大なスペースを要するため，ここでは説明を割愛するが，言語学と心理学は隣接分野であることから，Clankie を初めとした言語学の研究は心理学研究にとっても一定の示唆があるだろう。

5 ｜ まとめ

　以上，知的財産法，とくに商標に関する法と心理学のこれまでの研究について概観した。アメリカやカナダといった国と比して，我が国におけるこれらの研究は大きく後れをとっており，司法の関心も非常に薄いといわざるを得ない。アメリカでは，20世紀のかなり早い段階から商標の混同などの問題は心理学的な問題であると認識されていた。我が国では，心理学の知見を司法判断の材料に援用することに未だ大きな抵抗が示されているが，商標の問題に関しても例外ではない。今後の研究の蓄積と研究成果の活用について，研究および実務の両方の立場からさらなる議論と努力を期待したい。

〔堀田 秀吾〕

13章 調　　停
―― 古くて新しい紛争解決の方法

証拠によって根拠づけられた事実を条文として表現された規範にあてはめることで紛争を処理する裁判とは異なり，話し合いによって，両当事者が納得することで紛争を解決しようとするのが調停である。「納得」という主観的・心理的なゴールに到達するために，仲介者たる調停人はどのような活動をすべきであろうか。当事者は，調停という手続をどのように理解すべきであろうか。本章では調停手続に関連する諸概念を学ぶと共に，現代社会における調停手続の存在意義と可能性を考える。

1 | 裁判と調停

ふたつの法廷の写真

　ふたつの法廷の写真を見ていただきたい。読者はどのような感想を持たれるだろうか。
　一般に法廷といえば，写真13-1を想像する方が多いのではないだろうか。傍聴席のある公開の手続を前提とした部屋の作りになっている。
　米国などの裁判ドラマ，映画のような丁々発止のやりとりをイメージされる方もおられるかもしれない。あるいは，形式性・儀式性が強く，どちらかといえば書面の提出，読み上げに終始する冷たいやりとりがなされるイメージをされる方もいるだろう。
　他方，わが国には，写真13-2のような法廷もある。本章でとりあげる調停は，このような部屋のなかで，当事者と第三者が膝詰めで話をすることで，紛争を解決する手続である。

写真13-1　民事合議法廷

写真13-2　鹿児島家庭裁判所・ラウンドテーブル法廷

http://www.courts.go.jp/saiban/syurui_minzi/minzi_01_02_02/index.html

http://www.courts.go.jp/kagoshima/about/syokai/tanken/index.html

　では，あなたが当事者である場合，どちらの部屋で取り扱われるのがよいと考えるだろうか。自分は悪いことをしないし，また，人から恨まれるようなこともないのだから，自分が当事者として出廷するなんて考えたくもないという方もおられるかもしれないが，少し想像力を膨らませていただきたい。

　自分は公開の法廷で堂々と議論するのが性に合っているという方もいるだろう。逆に，円卓で気楽に話せるなら，そのほうが有り難いという方もいるだろう。もちろん，多くの方にとっては，それはケースによるということになろう。では，どのような場合分けが適切なのだろうか。

裁判と調停のメリットデメリット

　民事の裁判と調停は，それぞれ何を共通とし，どこが異なるかを考えよう。

　民事の裁判は，私人間の紛争について，裁判所が現在の権利の存否について判断し，強制する手続であるといえる。他方，調停は，当事者が当該紛争について今後どうするかを合意し自主的に履行するために，第三者である調停人が支援する手続である。

　まず，共通するのは，私人である両当事者及び第三者という登場人物が存在する三角形の関係を持つことである。紛争の解決の手続という目的も共有している。さらにいえば，暗黙の了解として，両当事者を手続の内部においては「対等」の存在と見なしていること，個別事情の吟味と分析によって解決に近

づくということについても,裁判・調停共に前提にしている。

　一方,相違点も存在する。先に述べたように,裁判手続の目的は,現在の権利の存否を判断し,強制する手続に尽きる。主張立証その他の活動は権利存否の判断の手段として位置づけられる。裁判手続の目的は限定されているのである。他方調停においては,当事者の合意の対象とする事項は多岐に及ぶ。再発防止などの将来の計画も含まれるし,謝罪などの感情面に配慮したやりとりも含まれる。(裁判においては,民法723条の名誉を回復するのに適当な処分として謝罪広告を命じることはあっても,裁判所が当事者に謝罪を命じることはない)。また,裁判手続の進行上の主役は裁判所であり,当事者が主役の調停とは異なる。もちろん,裁判においても,そもそも訴えが提起されて手続が始まるなど,当事者のイニシアチブによって進行する建前として処分権主義の考え方がとられている。しかしながら,ひとたび開始された手続は,裁判所が主導権をとって職権に基づいて進行していく。他方,調停の建前は,当事者が主体的に関わる手続である。実態としての調停手続の多様性については後に検討するが,調停においては手続への参加と離脱も自由であり,また少なくとも,裁判よりはカジュアルな雰囲気のなかで,柔軟に進めることができる手続であるといえる。

　調停は,裁判に比べて,実質的な手続を簡易に行えるというメリットが存在し,気持ちの納得,心理的満足度にもつながると宣伝されることが多い。果たして,この宣伝を額面通りに受け取って良いのだろうか。論理的に白黒はっきり決着がつくという公開の裁判のメリットも大きい。また,判例によって社会が進展するためには,裁判は不可欠であり,そのことによる当事者の満足も重要である。

調停の政策的目的

　上述したように,裁判に比べると調停には非公開性や略式性などに特徴がある。しかし,調停手続が設置される動機は必ずしも均質ではない。

　ここでは,標準化,裁量化,個別化の3つの方向性について確認しよう[入江 2012]。

　標準化の考え方は,マニュアル化による機械的処理をなすことで,紛争解決手続の省力化を図るという方向性である。そもそも,わが国の司法の特徴は,

顔もない名前もないともいわれる［フット・溜箭2007］が，これをおしすすめた方式であると言える。司法の行政化といってもよい。どのような当事者にも同じ運用で一貫性を持たせられるという長所があるが，非人間的な手続が秘密裏になされ，それに対する批判すらままならないという暗黒部分も存在する。

　裁量化の考え方は，第三者たる調停人に手続と結果を任せることで，さらに省力化された手続を提供する方向性である。調停では判決を書かなくとも良い点に価値を見出す立場である。調停制度は，実体法が社会の実情と齟齬をきたすときに，その緩衝の意味を持たせるような意味で用いられる場合がある。事実を規範に当てはめて結論を公開するという裁判手続を回避して，一応の結論を出せる点に調停の意義を見出す方向性である。わが国では，戦中期にこの発想が行きすぎ，戦後に裁判を受ける権利を奪う立法であったとして違憲判決を受けた例さえ存在する（強制調停違憲決定）。

　個別化の考え方は，両当事者の個別事情についての，口頭での実質的なコミュニケーションを尽くすことで，満足できる解決を見出そうという方向性である。後述する米国等で発展した現代調停のモデルがこれにあたる。考え方として，省力化というより，紛争解決手続としての質の追求が根底にある。実施するためには，手間・コスト・専門家の意識付けなどの観点で課題がある。

　上記に述べてきたように，調停の非公開性や略式性は必ずしも当事者の満足度につながるわけではない。現実には，さまざまな動機で設置されたさまざまな手続が同じ調停という名称で呼ばれているのである。冒頭に掲げた，利用者として最適な手続の選択肢として調停が常に望ましいとは言い切れないのはそのためである。

裁判外紛争解決（ADR）と調停，あっせんの概念的関係

　さて，このあたりで用語上の整理をしておこう。

　まず，裁判外紛争解決（Alternative Dispute Resolution, 以下 ADR）である。昨今は，新聞等に登場する機会が増えている。

　ADRと調停の関係は，数あるADRの諸手続において最も広く活用されているもののひとつが調停であるという包含関係にある。裁判以外のあらゆる紛争解決手続が広義のADRである。他には，訴訟上の和解，仲裁などが含めら

れる。場合によっては，交渉をも含める用語法もある。米国などでは，略式陪審訴訟，早期中立人評価などの手続も ADR として活用されている。狭義では，後述の ADR 法上の議論に限定することもできるが，原義からはやや距離がある。

あっせん（斡旋）も調停と共に良く用いられる語であり，調停とほぼ同義であると考えて差し支えない。機関によっては，調停は 3 人，あっせんは 1 人の手続実施者によって行われると定められていることからも分かるとおり，あっせんは調停よりもより略式であるというニュアンスがある。しかし，用語法は定まっておらず，機関毎の定義にさかのぼらなければならない。

司法型，行政型，民間型の区別

手続主催者に着目して，司法型 ADR，行政型 ADR，民間型 ADR の区別をつけることもできる。以下，日本におけるそれぞれの例を見よう。

司法型 ADR としては，民事調停，家事調停，労働審判法に基づく調停が挙げられる。裁判所自身が手続主催者となる ADR である。

行政型 ADR としては，労働委員会，建設工事紛争審査会，公害等調整委員会の調停手続がある。労働局のあっせん手続も活用されている。相談機関としての機能が有名な消費生活センターにもあっせん機能がある。消費生活センターのあっせんの多くの実務は，消費者と企業の双方に電話ベースで主張を聞き取り，解決を探るという手続であり，両当事者を呼んで期日を持つという発想とは異なって進められている。

民間型 ADR としては，弁護士会，司法書士会，社会保険労務士会，土地家屋調査士会，行政書士会その他の法律専門職団体が実施するもの（士業型 ADR），PL センターや金融 ADR などの業界団体が実施するもの（業界型 ADR）が代表的である。損害保険会社の資金によって運営される業界型 ADR のひとつである㈶交通事故紛争処理センターは，民間型としては多くの件数を実施し，実績があるといえる。さらに，歴史のある㈳日本商事仲裁協会などの独立系の団体もある。

日本においては，司法型 ADR の存在感，利用実績が大きい。民間型 ADR の多くも行政機関の指導によってできたという歴史を持つ場合が多い。例外と

しては弁護士会紛争解決センターをはじめとする士業型ADRがあるが、これらの動きは士業同士の政治的思惑に終始する場合さえ見られ、市民的な紛争解決機関に脱皮し得ているとはいいづらいものがある。

写真13-3 民間ADR機関の調停室の例：愛媛和解支援センター

ADR法

裁判外紛争解決手続の利用の促進に関する法律（2004年公布、2007年施行、以下ADR法）は、司法制度改革の一環として実施された。民間型ADRとして、調停（ADR法上は、和解の仲介）を対象とする活動の促進を目的としている。ADR法によって、弁護士助言を手続設計として含むなどの要件を満たせば、認証ADR機関として法務省のお墨付きを得ることができる。

仲裁・審判と調停

仲裁とは、当事者が合意した第三者の判断によって紛争を解決する手続である。また、審判は、法令の適用によって裁定する手続である。仲裁、審判共に裁判と同様の裁定（第三者の判断に基づいて結論を出すこと）としての手続であり、第三者の支援を得て当事者間がなした合意による紛争解決である調停とは異なる。

わが国では、仲裁・審判という裁定手続においても当事者の意向や声の大きさによって結論が左右される傾向（仲裁・審判の調停化）、調停という合意調達の手続においても第三者たる調停人による結論の押しつけ（調停の仲裁化）という傾向が見られ、それぞれ混同されるという病理が見られる。

2 | 現代調停の理論

調停への批判

前節では調停は裁判に比べて満足度が高い手続になる可能性があるが，常にそうであるとは限らないことを述べた。ここでは，調停制度への代表的な批判の論理を見ておこう。

調停についてのわが国で最も有名な批判は川島武宜の『日本人の法意識』であろう［川島1967］。権利があるようなないようなあいまいな状態での紛争解決を，前近代的な手続と捉えて批判したのである。川島は，調停手続での代理人としての当然の活動をしたにもかかわらず，調停手続において権利主張をするとは何事だと叱られたという経験を紹介し，抑圧的な調停制度が近代的な権利意識を持った国民を育成する妨げになっているという考え方を展開した。

米国における調停批判として有名なのは，Fissの議論であろう［Fiss 1984］。Fissは，結局のところ，調停は裁判手続に比べて二流に過ぎない（二流の正義，Second Class Justice）とした。特に裁判手続を闘い抜けない弱者側がつけこまれて仕方なく目先の金額に飛びついてしまうという傾向が，社会正義の観点から見て問題であると述べたのである。さらに，判例が形成されないため，結果の予想を立てづらい状況が継続する問題も存在する。

こうした批判を受けつつも，現代において調停は裁判に並ぶ価値，上まわる価値があるとさえ考えられるようになってきた。次に，簡単に現代調停の考え方を整理しよう。

現代調停のモデル：声と選択肢（voice and choice）

先に述べたように，現代調停の理念（個別化）とは，両当事者の個別事情についての，口頭での実質的なコミュニケーションを尽くすことで，満足できる解決を見出そうとすることである。もう少しくだけた説明としては，声と選択肢（voice and choice）を当事者に取り戻すことであるともいわれる。つまり，裁判では当事者主義と口頭主義の建前とは裏腹に職権主義と書面主義の実態が

広がっている。その現状に対する異議申立としての現代調停の運動がある。

　現代調停の前提には，当事者自身に語ってもらい（声を取り戻し），当事者自身に選択肢を選んでもらう手続を徹底しようという考え方がある。専門家が主導して作られた書面で主張されている要求内容が，しばしば当事者自身の利害に合致していないという反省がある。これが書面中心の手続の問題である。たとえ，誠実な弁護士が書面化したものであったとしても，そもそも人は自らの利害に合致して主張するとは限らないというのである。この考え方に加えて，人の心理的傾向を理解したうえでの話し合いに関する進め方についての望ましいモデルが存在するという考え方が，現代調停の発想の前提といえる。

　なお，注意いただきたいのは，現代調停を基礎づけるひとつの重要な要素である交渉理論において，話し合いにおいて相手を思いやったほうがよい等の道徳的なメッセージを基本的には含んでいない点である。誤解されがちなのだが，交渉理論は当事者の利己的ふるまいを教化によって利他的ふるまいに変化させることではない。面倒なことはしたくないという気持ちも，他者に役立ちたいという気持ちも含めて十分に熟考したうえで，豊かな自己決定をしてもらうように支援するイメージである。

3 ｜ 人は自らの利害に合致する主張をするとは限らない

交渉支援者としての調停人

　なぜ支援された話し合いによる紛争解決が当事者にとって意味をもたらす手続になるのか。この問いに対する，ひとつの単純な答えは，人は自らの利害に合致する主張をするとは限らないという事実である。

　なるほど，われわれの民法においても表示された意思と内心のずれについて認めている。たとえば，錯誤や心裡留保のような意思の欠缺と呼ばれる類型がある。しかし，ここで問題にしたいのは，現行の民法が想定しているずれよりももう少し先にあるものである。民法上での本人の意思と認められる行為を積み重ねた結果でも，本人の利害を損なうこともありえるという問題をとりあげている。

われわれはさまざまな事情を抱え，また，さまざまな根源的ニーズ（後述）を背景に持ちつつ要求をぶつけあって交渉している。

　民事の裁判においては，双方の要求が法的な権利に基づいているか——正当か——を，当該状況についての事実を規範にあてはめて，裁判官が判断する手続となる。

　一方，現代調停が前提とする交渉理論によれば，双方の要求を法的正当性の観点で検討することがなくても，要求（Position）の背後にある利害（interest）に関する情報を交換し，双方が納得できる合意点を探すことで双方にとってよりよい解決が可能であると考えるのである。この要求と利害に分けて交渉や紛争を分析する見方はFisherとUryが著した『ハーバード流交渉術』によって広がった［フィッシャーほか1998］。なお，現在，この交渉理論の始祖はFollettであると考えられている。

　つまり，われわれはそもそも自らの利害を満たすのに最適な主張・要求の展開としての交渉活動をしているとは限らないと考えるのである。ここにおいて，調停人の役割は，法的正当性の判断者としてではなく，双方の交渉を支援する者として位置づけられるのである。

合理的意思決定を妨げる認知バイアス

　人の合理的意思決定を妨げる傾向を認知バイアスという。BazermanとNealeの著書では，交渉における認知バイアスを7つ紹介しているが，ここではそのうち調停実務に直接影響の強いふたつだけをとりあげよう［ベイザーマン・ニール1997］。

　まず，アンカリング効果（係留効果）といわれる認知バイアスがある。これは，たとえ根拠のない仮の数値であっても交渉における参照値となり得る場合には，その数値に大きく影響を受けてしまうという認知心理上の傾向をいう。たとえば，中古車の価格を例にとって考えてみよう。最初に120万円といった具体的な金額が提示されると，その値に交渉が強く拘束されてしまう傾向があるといえる。しかし，客観的な中古車価格だけでも，雑誌に掲載されている同一モデルの中古車市場価額，その車に匹敵する他の車に買い換えた場合の費用，購入価格から償却額を控除した額，裁判所が裁定する額などさまざまに考

えられる。(中古車の価格の例は,『ハーバード流交渉術』に示されている[フィッシャーほか 1998：131])。比較的客観的な値を決めやすいと考えられる中古車ですらこのように様々な考え方で算定しうるが,実際の交渉の場面で,そのうちのどれかひとつの数値が「客観的な参照点」として提示された場合には,その値に強く影響されるであろう。したがって,アンカリング効果は,交渉を優位に進めるために有効な戦術としても活用できる。逆に言えば,うまく引っ張られてしまい,合理的な交渉ができなくなる可能性もあるということになる。

　もうひとつの認知バイアスとしては,フレーミング効果を挙げよう。これは,客観的には同じ内容を指し示す言葉であってもその示し方によって受け取られ方は影響を受けるという認知心理上の傾向をいう。たとえば,「7000円の時計が2ブロック先で4000円で売っているが,3000円節約するために歩くか」と「8万円のビデオカメラが2ブロック先で7万7000円で売っているが,3000円節約するために歩くか」という2つの状況を考えてみよう。2ブロック歩いて3000円節約するという利得はまったく同じであるにもかかわらず,ビデオカメラよりも時計の場合に歩くものははるかに多くなる。また,スーパーマーケットのレジ袋の有料化について,「スーパーのレジ袋を利用しない場合に2円割り引きます」という説明と,「スーパーのレジ袋を使用する場合は有料(2円)になります」という説明では,消費者にとっての利得が同じであるにも関わらず,その行動が変化すると考えられる(この場合なら有料化されたレジ袋は避けたいという行動がより強く見られると予想される)。このように,フレーミング(枠付け)作用によって,われわれの合理的意思決定はゆがめられていると考えられるのである。なお,調停技法としてはリフレーム(再枠付け)という技術がある。これは,フレーミング効果を活用して,当事者が当該紛争状況をより肯定的に見られるように視角の変化を示唆することで,当事者が主体的にその状況からの解決策を見つけ出す援助を行うという方法といえる。

根源的ニーズとしての所属欲求

　ところで,これまであげた例を見る限り現代の交渉理論における人間像として,計量可能な利害を追求する功利主義的前提がおかれているようにも考えられる。取引的(transactional)な交渉観,調停観が横たわっていると見ること

は，間違いとは言い切れないだろう。しかし，現代の交渉理論では，とり扱いが難しいとはいえ，もう少し人間くさい部分として根源的ニーズをも含めて考えようとされている点にも注意が払われても良い。実際の交渉や調停では，謝ってもらえたから請求を取り下げるとか，メンツがつぶされたので最後まで戦い抜くという話はいくらでもあるからである。

　たとえば，『ハーバード流交渉術』では，人間の基本的なニーズとして，①安全，②経済的福利，③帰属意識，④認められること，⑤自分の生き方を自分で決定することをあげる［フィッシャー他 1998：75］。交渉における感情の役割により焦点をあてた『新ハーバード流交渉術』では，5つの核心的な要求として①価値理解，②つながり，③自律性，④ステータス，⑤役割を挙げる［フィッシャー・シャピロ 2006：35］。これらのニーズは根源的であり，取引的交渉が行えるかどうか以前の前提としてわれわれにとっては欠くべからざるものである。とくに，帰属意識やつながり（affiliation）として表現される，集団に所属したいという欲求は，社会的動物たるわれわれにとって非常に重要な意味を持つ。とくに，家族紛争や労働紛争においては，集団における個人の所属の問題が危機的な状況にさらされている場合が少なくない。利害や利得の交換としての取引的交渉というより，集団への所属の危機をどのように取り扱うかという意味で，まさに尊厳に関わる対話として理解する方がより直裁的である場合が少なくないのである。

　このように考えると，取引的交渉・調停による Win-Win の解決を目指すことの妥当性が再び問われなければならない。たとえ洗練された形であっても，Fiss が述べていたような，弱者がまるめこまれる状況に荷担していることに他ならないからである。こうした発想に立って，むしろ紛争における対話としての調停を，当事者の人生についての意味づけ刷新の機会ととらえ，関係性を変容させるという発想で変容型調停が提案された［Bush・Folger 2005］。別のアプローチとしては，社会構成主義哲学とナラティブセラピーの応用として提案されているナラティブ調停がある。これは，われわれの認知を制約する言語の持つ特性に注目した上で，紛争についての意味づけを再構築する支援としての調停実践を提案している［ウィンズレイド・モンク 2010］。

■同調圧力の悪用例── SF 商法
　古典的な悪質商法に，SF 商法（催眠商法）と呼ばれる手法がある。会場に誘導し，集団を高揚させる意味で気前よく日用品を提供したりごく安価に販売したりした後，買う気がなかった消費者に高価な商品を売りつけるというものである。この商法自身は，意外に古く，1960年代から存在していると言われるが，いまだに被害が報告される。人がいかに集団に帰属したいという習性をもっているかを考えさせる。

4｜話し合いのための望ましい手続モデルが存在する

手続的公正研究の成果：結果の満足とは独立して手続への満足がある

　前節で明らかになったように，人は自身の利害を満たす形で交渉することすら難しい場合があるということである。これを裏返すと，われわれは適切な支援を受ければ，良い話し合いができるということになる。
　紛争解決の手続において，結果の満足と手続の満足は独立するという内容を示した手続的公正研究が重要である［菅原 2010：5-］。紛争解決の手続への満足度が高ければ，調停における自主的な履行にもつながるという研究結果も知られている。そして，紛争解決手続への満足をもたらすのには，手続への参加，すなわち当事者自身による紛争解決過程コントロールが望ましいことが明らかにされたのである。

小集団研究の成果：集団のなかで人は徐々にしか本心を話せない

　小集団研究（グループダイナミックス）と呼ばれる社会心理学分野による研究成果もある。そのひとつである Gibb によるグループの発達モデルをとりあげたい［ギブ I. R. 1971　津村 2006］。
　Gibb の理論は，①受容懸念（ここは自分がいるべき場か？　受け入れられているか？），②データ懸念（言いたいことが言える場か？），③目標懸念（自らコミットして創造的な話し合いをするに値する場か？），④統制懸念（決め方に不信を持たずに実行案を話し合える場か？）といった懸念が段階的に解除されていくという考え

方である。なかでも，受容懸念が重要ですべてに先行する。人は様々な段階におけるおそれを抱いており，こうしたおそれが取り除かれる前に質問したところで，意味のある回答は得られないことを意味している。

本章冒頭のふたつの法廷の写真を思い起こしていただきたいが，法律家でない素人の当事者が主体的に進める紛争解決手続としては，裁判はいかにも形式的に過ぎる。Gibb がいう受容懸念が取り払われているとは考えにくいのである（裁判においては，むしろ素人が長々と無関係な話をしづらいように，形式的で専門用語のあふれた書面に基づく手続を進行しているという意味もあろう。）

調停トレーニングにおけるプロセスモデル

現代調停の手続を実効化させるために数日間の集中型（たとえば40時間程度）の調停トレーニングプログラムが活用されている。これは，当事者が十分に話し合いに参加しつつ，双方にとって意味のある結果が得られるような支援をどのように行えば良いのか，調停人候補者がロールプレイなどの実演をしながら理念を理解し，調停人自身としての自己を含めた場にどのように働きかけていけば良いのかについての理念と整合する技術を身につけるための活動といえる［入江 2010］。

5│現代調停のさまざまな分野での活用期待

理論としても実践分野としても近年急速な発展を見てきた現代調停であるが，財政的な問題や改善のためのリーダーシップの不足などもあって，必ずしも発展が十分でない（他国との比較で，一周遅れのトップランナーなどと自嘲的に語られることもある）。司法型，行政型，民間型いずれのとりくみも共通的に改善が期待される。そのうえで，さまざまな分野の調停活用が広がっていくべきだろう。

まず，調停がその特性を生かしやすいのは，人間関係調整の側面が強く出る家族法分野（離婚，相続等）である。必ずしも両当事者間の将来的な関係を前提にしない，過去の清算型の紛争解決手続であっても，当事者にとってはそのイベントを意味づけする仕方が変わってくるからである。わが国では，家庭裁

判所での家事調停が広く使われているが，調停委員の選任・教育方法や同席調停活用などの意味でも今後様々な改善を必要としているであろう。

　労働分野においては，労働審判制度は司法制度改革におけるヒットともいわれている。行政型手続も，旧来の組合団体交渉を前提としたものに加えて，個別労働紛争を中心とする活動の充実化が進んでいる。しかしながら，雇用が終了した事件への手続はともかくとして，雇用を前提としたうえでのハラスメント防止，内部通報，組織健全化などの制度についてはまだまだ機能している制度例も少なく，企業内調停制度の整備や活用などは残された課題と言える。

　地域社会，近隣紛争，学校，医療その他さまざまなとりくみが見られるが，よき活動を真に支援する政策がそれぞれの分野毎にも必要とされているであろう。

〔入江 秀晃〕

COLUMN 06　心理学者，裁判と出会う

　旧ソビエトで1920〜30年代に活躍した心理学者 L. S. Vygotsky は，心理学の科学としての進歩の鍵が「応用心理学」にあると主張している。なぜか。Vygotsky によれば，応用心理学は，「産業，教育，政治，軍事」など「高度に組織化された実践」と「衝突」することを運命づけられているからである。

　　この接触が心理学をして，自らの原理が実践による高度の試練に耐えうるようにその原理を改編せざるを得なくする。実践は，何千年にもわたって蓄積された実践－心理学的経験や習熟の厖大な貯えを科学の手中に収め，取り入れることを余儀なくさせる。というのは，教会も，軍事も政治も産業も，意識的に心理を制御し組織してきたのであるから，科学的に整序されているわけではないにせよ，厖大な心理学的経験がその基礎にはあるのだ［ヴィゴツキー 1987：217］。

　前世紀前半のテクストではあるが，少なくとも法心理学の現状，その可能性と困難に関しては，まったく古さを感じさせない。たとえば E. F. Loftus がアメリカの刑事裁判のシステムのなかで苦闘することを通して切り開いた目撃証言研究という肥沃な研究フィールド［ロフタス・ケッチャム 2000］。あるいは浜田寿美男が日本の刑事裁判が抱える矛盾に怯むことなく対峙しながら編み出した虚偽自白をめぐる卓抜な論考と分析手法［浜田 2005a；2006］。これらは応用心理学としての法心理学が，刑事裁判という重厚な歴史をもつ複雑な社会的実践と「衝突」しながら生み出していった，最良の科学的成果であるといえる。
　刑事裁判が心理学者に与える「試練」とは実際にはどのようなものだろうか。私が仲間たちととりくんできた研究を例にして，もう少し具体的にみてみよう。
　「足利事件」は1990年に栃木県足利市で発生した幼女誘拐殺人事件であり，DNA 再鑑定などに基づいて元被告である S 氏が2010年に再審で無罪判決を勝ちとっている。この事件の第二審で，私たちの研究グループは，弁護団からの依頼に基づいて S 氏の自白の信用性を心理学的に評価する作業を行った［鑑定の概要については高木 2006を参照］。このとき私たちが試みたことのひとつが，犯行現場におけるさまざまな「壁」の存在・不在に着目した分析であった。
　たとえば，被害女児の遺体遺棄現場である河原には背の高い葦が密生していた。これは遺体を運ぼうとする犯人には「壁」のような障害になったと考えられる。また遺体遺棄現場に向かうためには，河川敷にある運動公園を川に向かって横断していく必要があるが，ここは周囲から丸見えの（「壁」のない）空

間で，子どもを誘拐した犯人なら非常に気になるはずの場所である。実際に犯行現場に行き，こうした「壁」の存在・不在を確認した私たちは，それらがS氏の自白にまったく現れていないことに強い疑念を抱いた。犯人に非常に切実な問題（遺体を運べない，誰かに見られてしまう）を突きつける「壁」の存在・不在は，普通であれば記憶にしっかりと刻まれ，部分的にであるにせよ自白にも反映される可能性が高い。それがまったく語られていないというのは極めて不自然である。犯行現場と似た状況を再現した実験を行い，通常はこうした経験が想起に色濃く反映されることを実証できれば，S氏の自白が犯行体験に基づかない可能性を示唆する強力な証拠になるのではないか。私たちはそう考えた。

しかしこのプランは弁護人に一蹴されてしまう。私たちが見た河原や河川敷の状況が，犯行時のものと「同じ」であることが証明できないからである。たとえば密生した葦には実際には獣道のような隙間があったかもしれない。こうした可能性を排除しない限り，私たちの鑑定プランは十分な説得力を持たない。だがタイムマシンに乗って過去に戻るか，神のようにすべてを見渡す力能が備わっていない限り，それは不可能である。

自分たちの観察を，犯行時の「事実」と同一視してしまった私たちの誤謬は，間抜けとも言えるが，同時に心理学と刑事裁判における知識生産のあり方の決定的な違いを示すものでもある。通常，心理学者は実験や観察を自分で計画し，その場に立ち会い，必要な情報をすべて収集したうえで，人間の心について語ろうとする。つまり心理学者はすべてを見渡せる神のような位置取りで知識生産を行う。私たちの誤謬はこうした心理学者の日常的な実践のスタイルに深く根ざしたものであった。

これに対して刑事裁判では，事件のすべてを観察できる「特権的存在者」〔森1995〕はいない。真犯人ですら自分の限られた視点で事件を経験するのみである。刑事裁判では，事件に関連するかもしれないが，由来や信用性が定かではない様々な情報の断片を取捨選択し，組み合わせて，事件について「できるだけ確からしい」判断をすることが求められる。

神の視点をとることなく，いかにして過去の出来事についてより精度の高い知識を生産することができるか。刑事裁判が心理学者に与える過酷な「試練」のひとつが特権的存在者の不在をめぐるこのような問いであることは間違いない。心理学はこれまでこのような形での知識の生産をほとんど行ってこなかった。だが刑事裁判という実践に対してより深く意味のある貢献をしようとするなら，この「試練」へのとりくみは不可避となるだろう。それはまた心理学に認識論や方法論の原理的な改編を求めるラディカルな試みにもなるはずだ。心理学の進歩の最先端としての法心理学。挑戦は始まったばかりである。

〔高木光太郎〕

V
歴　史

14章　法心理学の歴史
―― 欧米と日本における足跡

　法心理学の歴史を学ぶ。いつごろ，どこで誰がどのように始めたのか。その時のテーマはどのようなものだったのか。日本ではどのように展開したのか。時間を追って見ていく。19世紀末に始まった法心理学は，目撃証言の曖昧さや供述の暗示性などの研究によって20世紀前半に活発になるが，その後，一時期停滞した。20世紀中頃は捜査手法である虚偽検出法が発展した。20世紀後半になって，目撃証言の研究を中心に再度活発になった。20世紀後半には被害者学の萌芽も見られるようになった。21世紀の法心理学を拓くのはキミだ！

1 ｜ 法心理学の歴史の始まり

　法心理学の歴史は，心理学が学範（ディシプリン）として成立する19世紀後半に始まると考えて良い。

　心理学が哲学から分離して独立した学範としてその価値を示すには，哲学的な思考のみでは十分ではなく，自然科学的な実証的な研究が必要とされていたし，実践的な有用性もまた必要とされていた。医療，教育，法の現場において，それまでの哲学的心理学とは異なる価値を示すことが重要だったのである。

　一方，法学の立場から見ると，法規範ではなく，人間の性質について判断することが必要な問題が増加しつつあった。そもそも近代社会の進展は，法的争いを複雑にし，さまざまな学問の知識を必要としており，心理学のみならず他の多くの学問は，法学の立場からは「補助科学」という位置づけがなされていた。心理学は，法学の補助科学のうち，人間の性質について検討する学問，という期待が持たれていたといえる。

　心理学と法学，二つの領域には内発的な理由から，それぞれ法心理学を必要

としていたのだが，19世紀末から20世紀初頭にかけて，具体的に取りくむべき問題がいくつか存在した。その具体的な問題は，以下のとおりであった。

　証言（子どもの証言を含む）の信用性の判断
　犯罪者の性質の判断，特に犯行時の責任能力の判断

なお，この時点では，被害者の問題は焦点化されていなかったが，これはこの時期の法学において，被害者問題に焦点があたりにくかったことによる。なかには性被害者の証言が正しいか，という問題も取り扱われていたとはいえ，これは例外であり，被害の問題というよりは加害者の行為を証明する証拠としての価値づけを問題とするものであった。

2 | 第一次世界大戦前までの法心理学の歴史

前史　犯罪心理学から法心理学へ

　イギリスの Daniel McNaughten が狂気のために無罪とされ治療機関に収容された（1843年）。マクノートンルールの確立である。これは犯罪に対する刑罰ではなく，医療を与えるということに他ならないので，見ようによっては刑罰の医療化，とも呼べる。
　イタリアの Cesare Lombroso は1876年に『犯罪人』を出版，生来性犯罪人という考えを唱えた。さらに彼らは身体的特徴の客観的測定が犯罪者の性質を明らかにしうるとして刑事人類学という学問を創設した[*1]。生来性犯罪人説という説は表14-1のような3つの前提の上に成り立っている［瀬川1998］。
　Lombroso 自身の意図はともかく，こうした前提を組み合わせると，犯罪者がどのような人物であるかを外見から正確に捉えるのができそうに思える。体型その他によって生まれつきの犯罪者かどうかがわかるならば非常に便利である。客観的に測定できるのであればさらに便利であろう。さらに，生まれつきの犯罪者であれば更生の可能性もないから，この世から消してしまえ，というような考え方になる。そして，実際にそうした方向で影響力をもってしまったのである。当時の典型的な生来性犯罪人像を図14-1に掲げる。

表14-1　生来性犯罪人説の前提

1	犯罪者は犯罪を犯すように運命づけられおり，人類学上の一変種である
2	犯罪者には身体的および精神的特徴があり，一般人と識別が可能である
3	犯罪者は人類の祖先（野蛮人）への先祖返りした者か退化した者である

[瀬川1998]

図14-1　生来性犯罪人像

　また Lombroso は一方で，虚偽検出手法への生理的指標（血圧・脈拍等）の利用を提案し（1895年），これが現在のポリグラフ検査（嘘発見器）の発想のもととなった。

　ドイツ語圏ではオーストリアで予審判事を務めた Hans Gustav Adolf Gross が『犯罪心理学入門』（1897年）において，裁判官がどのように証拠採用を行うのか，など裁判官の精神作用を論じた。この頃まで，犯罪心理学は，犯罪に関する非常に広い範囲を示す用語として用いられていたのである。なお，上田[2004]の整理によれば，ドイツにおける犯罪学は，刑法学，刑事訴訟法学とともに「全刑法学」の一構成部分である。そして，犯罪学は犯罪学（Kriminologie），刑事政策（Kriminalpolitik），犯罪捜査学（Kriminalstik）から構成されるという。この意味で，Gross の犯罪心理学入門は広義の犯罪学に関する心理学という意味になるのであろう[*2]。

　さて，こうした時期，アメリカの心理学者 James McKeen Cattell の記憶実

験が1895年の『サイエンス』に掲載され，心理学者の関心をひくことになった。Cattell は近代心理学の父と呼ばれるドイツの Wilhelm Max Wundt のもとでも研究したことがある心理学の若き担い手であり，アメリカに帰り，アメリカ的な心理学を打ち立てようと努力していた。Cattell の研究はもともと1893年に行われたものであり，日常における観察がいかに心許ないか，ということを，実証的に定量的に示して見せたところに注目が集まった。

具体的には，一週間前の天気を尋ねるなど，きわめて簡単な事実確認の実験でしかなかったが，日常的な記憶と想起の曖昧さを明確に示したため大きなインパクトをもったのである。

この実験の特徴は以下の点にある。

①実験者が正答を知っているからこそ，被験者の回答が正確かどうか知ることができた。
②多くの被験者に実験をしたからこそ，不正確な人の割合を定量的に示すことができた。
③誰でも類似の実験を行い，実験結果の確かさを確かめることができた。[*3]

この Cattell の研究は，いくつもの研究の呼び水となった。実際，John Henry Wigmore が法心理学に関連する網羅的な文献収集を行っているのだが，それによれば，1873年から1895年までの22年間の文献数が11件であるのに対し（0.5件／年），1896年から1907年まで11年間の文献数は186件となっていた（16.9件／年）。実のところ，1902年から，法心理学に関連する文献の発表数は急激に増えている。つまり，Cattell の研究こそ犯罪心理学から法心理学への橋渡しを行ったと考えられるのである。どのような研究が増えていたのか，次項で検討していこう。

活動期

先に紹介した Cattell の研究を参考にして，法学講義・演習においてデモンストレーションを行う教授もでてきた。Gross や Franz Eduard von Liszt である。Gross は1898年までに「水差しに水を入れる」というような行為を学生の前でやった後，その行為について質問するというデモンストレーションを

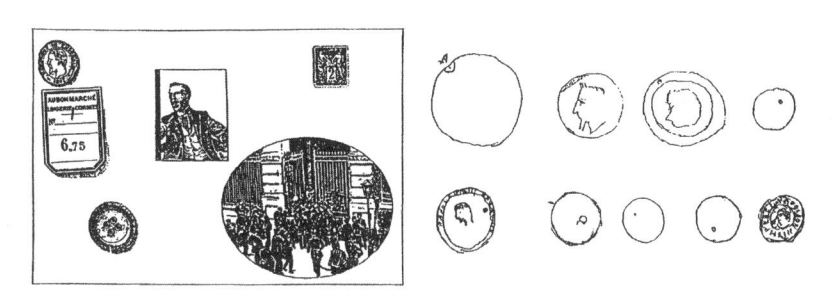

図14-2　ビネが用いたボタンの絵などと高暗示性群の子どもたちが描いた穴

行っていたし，Lisztは1901〜1902年に，Louis William Sternの監修を得ながら，実験のデモンストレーションを行っていた（後述）。

また，20世紀に入るあたりから，心理学者が活発に法廷で活躍することになった。そして，こうした活動は刑事事件の弁護側によって依頼されることが多かった。なぜなら，心理学者の主張は「証言は信用できない」とするものであることが多く，告発される側（刑事裁判の被告人）にとって有益だったからである。

証言が信用できないという主張は，記憶がそもそも頑健ではないという主張と，証言が暗示・誘導によって歪むことがある，という心理学的事実によって支えられていた。Sternは，「間違いのない記憶は，法則ではなく例外である」[Stern 1902：327]と警告するに及び，証言の信用性への問題提起はピークを迎えることになった。なお，1905年頃，フランスのAlfred Binet，Édouard Claparéde，そしてイタリアのCesare Ferrariなどにより，（それまでの犯罪心理学という呼び名よりも）法心理学という呼び名が，より一般的な名称として好まれるようになった。

この時期の法心理学は以下のような代表的な研究を生み出した。

フランスのBinetは1900年に公刊した『被暗示性』において，子どもの証言が誤りやすいこと，特に質問の仕方によって被暗示性が高まることに注意を促した。彼は一枚の厚紙にボタンや切手など6つのものを貼り付け（図14-2）小学校児童25名に1，2秒ほど提示したのちに，いくつかの質問をおこなった。質問は高暗示性・中暗示性・低暗示性の3つのレベルがあり，たとえばボタンの形状についての質問は，低暗示性質問「どこか壊れてましたか」中暗示

性質問「穴があいていませんでしたか？それはどこでしたか？」高暗示性質問「1つ穴があいていました。それはどこでしたか？」というものであった。高暗示性質問をされた子どもたちは，実際に見ていないボタンの穴を絵に描いてしまったのである（図14-2）。

記憶心理学で著名な H. Ebbinghaus に教えを受けた心理学者 Stern が新派刑法学者 Liszt[*4]と協力して目撃証言の曖昧さを研究したのは1901年のことであった。この研究は Stern の法学演習を舞台にして行われ，現実実験と呼ばれている。たとえば以下のようなことを行った。

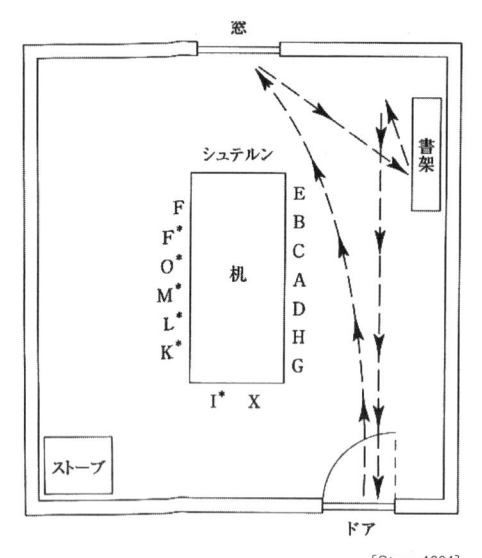

[Stern 1904]
アルファベットは学生を示す。*印は女性である。矢印は侵入者の経路である。

図14-3　シュテルンの実験状況の略図

授業中に，見知らぬ男（T）が入ってきて教員（Stern）に封筒を渡し，5分ほど書架で調べ物をして出て行くという小さな出来事を仕組んだのである［Stern 1904；図14-3］。そして，出席していた学生は8日後の授業で，この出来事の報告をするよう求められ，また実験者による尋問を受けた。その結果，報告の1／4，尋問への回答の約半数が誤答であるとされた。詳細を検討することはできないが，とくに人物描写についてはその人物について注意をむけて観察したのでなければ，ほとんど信用してはいけないと Stern は結論している。

なお Stern は1903年以降，心理学の専門家証人を務めている。また，彼は『Beiträge zur Psychologie der Aussage（証言心理学への貢献）』という雑誌を創刊した（1903年）。後にこの雑誌は『応用心理学雑誌』となった。つまり，法心理学は最も古い応用心理学だといえるのである。

さらに Otto Lipmann は法学部の学生向けに行った講義をもとに『法律家の

ための心理学』として出版した（1908年）。この本のなかの法廷における証言の問題については以下のようにまとめてあり，その内容は今日でも通用するものである［Mülberger 2008］。

  自発的証人は尋問を受けた証人より好ましい。
  もし，尋問による回答を使用するのであれば，どのような質問がなされたかを知らねばならない。
  証人が他者や報道からどのような情報を得たかを知り，その信頼性を証明することが必要である。
  証言は，その人が，強い感情に影響されていない状態で注意を払いながら観察したことであれば信頼できる。
  証人は，一つの選択肢しか見ないで何かを述べるよりも，複数の選択肢から選ぶ方が，より良いだろう。
  子どもや知的障害もしくは疾病のある人の証言の信頼性は限定的に考えられるべきである。

　さて，アメリカでは1906年に，若い主婦が殺害されたシカゴの事件において，知的障害をもつ容疑者の自白の信憑性が問題になった。地元の心理学者はこの自白が催眠暗示によるものだと疑い，ハーバード大学の心理学教授であるWilliam JamesとHugo Münsterbergに意見を求めた。Münsterbergはその疑いが濃いとしたのであるが，検察から嘲笑され，地元紙からは司法への無責任な介入だとして非難され，被疑者は求刑通り死刑となった。
　この事件後，Münsterbergは相次いで論考を発表し，1908年にはそれらをまとめる形で『証言台にて』を出版した。『証言台にて』は，「序章」「錯覚」「証人の記憶」「犯罪発見」「感情の痕跡」「不正確な自白」「法廷における暗示」「催眠と犯罪」「犯罪の予防」の九章からなり，心理学の知見が裁判に有用であるという主張によって貫かれている。また，法の関係者は，心理学の最新の知見を知らないか知っていても自分たちの知識だけで十分だと考えており，問題である，という指摘もあった。
　この時期，シカゴでは少年非行に関する少年精神病質研究所（Juvenile Psychopathic Institute；JPI）が設立され（1909年），調査研究や臨床活動に精神医学と心理学が導入され，協働的チームが形成されるようになった。この研究所の

初代所長となったのは精神科医の William Healy (1869-1963) であった。

虚偽検出については後の節で詳しく扱うが，イタリアの Vittorio Benussi が真実を話す時と虚偽を話す時の呼気と吸気の割合に差があることを見出した [Benussi 1914]。

以上，まとめれば，1910年代前半は，さまざまな分野で研究が行われており，まさに法心理学の黄金期と言っても過言ではないような状況であった。

法学と心理学の縄張り争いの時期

ノースウェスタン大学法学部長の John Henry Wigmore が法学雑誌『イリノイ・ロー・レビュー』1909年2月号に「ミュンスターバーグ教授と証言の心理学」を発表した。彼は法学における心理学の利用／使用に反対だったのではなく，むしろ関心をもっていた。だからこそ，Münsterberg の『証言台にて』も知っていたし，その論調には腹を据えかねたのであろう。この論文で Wigmore は，Münsterberg を名誉毀損であると指弾した。Münsterberg が言うほど，法心理学に関する文献があったのか，それをアメリカの法曹関係者が参照できたのか，を問題視したのである。これにより，法心理学という領域の問題として見れば，Huntington（1935年）が指摘したように「少なくとも丸々二十五年の間同じような考えを抱く心理学者はもう一人もいなかった」という事態をもたらした。

以上のように，欧米における法心理学という領域は，心理学者の無邪気な領土侵犯と，それに対する法学者の頑なな排除，という形で第一次の活動活発期を終えたといえる。

ここで欧米の状況からは離れて，日本における法心理学はどのように進展したのか（しなかったのか），ということを見ておきたい。

初期における日本の法心理学

日本で最初の犯罪心理学者／法心理学者とされるのは寺田精一である。彼は東京帝大で刑法を担当していた牧野英一と共同研究を行った。牧野は新派刑法学の巨人である。新派刑法学の特徴は様々だが，その1つに（犯罪の）主観主義がある。客観主義が，刑罰は犯罪事実（実害または危険）の軽重に応じて科せ

られるべきとする立場であるのに対して，主観主義は，犯人主義，人格主義とも呼ばれ，刑罰は侵害の反復の蓋然性，すなわち悪性（社会的危険性）によって定められるべきとする立場である。こうした主観主義を推進するために（犯罪の客観的損害ではなく）犯罪人に関する生理学的，心理学的な実証的研究が必要となるのは当然であり，その役割を担ったのが最初の犯罪心理学者・寺田精一であった。Gross 著『犯罪心理学』(1915年) Lombroso 著『犯罪人論』(1917年) の翻訳出版も行っている。

また，欧米の研究が犯罪心理学から法心理学へと展開したように，寺田も，虚偽告白の検出，犯罪者の迷信，累犯時の精神状態など多様な研究を行っていた。牧野と共同で目撃証言の信憑性（がないことに関する）実験も行った。

3 | 第一次世界大戦後の法心理学の歴史

犯罪捜査，特に虚偽検出

証言に関する心理学以外の領域で法心理学が進展したのは第一次世界大戦後の時代である。

生理指標によって虚偽を検出できるというアイディアを科学技術として扱おうとしたのは Lombroso である。彼は1895年に，虚偽検出手法への生理的指標（血圧・脈拍等）の利用を提案し（1895年），これが現在のポリグラフ検査（嘘発見器）の基本的なパラダイムとなった。その後，Max Wertheimer が関心をもち Wertheimer and Klein [1904] は，もし被告が犯罪者なら，ある言葉に対する連想が乱れたり躊躇が見られると指摘として，実用化に向けて踏み出した。さらに Lipmann と Wertheimer「Lipmann & Wertheimer 1908」はこれを手法として改善し，無実の人の反応と比べるようにした。

また後に，精神分析学者として著名になるスイスの C. G. Jung が提唱した言語連想法は，ある言葉に対する連想語を答えるときの反応時間の遅延が，個人のコンプレックス（犯罪捜査においては証言したくない内容）によって生じると考える。これが犯罪捜査に取り入れられると，無言でいる時間が長い（反応時間が長い）ものは証言したくない内容を含んでいるのではないかと考えられるこ

とになり，虚偽検出の一手法として応用されるにいたった。Jung は1905年に実際に言語連想法を用いてそれを報告している［Jung 1906］。

虚偽の判断のための心理学的検査については，さまざまな知見を1908年に Münsterberg が統合して改善した。殺人犯ハリー・オーチャードの事件で，関与を否定する鑑定を行ったが，結果は死刑となった。ただし Münsterberg 自身もこのような手法自体いまだ研究途上で不確実なものであり，今後の研究に待つところが大きいと認めていた。それを展開したのが Münsterberg の弟子にあたる William Moulton Marston である。Marston は自らの実験をもとに，虚偽検出の理論化に貢献した。「嘘は容疑者が証言をしている間の収縮期血圧の測定によってテストしうる。この手法の成功は，1915年ハーバードの研究室において Münsterberg 教授の下で研究していた筆者によって報告された」［Marston 1920］とのことである。

法廷における専門家証人の地位：フライ基準

1920年1月に黒人医師が殺害された事件がおきた。被告となった黒人青年 James Alphonso Frye はこの件について自白したが，裁判では殺害の事実を争った。Marston は，血圧測定によって嘘を発見できるという心理学的知見を用いて，Frye に対する質疑の際に血圧を測定した。そして，無罪主張には虚偽が含まれてない旨の結果を得たとした。しかし，第一審では判事が Marston の証言自体を認めず，判決がくだされ第2級殺人で有罪となった（1922年）。これを不服として弁護人は上訴し，1923年に裁判が行われた。その結果，後にフライ基準として知られるようになる，科学的証拠の証拠能力を判断する際の基準が提示された。簡単に言えば，「新しい科学技術の知見に基づく証拠は，それに関する特定の分野の科学者すべてから有効として認知された手法によるものであることが必要である」ということである。これは新しい科学技術は，それが学者集団のなかで認定されなければ法廷では使えない，ということを意味するものである。フライ基準によって，米国ではいわゆる虚偽検出機器を用いた検査結果が，裁判で証拠採用されなくなった（捜査手法としては使われていたようである）[*5]。

このような状況ではあったが，生理学の博士号をもつ警察官 John Larson は

警察実務に有用なシステムの開発を行っていた。彼は大学の窃盗事件においてこのシステムを用いて，犯人を割り出すことに成功した。Larson の仕事を手伝ってついには虚偽検出機器と呼べるシステムを開発したのが L. Keeler であった（1932年）。複数の生理指標を測定することによって虚偽を検出する試みは，既に述べたようにアメリカでは認められなかったが，たとえば，日本では証拠として許容されるまでになった。

供述分析ルネッサンスと目撃証言ルネッサンス

さて，初期の供述心理学は，性犯罪の被害女児の証言があてにならない，ということを強調しすぎた面があった。子どもが対象だったから，暗示も問題になりがちだったのである。

供述が正しいかどうか，という問題はもともと暗示が自白を歪めるという研究として行われていたが，供述そのものを分析の俎上にのせてその真偽を検討しようという動きがドイツなどで生まれた。Udo Undeutsch は，現実の出来事の想起はその構造，内容，質において虚構の供述（虚偽自白）と異なると考え，その基準を提案した。それを具体的に展開したのが Arne Trankell である。

アメリカでは，1969年にアメリカ法心理学会（American Psychology-Law Society: AP-LS）が創設された。そして，1970年代以降，認知心理学の台頭と共に新しい興味が生まれた。E. F. Loftus が目撃証言（の歪み）研究に着手し，また実際の法廷に専門家証人として立ち，司法領域がもつ心理学のニーズを再び開拓した。1979年に公刊した『Eyewitness Testimony 目撃証言』はアメリカの司法関係者に広く読まれることなった。彼女は1984年の段階で既に90件以上もの刑事裁判で証言を認められていったという［小早川1997］。Loftus 以外のさまざまな研究者も目撃証言の研究を行い，Cutler & Penrod [1995] は，この時点までに2,000におよぶ目撃証言の論文が公にされていると指摘するほどであった。『Law and Human Behavior（法と人間行動）』誌が1977年に創刊されている。

また，社会心理学の領域では，裁判や公正にアイディアを得た研究が行われていた。たとえば，手続きに対する公正感の研究は，糾問主義手続と当事者主

義手続という異なる裁判制度における公正感を比較することから出発した[Thibaut & Walker 1975]。また，普通の人びとは，世界はおおむね公平に運営されているという素朴な実感をもっているとする「公正世界観」仮説がMelvin J. Lernerによって提唱されたのは1980年であった。付言すれば囚人のジレンマという研究も，もとは司法取引制度のもとでの被疑者の自白の問題と関連が深い。

Lawrence Kohlbergが道徳性の発達を扱い始めたのも1970年代である[Kohlberg 1973]。道徳性が発達するという観点自体が，経験主義的なものであることに注意したい。

さらに，1960年代に社会学者・Harold Gerfinkelらにより開拓されたエスノメソドロジーが法廷のやりとりの研究にも参入したのが1970年代であり，法社会学に新しい息吹を与えた。

1920年代以降の日本における法心理学

戦前・戦後の日本で寺田死後の法心理学研究を先導したのが植松正である。植松は日本大学法文学部心理学専攻を卒業後，東北帝国大学法文学部法律学専攻に再度入学し，卒業後は検事を務め，高等文官試験司法科試験に合格後に判事となった。第二次世界大戦後は一橋大学法学部教授となる。植松の研究はSternに影響を受けており，絵を見せた後に再生を検討する目撃証言研究や，現実実験も含まれていた。植松は1947年に出版した『裁判心理学の諸相』において，司法への心理学応用の多様性と可能性を既に指摘している。

心理学者・浜田寿美男は，1970年代の終わりに狭山事件弁護団が狭山事件の控訴審敗訴の後，上告審に向けて態勢作りとして「自白研究会」を発足させ，そこに浜田が参加を要請されたことにより，心理学者として裁判に関わることになった。自白供述の分析を中心としている。その後の甲山(かぶとやま)事件では特別弁護人として法廷に立つなど，日本の刑事裁判における多数の再審事件において供述分析を行った。浜田による供述分析の実践と研究については浜田[2005a]の著書『自白の研究』に詳しい。

2000年に，法と心理学会が設立された。

4 | 被害者の問題

　法心理学は19世紀末に始まり，1910年代のピークのあと，いくつかの小さなピークを経て，1970年代に再びピークを迎えた。日本では裁判員裁判が始まってから，さらに関心がもたれるようになってきた。被害者支援もこれまで光のあたらなかった領域であるがDV（家庭内暴力）支援なども含めて活発に展開している。

　被害者は刑事司法において，忘れられた存在であった。このような状況が少なくとも1980年代まで続いた。諸沢［1995］によれば「犯罪者は法によって手厚い保護を受けるようになったが，他方の当事者である被害者は完全に取り残され，報復権を奪われただけでなく，加害者である犯罪者から賠償を受けることもなく，まして国家や社会から援助を受けることもない」ということである。この状況は日本でも世界でもほぼ同じであった。

　1948年にHans von Hentigが著書「犯罪人とその被害者」の中で「犯罪発生原因としての被害者」に関する科学的な研究の必要性を強調し，1956年にBenjamin Mendelsohnが「被害者学」という名称を提唱したのが「被害者学」の始まりである。

　初期の被害者学は，被害者化の過程に影響を与える被害者側の落ち度などの有責性を明らかにすることに主眼が置かれており，被害者はあくまで犯罪発生原因に寄与するものとしてしか捉えられていなかった［渡邉・藤田 2004］。そうした意味で，被害者側の立場に立った研究は，被害者への社会的な関心の増大と実践家たちによる被害者支援活動の拡がりを待たなければならなかった。私的復讐を認めることが被害者支援になるという考え方も存在するが，それは法治国家においては成り立たない。心理学などによる被害者支援こそが新しい時代の指針となるし，被害者支援は法心理学にとって新しい可能性をもたらしてくれると期待されている。

〔註〕
　＊1　Lombrosoは犯罪人の特徴を「過度に発達した顎，高い頰骨，眼窩上にせりあげ

られた弓状骨,掌の単線状の皺,異常な大きさの眼球孔,把手状の形をした耳,痛みに対する無感覚性,極度に正確な視力」であるとした［上山1994］。

＊2　つまり,ドイツにおける広義の犯罪学が含んでいる,犯罪,刑事政策,犯罪捜査,についてそれぞれ心理学的な立場から検討する,というのがGrossの著書が目指すところだったといえると思われる。

＊3　一方,法学の側からすると心理学実験が常に有効なわけではない。法学の側からするとこうした実験にはいくつかの不備があると考えられる。
　　①実際の事件では,正答を知っている人はいない（いないから争いになるのである）。
　　②裁判における判断は,多数人の中の割合によって行うのではない。皆が同じ事を言ったからと言ってそれを正しいと判断するわけではない。
　　③争われている事件を再現することに意味はない。出来事は1回性をもち,その1回かぎりの出来事が重要である。
というようなことである。

＊4　Lisztは1883年,マールブルク大学教授就任にあたって「刑法における目的思想」という講演を行った。これはマールブルク綱領と呼ばれ特別予防の刑罰論であった。その中核にあるのは刑罰の教育的有効性であり,近代刑法学派の始まりを告げるものであった。

＊5　アメリカでは1960年代になると虚偽検出が使われるように変化が起きた。

＊6　糾問主義手続とは,裁判官が同時に検察官であるような,犯罪についての判断をするものと犯罪者を糾弾するものが同一であるような手続きをいう。それに対して,当事者主義手続とは,訴えるもの,訴えらえるものという対立する当事者が力を尽くして攻撃防御し,裁判官は中立的な判断者として手続に関わるという運営方法をいう。

〔サトウタツヤ〕

COLUMN 07　黎明期における法心理学の国際的展開

　黎明期の法心理学の国際的展開はどのようなものだったのか。この問いに答えるのに好適なのが、法学者が心理学の知見を無視しているとした H. Münsterberg の著書『証言台にて』(1908) に対して法学の立場から反論した J. H. Wigmore の論文「ミュンスターバーグ教授と証言の心理学」(1909) である。この論文は心理学的知見への反証論文という性質上、法心理学に関する膨大な数の論文や本、雑誌などの記事がリストになっている。そして彼が集めた文献リストを参照することで当時の研究動向を見ることが可能となっている。なお、Wigmore 論文の主張は、証言の論文は多いとしてもアメリカの法実務家が読めるような英語論文は少ないという、倒錯した（？）主張であり、その証拠がこの論文なのである。

　まずレビューや論文の紹介などの二次的論文を除くと150の論文が挙げられていることがわかり、筆頭著者の数は109人にものぼる。この分野の研究が決して少なくない研究者によって行われていたことがうかがえる。Wigmore 論文の性質からしても証言に関する研究が多いものの、現在行われている研究とは決して大差ないものであることがわかる。また特にドイツでは、最高裁の決定や委員会の審議に関するものがあることから、司法実務者の側も研究での知見に目を向けていたことがわかる。

　Wigmore 論文中に紹介されている文献でタイトルがわかるものを見てみると、証言に関する文献以外にも、心理学的な実験研究法に関するもの、概論書、精神疾患に関するものなどがあった。Wigmore 論文の主題である証言に関する文献をさらに大別すると、証言の信頼性、催眠と証言、精神疾患と心理学、子どもの証言能力、法学的観点からの論文となる。

表　引用文献の筆頭著者の所属国

所属国	人数	（全体に占める割合）
アメリカ	1人	1.5%
イギリス	1人	1.5%
イタリア	6人	9.1%
インド	1人	1.5%
オーストリア	3人	4.5%
オランダ	1人	1.5%
スイス	7人	10.6%
チェコ	2人	3.0%
チリ	1人	1.5%
ドイツ	28人	42.4%
ハンガリー	1人	1.5%
フランス	6人	9.1%
ポーランド	2人	3.0%
ロシア	6人	9.1%
合計14カ国	66人	100%

最後に、彼がとりあげた論文が掲載されている学術雑誌の発行国を見てみると、アメリカ４、イギリス４、イタリア３、オーストリア２、スイス２、ドイツ８，フランス３、となっていた。

　次に著者にどの国の学者が多かったのかを見てみよう。所属大学、居住地などが分かるものについて集計すると、雑誌発行元の７ケ国を含めて14ケ国に上る。その４割がドイツの著者によるものであり、法学と心理学の積極的な協働が行われていることがうかがえる。その他、スイス、イタリア、フランス、ロシアの著者が多いことがわかる（表を参照）。

　Wigmore論文の主張の一つは、アメリカの法学者が参照できる資料は多くない、ということだったが、だからこそかえって、20世紀初頭の法心理学研究のブームは国際的な展開を俯瞰することができる。今後より詳細な検討を行う必要があるだろう。

〔中田 友貴・サトウタツヤ〕

文献リスト

Aguirre, Adalberto Jr., Richard P. Davin, David V. Baker and Konrad Lee 1999 "Sentencing Outcomes, Race, and Victim Impact Evidence in California: A Pre- and Post-Payne Comparison", *The Justice Professional* 11 (3): 297-310.

秋山賢三・荒木伸怡・庭山英雄・生駒巌 編 2004『痴漢冤罪の弁護』現代人文社.

秋山賢三・荒木伸怡・庭山英雄・生駒巌・佐藤善博・今村核 編 2009『続・痴漢冤罪の弁護』現代人文社.

荒木伸怡 1996『刑事訴訟法──冤罪・誤判の防止のために』弘文堂.

Alder, Ken 2007 *The Lie Detectors: The History of an American Obsession*, New York, London, Toront, and Sydney: Free Press.

Alter, Adam L., Julia Kernochan and John M. Darley 2007 "Transgression wrongfulness outweighs its harmfulness as a determinant of sentence severity", *Law and Human Behavior* 31: 319-335.

American Bar Association 1992 *ABA Standards for Criminal Justice: Fair Trial and Free Press*, 3rd ed., (http://www.americanbar.org/publications/criminal_justice_section_archive/crimjust_standards_fairtrial_toc.html).

綱川政雄 1977『被疑者の取調技術』立花書房.

青木博道 2004「商標・不正競争事件における証拠としてのアンケート調査」『知財管理』54 (7)：991.

荒井俊英 2011「取調べ一部録画がなされている場合に自白の任意性を争った弁護活動 有罪判決獲得が困難として公訴が取り消された事例 邸宅侵入・現住建造物等放火被告事件」『季刊刑事弁護』66：89.

Arbuthnot, Jack, Brian Myers and Jennifer Leach 2002 "Linking pretrial knowledge and juror prejudgment: Some methodological considerations", *American Journal of Forensic Psychology* 20: 53-71.

Arnold, George Frederick 1906 *Psychology Applied to Legal Evidence and Other Constructions of Law*, Thacker.

浅田和茂 1998「年少者の証言と鑑定」井戸田侃・庭山英雄・光藤景皎・小田中聰樹・大出良知 編『竹澤哲夫先生古稀祝賀記念論文集 誤判の防止と救済』現代人文社, 341-370.

朝日新聞鹿児島総局 2008『「冤罪」を追え』朝日新聞社.

朝日新聞志布志事件取材班 2009『虚構 ドキュメント志布志事件』岩波書店.

渥美東洋 2008「取調べの適正化──とりわけ電子録音・録画＝いわゆる可視化について」『判例タイムズ』1262：45.

Bandes, Susan 1996 "Empathy, Narrative, and Victim Impact Statements", *The Univer-*

sity of Chicago Law Review 63 (2): 361-412.
Bazerman, Max H. and Margaret Ann Neale 0000 *Negotiating rationally*. (＝1997 奥村哲史 訳『マネジャーのための交渉の認知心理学——戦略的思考の処方箋』白桃書房.)
Benussi, Vittorio 1914 "Die Atmung symtome der luge", *Archiv Fuer Die Gesampte Psychologic* 31: 244-273.
Binet, Alfred 1900 *La suggestibilité [Suggestibility]*, Paris: Schleicher.
Binet, Alfred 1905 "La science du termoignage [The science of testimony]", *L'Année Psychologique* 11: 128-137.
Blank, Hartmut and Steffen Nestler 2007 "Cognitive process models of hindsight bias", *Social Cognition* 25: 132-146.
Blumenthal, Jeremy A. 2009 "Affective Forecasting and Capital Sentencing: Reducing the Effect of Victim Impact Statements", *American Criminal Law Review* 46 (1): 107-125.
Bohne, Gotthold 1967 *Zur Psychologie der richterlichen Überzeugungsbildung*, Wiss. Buchges. (＝2006 庭山英雄・田中嘉之 訳『裁判官の心証形成の心理学』北大路書房.)
Bornstein, Brian H. and Steven D. Penrod 2008 "Hugo Who? G. F. Arnold's Alternative Early Approach to Psychology and Law", *Faculty Publications, Department of Psychology*, Paper 336 (http://digitalcommons.unl.edu/psychfacpub/336).
Brehm, Sharon S. and Jack W. Brehm 1981 *Psychological reactance: A theory of freedom and control*, New York: Academic Press.
Brennan, Mark 1995 "The discourse of denial: Cross-examining child victim witnesses", *Journal of Pragmatics* 23: 71-91.
Brown, Rupert 1995 *Prejudice*, Oxford: Blackwell Publishers. (＝1999 橋口捷久・黒川正流 訳『偏見の社会心理学』北大路書房.)
Bull, Ray and Stavroula Soukara 2010 "Four studies of what really happens in police interviews", G. Daniel Lassiter and Christian A. Meissner eds. *Police interrogations and false confessions: Current research, practice, and policy recommendations*, Washington, D. C.: American Psychological Association, 81-95.
Bush Robert A. Baruch and Joseph P. Folger 2005 *The Promise of Mediation: Transformative Approach to Conflict*, 2nd ed., Jossey-Bass.
Butler, Brooke 2008 "The Role of Death Qualification in Venirepersons' Susceptibility to Victim Impact Statements", *Psychology, Crime & Law* 14 (2): 133-141.
Byrd, B. Sharon 1989 "Kant's theory of punishment: Deterrence in its threat, retribution in its execution", *Law and Philosophy* 8: 151-200.
Cairns, Huntington 1936-37 "Book Review: Law ans the Lawyers. By Edward Stevens Robinson. New York. The Macmillan Company. 1935. pp. xi, 348", *Maryland Law*

Review 1 (1936-1937): 101-104.
Canter, D. and D. Youngs 2009 *Investigative Psychology: Offender Profiling and the analysis of Criminal Action*, Wiley.
Carlsmith, Kevin M. 2006 "The roles of retribution and utility in determining punishment", *Journal of Experimental Social Psychology* 42: 437-451.
Carlsmith, Kevin M. 2008 "On justifying punishment: The discrepancy between words and actions", *Social Justice Research* 21: 119-137.
Carlsmith, Kevin M. and John M. Darley 2008 "Psychological aspects of retributive justice", Mark P. Zanna ed. *Advances in experimental social psychology*, Orlando and Tokyo: Academic Press, 193-236.
Carlsmith, Kevin M. John M. Darley and Paul H. Robinson 2002 "Why do we punish? Deterrence and just deserts as motives for punishment", *Journal of Personality and Social Psychology* 83: 284-299.
Cassell, Paul G. 1999 "Barbarians at the Gates? A Reply to the Critics of the Victims' Rights Amendment", *Utah Law Review* 1999 (2): 479-544.
Ceci, Stephen J. and Maggie Bruck 1995 *Jeopardy in the courtroom: The scientific analysis of children's testimony*, Washington, D. C.: American Psychological Association.
Chapman, Gretchen B. and Brian H. Bornstein 1996 "The more you ask for, the more you get: Anchoring in personal injury verdicts", *Applied Cognitive Psychology* 10: 519-540.
Christianson, Sven-Ake and Elizabeth F. Loftus 1987. "Memory for traumatic events", *Applied Cognitive Psychology* 1: 225-239.
Christianson, Sven-Ake and Elizabeth F. Loftus 1991. "Remembering emotional events: The fate of detailed information", *Cognition & Emotion* 5: 81-108.
Clankie, Shawn 2002 *A Theory of Genericization on Brand Name Change*, Lewiston: The Edwin Mellen Press.
Claparède, Édouard 1905 "La psychologie judiciare [Juridical psychology]", *L'Anne Psychologique* 12: 275-302.
Clifford, B. R. and J. Scott 1978 "Individual and situational factors in eyewitness testimony", *Journal of Applied Psychology* 63: 352-359.
Convention on the Rights of the Child Committee on the Rights of the Child 2010 Consideration of reports submitted by States parties under article 12 (1) of the Optional Protocol to the Convention on the Rights of the Child on the sale of children, child prostitution and child pornography – Concluding Observations: Japan. 25 May – 11 June 2010.
Corbin, Ruth M., A. Kelly Gill and R. Scott Jolliffe 2000 *Trial by Survey: Survey Evidence and the Law*, Scarborough: Carswell.

Costanzo, Sally and Mark Costanzo 1994 "Life or death decisions: An analysis of capital jury decision making under the special issues sentencing framework", *Law and Human Behavior* 18: 151-170.

Cutler, Brian L. and Steven D. Penrod 1995 *Mistaken Identification: The Eyewitness, Psychology and the Law*, New York : Cambridge University Press.

Darley, John M. 2009 "Morality in the law: The psychological foundations of citizens' desires to punish transgressions", *Annual Review of Law and Social Science* 5: 1-23.

Darley, John M., Kevin M. Carlsmith and Paul H. Robinson 2000 "Incapacitation and just deserts as motives for punishment", *Law and Human Behavior* 24: 659-683.

Dattino, G. 1909 *La psicologia dei testimoni [The Witness Psychology]*.

Davis, James H. 1973 "Group Decision and Social Interaction; A theory of social decision schemes", *Psychological Review* 80 (2): 97-125.

Davis, Robert C. and Barbara E. Smith 1994 "The Effects of Victim Impact Statements on Sentencing Decisions: A Test in an Urban Setting", *Justice Quarterly* 11 (3): 453-469.

Davis, Robert C., Frances Kunreuther and Elizabeth Connick 1984 "Expanding the Victim's Role in the Criminal Court Dispositional Process: The Results of An Experiment", *The Journal of Criminal Law & Criminology* 75 (2): 491-505.

Deffenbacher, Kenneth A., Brian H. Bornstein, Steven, D. Penrod and Kiernan E. MCGorty 2004 "A meta-analytic review of the effects of high stress and eyewitness memory", *Law and Human Behavior* 28: 687-706.

DiNardo, Lisa and David Rainey 1991 "The effects of illumination level and exposure time on face recognition", *Psychological Record* 41: 329-334.

Eisenberg, Theodore, Stephen P. Garvey and Martin T. Wells 2003 "Victim Characteristics and Victim Impact Evidence in South Carolina capital Cases", *Cornell Law Review* 88 (2): 306-342.

Erez, Edna 1991 "Victim Participation in Sentencing, Sentence Outcome and Victim's Welfare", Kaiser, Günther, Helmut Kury, and Hans-Jörg Albrecht eds. *Victims and criminal justice*, Criminological Research Reports by the Max Planck Institute for Foreign and International Penal Law, Vol. 51. (＝エレツ，エドナ（椎橋隆幸 訳）1995「量刑手続への被害者の参加，量刑の結果そして被害者の福祉」カイザー・クーリー・アルプレヒト（宮澤浩一・田口守一・高橋則夫 編訳）『犯罪被害者と刑事司法』成文堂, 243-266.)

Erez, Edna and Pamela Tontodonato 1990 "The Effect of Victim Participation in Sentencing on Sentence Outcome", *Criminology* 28 (3): 451-474.

Erez, Edna and Leigh Roeger 1995 "The Effect of Victim Impact Statements on Sentencing Patterns and Outcomes: The Australian Experience", *Journal of Crimi-

nal Justice 23 (4): 363-375.
Erez, Edna and Linda Rogers 1999 "Victim Impact Statements and Sentencing Outcomes and Processes: The Perspectives of Legal Professionals", *British Journal of Criminology* 39 (2): 216-239.
Erez, Edna, Leigh Roeger and Frank Morgan 1994 "Victim Impact Statements in South Australia: An Evaluation", Office of Crime Statistics, South Australian Attorney-General's Department.
Ferrari, G. C. 1906 "Per una scienza psico-giudiziaria [For a psycho-juridical science]", *Rivista di Psicologia* 1: 1-12.
Fiore, Umberto 1909 *Manuale di Psicologia giudiziaria [Handbook of Judiciary Psychology]*.
Fisher, Ronald P. and Edward Geiselman 1992 Memory enhancing techniques for investigative interviewing: The Cognitive Interview, Springfield III: Charles C. Thomas.
Fisher, Roger et al. 1991 *Getting to yes*, 2nd ed., Penguin Books.（＝1998 金山宣夫・浅井和子 訳『ハーバード流交渉術　新版』TBSブリタニカ.）
Fisher, Roger and Shapiro, Daniel 2005 *Beyond reason*, Penguin Books.（＝2006 印南一路 訳『新ハーバード流交渉術――感情をポジティブに活用する』講談社.）
Fiss, Owen M. 1984 "Against Settlement", *Yale Law Journal* 93 (6): 1073-1090.
Fleming, Monique, Duane T. Wegener and Richard E. Petty 1999 "Procedural and legal motivations to correct for perceived judicial biases", *Journal of Experimental Social Psychology* 35: 186-203.
フット，ダニエル H.（溜箭将之 訳）2007『名もない顔もない司法――日本の裁判は変わるのか』NTT出版.
ForsterLee, Lynne, Gayle B. Fox, Robert ForsterLee and Robert Ho 2004 "The Effects of a Victim Impact Statement and Gender on Juror Information Processing in a Criminal Trial: Does the Punishment Fit the Crime?", *Australian Psychologist* 39 (1): 57-67.
渕野貴生 2007『適正な刑事手続の保証とマスメディア』現代人文社.
福来寛 2005「アメリカ陪審に関する社会心理学リサーチと日本裁判員制度研究への可能性と方向性」『心理学評論』48 (3)：427-445.
福来寛 2011「科学的陪審選任・陪審員（裁判員）の選定」越智啓太・藤田政博・渡邉和美 編『法と心理学の辞典――犯罪・裁判・矯正』朝倉書店，406-409.
Fulero, Solomon M. 1987 "The role of behavioral research in the free press/fair trial controversy", *Law and Human Behavior* 11: 259-264.
Fulero, Solomon M. 2002 "Afterword: The Past, Present, and Future of Applied Pretrial Publicity Research", *Law and Human Behavior* 26 (1): 127-133.
Garner, Bryan A. (editor in chief) 2009 Black's Law Dictionary, 9th ed., Thomson Re-

uters.

Gibb, Jack R. 1964 "Climate for frust formation", Bradford, Leland Powers et al. eds. *T-Group Theory and Laboratory Method: Innovations in Re-education,* s. Wiley.（＝1971 三隅二不二 訳「信頼関係形成のための風土」『感受性訓練　Tグループの理論と方法』日本生産性本部，368-370.）

Goodman-Delahunty, Jane and Kosuke Wakabayashi 2012 "Adversarial Forensic Science Experts: An Empirical Study of Jury Deliberations", *Current Issues in Criminal Justice* 24 (1): 85-103.

Gordon, Trina M. and Stanley L. Brodsky 2007 "The Influence of Victim Impact Statements on Sentencing in Capital Cases", *Journal of Forensic Psychology Practice* 7 (2), 45-52.

後藤弘子 2009「被害者参加裁判と刑事司法――刑事裁判の私化をどう防ぐのか」『法律時報』81（4）：1-3.

Greene, Edith 1999 "The Many Guises of Victim Impact Evidence and Effects on Jurors' Judgments", *Psychology, Crime & Law* 5 (4), 331-348.

Greene, Edith, Heather Koehring and Melinda Quiat 1998 "Victim Impact Evidence in Capital Cases: Does the Victim's Character Matter?", *Journal of Applied Social Psychology* 28 (2): 145-156.

Gregory, Amy Hyman and Ryan J. Winter 2011 "More than sum of its parts? Itemizing impairment in civil cases", *Legal and Criminological psychology* 16: 173-187.

Grice, H. P. 1975 "Logic and Conversation", Peter Cole and Jerry L. Morgan eds. *Syntax and Semantics, Vol. 3, Speech Acts,* 41-58, New York: Academic Press, 41-58.

Gromet, Dena M. and John M. Darley 2009 "Retributive and restorative justice: Importance of crime severity and shared identity in people's justice responses", *Australian Journal of Psychology* 61: 50-57.

Gross, Samuel R., Kristen Jacoby, Daniel J. Matheson, Nicholas Montgomery and Sujata Patel 2005 "Exonerations in the United States, 1989-2003", *Journal of Criminal Law and Criminology* 95: 523-560.

Gudjonsson, Gisli H. 1992 *The psychology of interrogations, confessions and testimony,* Wiley.（＝1994 庭山英雄・浜田寿美男ほか 訳『取調べ・自白・証言の心理学』酒井書店.）

萩生田勝 2010『刑事魂』ちくま新書.

Haidt, Jonathan 2001 "The emotional dog and its rational tail: A social intuitionist approach to moral judgment", *Psychology Review* 108: 814-834.

浜田寿美男 2001『自白の心理学』岩波書店.

浜田寿美男 2002『〈うそ〉を見抜く心理学――「供述の世界」から』日本放送出版協会.

浜田寿美男 2004『取調室の心理学』平凡社.

浜田寿美男 2005a『自白の研究――取調べる者と取調べられる者の心的構図　新版』北

大路書房.
浜田寿美男 2005b「事実認定は心理学的過程である」村井敏邦編『刑事司法と心理学』日本評論社.
浜田寿美男 2006『自白が無実を証明する――袴田事件,その自白の心理学的供述分析』北大路書房.
浜田寿美男 2009a『私と他者と語りの世界』ミネルヴァ書房.
浜田寿美男 2009b「痴漢事件の供述をどのように読むべきか」秋山賢三ほか編『続・痴漢冤罪の弁護』現代人文社.
浜田寿美男 2009c『狭山事件虚偽自白 新版』北大路書房.
Hans, Valerie and Valerie Reyna 2011 "To dollars from sense: Qualitative to Quantitative translation in jury damage awards", *Journal of Empirical Legal Studies* 8: 120-147.
犯罪被害者のための施策を研究する会 2004『犯罪被害者のための施策に関する調査・研究(中間取りまとめ)』.
Harley, Erin M. 2007 "Hindsight bias in legal decision making", *Social Cognition* 25: 48-63.
Hastie, Reid, David A. Schkade and John W. Payne 1999 "Juror judgments in civil cases: Hindsight effects on judgments of liability for punitive damages", *Law and Human Behavior* 23: 597-614.
Hershkowitz, Irit, Dvora Horowitz, Michael E. Lamb, Yael Orbach and Kathleen J. Sternberg 2004 "Interviewing youthful suspects in alleged sex crimes: a descriptive analysis", *Child Abuse & Neglect* 28: 23-438.
Hershkowitz, Irit, Yael Orbach, Michael E. Lamb, Kathleen J. Sternberg and D. Horowitz 2006 "Dynamics of forensic interviews with suspected abuse victims who do not disclose abuse", *Child Abuse & Neglect* 30: 753-769.
疋田圭男 1971「ポリグラフ検査の有効性」『科学警察研究所報告(法科学編)』24:230-235.
Hills, Adelma M. and Donald M. Thomson 1999 "Should Victim Impact Influence Sentences? Understanding the Community's Justice Reasoning", *Behavioral Sciences and the Law* 17 (5): 661-671.
廣井亮一 2004『司法臨床入門』日本評論社.
廣井亮一 2007『司法臨床の方法』金剛出版.
廣井亮一 2011「『司法臨床』の概念――わが国の家庭裁判所を踏まえて」『法と心理』11(1):1-6.
廣井亮一 2012『司法臨床入門 第2版』日本評論社.
Home Office 1992 *Memorandum of Good Practice on Video Recorded Interviews with Child Witnesses for Criminal Proceedings*, London: HMSO.(=2007 仲真紀子・田中周子 訳『子どもの司法面接――ビデオ録画面接のためのガイドライン』誠

信書房.)
Home Office 2000 *Achieving the best evidence in criminal proceedings: Guidance for vulnerable and intimidated witnesses, including children,* Home Office Communication Directorate.
Honess, Terry M., E. A. Charman and Michael Levi 2003 "Factual and affective/evaluative recall of pretrial publicity: Their relative influence on juror reasoning and verdict in a simulate fraud trial", *Journal of Applied Social Psychology* 30: 1404-1416.
Hope, Lorraine and Daniel Wright 2007 "Beyond unusual? Examining the role of attention in the wepon focus effect", *Applied Cognitive Psychology* 21: 951-961.
Hope, Lorraine, Amina Memon and Peter McGerge 2004 "Understanding pretrial publicity: Predecisional distortion of evidence in mock jurors", *Journal of Experimental Psychology Applied* 10: 111-119.
堀田秀吾 2010『法コンテキストの言語理論』ひつじ書房.
Hotta, Syugo and Masahiro Fujita 2012 "The Psycholinguistic Basis of Distinctions in Trademark Law", Peter Tiersma and Larry Solan eds. *The Oxford Handbook of Language and Law,* Oxford: Oxford University Press, 478-486.
指宿信 2008「取調べ録画制度における映像インパクトと手続き法的抑制策の検討」『判例時報』1995：3.
指宿信 2008「テレビ的パフォーマンスあるいは取調べの監視？　ニュージーランドにおける被疑者取調べ録画制度について」『季刊刑事弁護』54：146.
指宿信 2011『取調べの可視化へ！』日本評論社.
指宿信 2012「治療的司法」廣井亮一 編『加害者臨床』日本評論社.
指宿信・黒沢香 2010「取調べの可視化」『法と心理』9：82.
Imrich, Dorothy J., Charles Mullin and Daniel Linz 1995 "Measuring the extent of prejudicial pretrial publicity in major American newspapers: A content analysis", *Journal of communication* 45 (3)：94-117.
Inbau, Fred E. et al. 1986 *Criminal interrogation and confessions,* 3rd ed., The Williams & Wilkins.（＝1990 小中信幸・渡部保夫 訳『自白　真実への尋問テクニック』ぎょうせい.)
Inbau Fred E., John E. Reid, Joseph P. Buckley III and Brian C. Jayne 2004 *CRIMINAL INTERROGATION AND CONFESSION,* 4th ed., Jones & Bartlett Learning.
井上正仁 2012「国民の司法参加の意義・現状・課題——日韓意見交換の第一歩として(1)」『刑事法ジャーナル』32：4-41.
井上由里子 1995「『混同のおそれ』の立証とアンケート調査」『知的財産の潮流』信山社.
井上由里子 2008「普通名称性の立証とアンケート調査——アメリカでの議論を素材に」『知的財産政策学研究』20：235-265.

入江秀晃 2010「ADR手続実施者養成の現状と課題」『法律のひろば』63 (9):38-46.
入江秀晃 2012「個別化プロジェクトとしての調停」『仲裁とADR』7:114-121.
石崎千景 2010「日本における法と心理学研究の動向と展望」『法と心理』9:31-36.
伊藤哲司・浜田寿美男 2010『渦中の心理学へ』新曜社.
井戸田侃 1991『総合研究 被疑者取調べ』日本評論社.
厳島行雄・仲真紀子・原聰 2003『目撃証言の心理学』北大路書房.
厳島行雄・丸山昌一・藤島政博 2005「目撃証言への社会的影響について──推定変数とシステム変数からのアプローチ」『心理学評論』48:258-273.
岩田太 2009『陪審と死刑──アメリカ陪審制度の現代的役割』信山社.
岩田研二郎 2007「刑事訴訟における被害者参加制度の問題点──法制審議会刑事法部会の審議を中心に」『法律時報』79 (5):84-89.
Jacoby, Jacob 2001 "The Psychological Foundations of Trademark Law: Secondary Meaning, Genericism, Fame, Confusion and Dilution", *Trademark Reporter* 91, 1013-1071.
Jacquin, Kristine M. and Erica P. Hodges 2007 "The influence of media messages on mock juror decisions in the Andrea Yates trial", *American Journal of Forensic Psychology* 25 (4): 21-40.
Jung, Carl Gustav 1906 *Zur psychologischen Tatbestandsdiagnostik; Die psychologische Diagnose des Tatbestandes.*
甲斐行夫・神村昌通・飯島泰 2001「【逐条解説】」松尾浩也 編『逐条解説犯罪被害者保護二法』有斐閣, 64-191.
Kalven, Harry and Hans Zeisel 1966 *The American Jury,* Boston: Little, Brown and Co.
亀口憲治 2002「コラボレーション──協働する臨床の知を求めて」『現代のエスプリ』419:5-19.
兼頭吉市 1977「刑の量定と鑑定──情状鑑定の法理」上野正吉 編『刑事鑑定の理論と実務』成文堂.
Karp, David. R. and Jarrett B. Warshaw 2009 "Their Day in Court: The Role of Murder Victims' Families in Capital Juror Decision Making", *Criminal Law Bulletin* 45 (1): 99-120.
笠原洋子・越智啓太 2006「イメージ化強調方略による目撃記憶の想起促進」『犯罪心理学研究』44:9-17.
Kassin, Saul M. 1997 "The psychology of confession evidence", *American Psychologist* 52: 221-233.
Kassin, Saul and Christina Fong 1999 "'I'm Innocent!': Effects of Training on Judgments of Truth and Deception in the Interrogation room", *Law and Human Behavior* 23 (5); 499-516.
Kassin, Saul M., V. A. Tubb, H. M. Hosch and A. Memon 2001 "On the general acceptance of eyewitness testimony reseach: A new survey of the expents", *American

Psychologist 56, 405-416.
粕谷巧 1992「科学捜査の心理学——心理臨床家として犯罪にのぞむ」竹江孝・乾吉佑・飯長喜一郎 編『司法心理臨床』星和書店, 58-76.
加藤克佳 1999「刑事手続への被害者の参加」『ジュリスト』1163：30-38.
勝田卓也 1997「アメリカ合衆国における刑事陪審の人種構成について——人種差別的な無条件忌避権行使の問題」『早稲田法学会誌』47：53-107.
川出敏裕 2007「犯罪被害者の刑事裁判への参加」『刑事法ジャーナル』9：14-21.
川出敏裕 2009「被疑者取調べの在り方について」『警察政策』11：162.
川出敏裕・金光旭 2012『刑事政策』成文堂.
川崎英明 1991「違法取調べの抑制方法」井戸田侃『総合研究 被疑者取調べ』日本評論社.
川崎英明 2000「犯罪被害者二法と犯罪被害者の権利」『法律時報』72（9）：1-4.
川島武宜 1967『日本人の法意識』岩波書店.
Kebbell, Mark R. and Shane D. Johnson 2000 "Lawyers' questioning: The effect of confusing questions on witness confidence and accuracy", *Law and Human Behavior* 24: 629-641.
警察庁 2008『平成20年の警察白書』ぎょうせい.
警察庁 2012『取調べ（基礎編）』警察庁刑事局刑事企画課.
Keller, Livia B., Margit E. Oswald and Ingri Stucki 2010 "A closer look at an eye for an eye: Laypersons' punishment decisions are primarily driven by retributive motives", *Social Justice Research* 23: 99-116.
Kerr, Norbert L., Keith E. Niedermeier and Martin E. Kaplan 1999 "Bias in jurors vs bias in juries: New evidence from the SDS perspective", *Organizational Behavior and Human decision Processes* 80: 70-86.
小早川義則 1997「アメリカにおける面割り・面通しの制度」『刑事弁護』11：84-87.
Kohlberg, Lawrence 1973 "The Claim to Moral Adequacy of a Highest Stage of Moral Judgment", *Journal of Philosophy* 70: 630-646.
Kolber, Adam J. 2009 "The comparative nature of punishment", *Boston University Law Review* 89: 1565-1608.
河野義行 2004「取調室でなにがあったか」『取調べの可視化で変えよう，刑事司法！』現代人文社.
小坂井久 2009『取調べ可視化論の現在』現代人文社.
小坂井敏晶 2008『責任という虚構』東京大学出版会.
小坂井敏晶 2011『人が人を裁くということ』岩波書店.
Kovera, Margaret Bull 2002 "The effects of general pretrial publicity on juror decision: An examination of moderators and mediating mechanisms", *Law and Human Behavior* 26: 43-72.
Kramer, Geoffrey E, Norbert L. Kerr and John S. Carroll 1990 "Pretrial publicity, judi-

cial remedies, and jury bias", *Law and Human Behavior* 14: 409-438.
Kramer, T. H., R. Buckhout, P. Fox, E. Widmer and B. Tusche 1991 "Effect of stress on recall", *Applied Cognitive Psychology* 1: 483-488.
久保政行 2010『君は一流の刑事になれ』東京法令出版.
黒沢香 2005「陪審制・裁判員制による刑事裁判の研究」菅原郁夫・サトウタツヤ・黒沢香 編『法と心理のフロンティア Ⅰ巻 理論・制度編』北大路書房, 123-167.
Lamb, Michael E., Yael Orbach, Irit Hershkowitz, Phillip W. Esplin and Dvora Horowitz 2007 "A structured forensic interview protocol improves the quality and informativeness of investigative interviews with children: A review of research using the NICHD Investigative Interview Protocol", *Child Abuse & Neglect* 31: 1201-1231.
Lamb, Michael, E. Irit Hershkowitz, Yael Orbach and Phillip W. Esplin 2008 *Tell me what happened: Structured investigative interviews of child victims and witnesses*, Chichester: Wiley & Sons.
Larson, John A. 1925-26 "Present Police and Legal Methods for the Determination of the Innocence or Guilt of the Suspect", *the American Institute of Criminal Law and Criminology* 16 (May 1925 to February 1926): 219-271.
Lassiter, G. Daniel, Jennifer J. Ratcliff, Lezlee J. Ware and Clinton R. Irvin 2006 "Videotaped Confessions: Panacea or Pandora's Box?", *Law & Policy* 28 (2): 192.
ラシター, ダニエル（大江洋平 訳）2011「取調べの可視化における『映像のあり方』」日本弁護士連合会編集協力・指宿信 編『取調べの可視化へ！——新たな刑事司法の展開』日本評論社, 214.
Lerner, Jennifer S. and Larrisa Z. Tiedens 2006 "Portrait of The Angry Decision Maker: How Appraisal Tendencies Shape Anger's Influence on Cognition", *Journal of Behavioral Decision Making* 19 (2): 115-137.
Lerner, Melvin J. 1980 *The belief in just world: A fundamental delusion*, New York: Plenum Press.
Leverick, Fiona, James Chalmers and Peter Duff 2007 *An Evaluation of the Pilot Victim Statement Schemes in Scotland*, Scottish Executive Social Research.
Lipmann, Otto 1908 *Grundriss der Psychologie für Juristen [Outline of psychology for jurists]*, Leipzig: J. A. Bath.
Loftus, Elizabeth F., David G. Miller and Helen J. Burns 1978 "Semantic integration of verbal information into a visual memory", *Journal of Experimental Psychology. Human Learning and Memory* 4: 19-31.
Loftus, Elizabeth F. and Terrence E. Burns 1982 "Mental shock can produce retrograde amnesia", *Memory and Cognition* 19: 318-323.
Loftus, Elizabeth F. and Katherine Ketcham 1999 *Witness for the defense: The accused, the eyewitness, and the expect who puts memory on trial*, New York: St. Martin's

Press.（＝2000 厳島行雄 訳『目撃証言』岩波書店.）
Loftus, Elizabeth F., Edith L. Greene and James M. Doyle 1989 "The Psychology of Eyewitness Testimony", D. C. Raskin ed. *Psychological Methods in Criminal Investigation and Evidence*, Springer Publishing Company.
Loh, Wallace 1981 "Perspectives on psychology and law", *Journal of Applied Social Psychology* 2, 314-345.
Luginbuhl, James and Michael Burkhead 1995 "Victim Impact Evidence in a Capital Trial: Encouraging Votes for Death", *American Journal of Criminal Justice* 20 (1): 1-16.
Lynch, Mona and Craig Haney 2009 "Capital jury deliberation: Effects on death sentencing, comprehension, and discrimination", Law and Human Behavior 33: 481-496.
Lyon, Thomas D. and Karen J. Saywitz 1999 "Young maltreated children's competence to take the oath", *Applied Developmental Science* 3 (1): 16-27.
Malpass, Roy and Patricia G. Devine 1981 "Eyewitness identification: lineup instructions and absence of the offender", *Journal of Applied Psychology* 66: 482-489.
Manner, Mikko and John Gowdy 2011"The evolution of social and moral behavior: Evolutionary insights for public policy", *Ecological Economics* 60: 753-761.
Marbe, Karl 1913 *Grundzüge der forensischen Psychologie [Foundations of forensic psychology]*, München: C. H. Beck.
Marston, William M. 1920-21 "Psychological Possibilities in the Deception Tests", *the American Institute of Criminal Law and Criminology* 11（May 1920 to February 1921）: 552.
Maryka Omatsu（＝2007 指宿信・吉井匡 訳「トロントにおける問題解決型裁判所の概要『治療的司法』概念に基づく取り組み」立命館法学2007（4）.）
増井清彦 2000『犯罪捜査101問』立花書房.
松田治躬 2007「商標の類否判断について」第二東京弁護士会知的財産法研究会 編『新商標法の論点』商事法務, 151-189.
松野凱典 2004『科捜研うそ発見の現場』朱鷺書房.
McAuliff, Bradley and Brian Bornstein 2010 "All anchors are not created equal: The effects of per diem versus lump sum requests on pain and suffering awards", *Law and Human Behavior* 34: 164-174.
McGowan, Mila Green and Bryan Myers 2004 "Who Is the Victim Anyway? The Effects of Bystander Victim Impact Statements on Mock Juror Sentencing Decisions", *Violence and Victims* 19 (3): 357-374.
Meissner, Christian A., Melissa B. Russano and Fadia M. Narchet 2010 "The importance of a laboratory science for improving the diagnostic value of confession evidence", G. Daniel Lassiter and Christian A. Meissner eds. *Police interrogations and false confessions: Current research, practice, and policy recommendations*,

Washington, D. C.: American Psychological Association, 111-126.
Meissner,Christian A., Maria Harwig and Melissa B. Russano 2010 "The need for a positive psychological approach and collaborative effort for improving practice in the interrogation room", *Law and Human Behavior* 34: 43-45.
Memon, Amina, Lorraine Hope, and Ray Bull 2003 "Exposure duration: Effects on eyewitness accuracy and confidence", *British Journal of Psychology* 94: 339-354.
Memon, Amina, James Bartlett, Rachel Rose and Colin Gray 2003 "The aging witness: effects of age on face, delay, and source-memory ability", *Journal of Gerontology* 58: 338-345.
Memon, Amina, Christian A. Meissner and Joanne Fraser 2010 "The cognitive interview: A meta-analytic teview and study space analysis of the past 25 years", *Psychology, Public Policy, and Law* 16, 340-372.
Metzger Mitche, M. 2006 "Face distinctiveness and delayed testing: Differential effects on performance and confidence", *The Journal of General Psychology* 133: 209-216.
Meyer, Joe 1968 "Reflections on some theories of punishment", *Journal of Criminal Law Criminology and Police* 59: 595-599.
Milne, Rebecca and Bull, Ray 1999 *Investigative interviewing: Psychology and Practice*. (=2003 原聡 編訳『取調べの心理学――事実聴取のための捜査面接法』北大路書房.)
Miller, Dale T. 2001 "Disrespect and experience of injustice", *The Annual Review of Psychology* 52: 527-553.
水谷規男 1999「被害者の手続参加」『法律時報』71（10）：37-42.
Moons, Wesley G. and Diane M. Mackie 2007 "Thinking Straight while Seeing Red: The Influence of Anger on Information Processing", *Personality and Social Psychology Bulletin* 33（5）: 706-720.
Morgan, C. A., G. Hazlett, A. Doran, S. Garrett, G. Hoyt, P. Thomas et al. 2004 "Accuracy of eyewitness memory for persons encountered during exposure to highly intense stress", *International Journal of Law and Psychiatry* 27: 265-279.
Morgan, Rod and Andrew Sanders 1999 *The Uses of Victim Statements*, Home Office Research Development and Statistics Directorate.
森直久 1995「共同想起事態における想起の機能と集団の性格」『心理学評論』38：107-136.
諸沢英道 1995「被害者に対する刑事政策」宮沢浩一・藤本哲也・加藤久雄 編『犯罪学』青林書院.
Mülberger, Annette 2008 "Teaching psychology to jurists: Initiatives and reactions prior to World War I", *History of Psychology* 12: 60-86.
村上尚文 1979『取調べ』立花書房.

村瀬均 2010「裁判員裁判と報道」原田國男判事退官記念論文集刊行会 編『新しい時代の刑事裁判』判例タイムズ社, 393.

Myers, Bryan and Jack Arbuthnot 1999 "The Effects of Victim Impact Evidence on the Verdicts and Sentencing Judgments of Mock Jurors", *Journal of Offender Rehabilitation* 29 (3-4): 95-112.

Myers, Bryan and Edith Greene 2004 "The Prejudicial Nature of Victim Impact Statements: Implications for Capital Sentencing Policy", *Psychology, Public Policy, and Law* 10 (4): 492-515.

Myers, Bryan, Steven J. Lynn and Jack Arbuthnot 2002 "Victim Impact Testimony and Juror Judgements: The Effects of Harm Information and Witness Demeanor", *Journal of Applied Social Psychology* 32 (11): 2393-2412.

Myers, Bryan, Draven Godwin, Rachel Latter and Scott Winstanley 2004 "Victim Impact Statements and Mock Juror Sentencing: The Impact of Dehumanizing Language on a Death Qualified Sample", *American Journal of Forensic Psychology* 22 (2): 39-55.

Myers, Bryan, Emalee Weidemann and Gregory Pearce 2006 "Psychology Weighs in on the Debate Surrounding Victim Impact Statements and Capital Sentencing: Are Emotional Jurors Really Irrational?", *Federal Sentencing Reporter* 19 (1): 13-20.

Nadler, Janice and Mary R. Rose 2003 "Victim Impact Testimony and the Psychology of Punishment", *Cornell Law Review* 88 (2): 419-456.

仲真紀子 2001「子どもの面接――法廷での『弁護士言葉』の分析」『法と心理』1：80-92.

仲真紀子 2009a「裁判員制度と心理学――被害者に関する情報の影響について」『刑法雑誌』48 (3)：405-421.

仲真紀子 2009b「裁判への被害者参加」岡田悦典・藤田政博・仲真紀子 編『裁判員制度と法心理学』ぎょうせい, 140-148.

仲真紀子 2009c「司法面接――事実に焦点を当てた面接法の概要と背景」『ケース研究』299：3-34.

仲真紀子編著 2010『認知心理学――心のメカニズムを解き明かす』ミネルヴァ書房.

仲真紀子 2011a『法と倫理の心理学――心理学の知識を裁判に活かす：目撃証言, 記憶の回復, 子どもの証言』培風館.

仲真紀子 2011b「NICHD ガイドラインにもとづく司法面接研修の効果」『子どもの虐待とネグレクト』13：316-325.

仲真紀子 2012a「面接のあり方が目撃した出来事に関する児童の報告と記憶に及ぼす効果」『心理学研究』83：303-313.

仲真紀子 2012b「科学的証拠に基づく取調べの高度化――司法面接の展開と PEACE モデル」『法と心理』12：27-32.

中井憲治 2010『鑑定』河上和雄・中山善房・古田佑紀・原田國男・河村博・渡辺咲

子 編『大コンメンタール刑事訴訟法 第2版』青林書院, 254-294.
日本弁護士連合会 1999『「刑事手続における犯罪被害者等の保護」に関する意見書』.
日本弁護士連合会 2007『犯罪被害者等が刑事裁判に直接関与することのできる被害者参加制度に対する意見書』.
日本弁護士連合会 2011『取調べの録画の際の撮影方向等についての意見書』.
日本弁護士連合会人権擁護委員会編 1998『誤判原因の実証的研究』現代人文社.
Nisbett, Richard E. and Timothy D. Wilson 1977 "Telling more than we can know: Verbal reports on mental processes", *Psychological Review* 84: 231-259.
Nussbaum, A. 1914 "Dr. Karl Marbe, Grundzüge der forensischen Psychologie [Dr. Karl Marbe, foundations of forensic psychology]", *Zeitschrift für Deutschen Zivilprozess und das Verfahren in Angelegenheiten der freiwilligen Gerichtsbarkeit* 44: 307.
越智啓太 2012『progress and application 犯罪心理学』サイエンス社.
Oetker, F. 1927 Bemerkungen zum vorhergehenden Aufsatz Marbes [Commentary to Marbe's former article], *Der Gerichtsaal* 95: 429-432.
荻野淳 2010「兵庫県弁護士会犯罪被害者・加害者対話センターの開設と実践——犯罪被害者・加害者対話と謝罪文銀行」『自由と正義』61 (9):16-20.
大渕憲一 2010『謝罪の研究——釈明の心理とはたらき』東北大学出版会.
大橋靖史・森直久・高木光太郎・松島恵介 2002『心理学者, 裁判と出会う』北大路書房.
奥村回 2010「被害者等参加事件の分析と課題」『自由と正義』61 (3):99-111.
Orne, Martin T. 1962 "On the social psychology of the psychological experiment : With particular reference to demand characteristics and their implications", *American Psychologist* 17: 776-783.
Oswald, M. E. and I. Stucki 2010 "Automatic judgment and reasoning about punishment", *Social Justice Research* 23: 290-307.
太田勝造 2009「法学が心理学に期待するもの」『心理学ワールド』47:26-27.
Paternoster, Ray. and Jerome Deise 2011 "A Heavy Thumb on the Scale: The Effect of Victim Impact Evidence on Capital Decision Making", *Criminology* 49 (1): 129-161.
Paterson, Helen M. and Richard I. Kemp 2006 "Comparing method of encountering post-event information: the power of co-witness suggestion", *Applied Cognitive Psychology* 20: 1083-1099.
Perry, Nancy W., Bradley D. McAuliff, Paulette Tam, Linda Claycomb, Colleen Dostal and Cameron Flanagan 1995 "When lawyers question children: Is justice served?", *Law and Human Behavior* 19: 609-629.
Petty, Richard E., Duane T. Wegener and Paul White 1998 "Flexible correction processes in social judgment: Implications for persuasion", *Social Cognition* 16: 93-113.

Platania, Judith and Garrett L. Berman 2006 "The Moderating Effect of Judge's Instructions on Victim Impact Testimony in Capital Cases [Electronic Version]", *Applied Psychology in Criminal Justice* 2 (2): 84-101.

Poser, Susan, Brian H. Bornstein and Erinn Kiernan McGorty 2003 "Measuring damages for lost enjoyment of life: The view from the bench and the jury box", *Law and Human Behavior* 27: 53-68.

Raskin, D. C. and C. R. Honts 2002 "The Comparison Question Test", M. Kleiner ed. *handbook of Polygraph Testing*, Academic Press, 1-47.

Rattner, A 1988 "Convicted but innocent: Wrongful conviction and the criminal justice system", *Law and Human Behavior* 12 (3) : 283-293. doi: 10.1007/BF01044385

Ressler R. K., A. W. Burgess, J. F. Douglas, C. R. Hartman and R. B. D'Agostino 1986 "Sexual killers and their victims", *Journal of International Violence* 1: 288-308.

Ressler, R. K., A. W. Burgess and J. E. Douglas 1992 *Sexual Homicide: patterns and motivus*, Free Press.

Rilling, James K. and Alan G. Sanfey 2011 "The neuroscience of social decision making", *The Annual Review of Psychology* 62: 23-48.

Robbennolt, Jennifer K. 2002 "Punitive damage decision making: the decisions of citizens and trial court judges", *Law and Human Behavior* 26: 315-341.

Robbennolt, Jennifer K. and Christina A. Studebacker 1999 "Anchoring in the courtroom: The effects of caps on punitive damages", *Law and Human Behavior* 23: 353-373.

Roberts, Julian V. 2009 "Listening to the Crime Victim: Evaluating Victim Input at Sentencing and Parole", M. Tonry ed. *Crime and Justice: A Review of Research Vol. 38*, The University of Chicago Press, 347-412.

Robinson, Paul H. and John M. Darley 1997 "The utility of desert", *Northwestern University of Law Review* 91: 201-247.

Roediger, Henry L., Michelle L. Meade and Erik T. Bergman 2001 "Social contagion of memory", *Psychonomic Bulletin and Review* 8: 365-371.

Rose, Mary R., Janice Nadler and Jim Clark 2006 "Appropriately Upset? Emotion Norms and Perceptions of Crime Victims", *Law and Human Behavior* 30 (2): 203-219.

Rucker, Derek D., Mark Polifroni, Philip E. Tetlock and Amanda L. Scott 2004 "On the assignment of punishment: The impact of general societal threat and the moderating role of severity", *Personality and Social Psychology Bulletin* 30: 673-684.

Ruva, Christine L. and Cathy McEvoy 2008 "Negative and positive pretrial publicity affect juror memory and decision making", *Journal of Applied Social Psychology* 6: 64-68.

Ruva, Christine L., Cathy McEvoy and Judith B. Bryant 2007 "Effects of pretrial publici-

ty and collaboration on juror bias and source monitoring errors", *Applied Cognitive Psychology* 21: 45-67.
Saeki, Masahiko 2010 "Victim Participation in Criminal Trials in Japan", *International Journal of Law, Crime and Justice* 38 (4): 149-165.
佐伯昌彦 2010「犯罪被害者による刑事裁判への参加が量刑に及ぼす影響──実証研究のレビューと今後の課題」『法学協会雑誌』127（3）：419-493.
佐伯昌彦 2011「犯罪被害者の刑事裁判への参加と手続的公正の社会心理学──英米法圏での実証研究をふまえて」『法と心理』11（1）73-82.
佐伯昌彦 2012「Victim Impact Evidence が陪審の死刑判断に及ぼす影響についての考察──アメリカ合衆国における諸研究の批判的検討」『統計数理研究所共同研究リポート』281：24-44.
斉藤豊治 2000a「被害者問題と刑事手続」『季刊刑事弁護』22：90-98.
斉藤豊治 2000b「量刑に関する被害者の意見陳述権」浅田和茂・川崎英明・安原浩・石塚章夫 編『刑事・少年司法の再生 梶田英雄判事守屋克彦判事退官記念論文集』現代人文社，441-469.
酒巻匡 2000「犯罪被害者等による意見の陳述について」『法曹時報』52（11）：3213-3242.
Saks, Michael J. and Mollie Weighner Marti 1977 "A meta-analysis of the effects of jury size", *Law and Human Behavior* 21: 451-466.
Salerno, Jessica M. and Bette L. Bottoms 2009 "Emotional Evidence and Jurors' Judgments: the Promise of Neuroscience for Informing Psychology and Law", *Behavioral Sciences and the Law* 27 (2): 273-296.
佐々淳行 1999『日本の警察「安全神話」は終わったか』PHP 研究所.
佐藤卓生・三村三緒 2009「被害者参加と裁判員裁判の関係──被害者参加の模擬裁判の実施状況」『刑事法ジャーナル』16：37-42.
Schechter, Frank I. 1927 "The Rational Basis of Trademark Protection", *Harvard Law Review* 40: 813-833.
瀬川晃 1998『犯罪学』成文堂.
瀬川晃 2000a「刑事司法における被害者への配慮」宮澤浩一先生古稀祝賀論文集編集委員会 編『犯罪被害者論の新動向 宮澤浩一先生古稀祝賀論文集 第1巻』成文堂，91-117.
瀬川晃 2006b「刑事政策における被害者の視点」『同志社法学』52：211-246.
Seltzer, Richard 2006 "Scientific jury selection: Does it work?", *Journal of Applied Social Psychology* 36: 2417-2435.
Shaw, Jerry I. and Paul Skolnick 2004 "Effects of prejudicial pretrial publicity from physical and witness evidence on mock jurors' decision making", *Journal of Applied Social Psychology* 34: 2132-2148.
渋沢田鶴子 2002「対人援助における協働」『精神療法』28（3）：10-17.

司法研修所 1991『自白の信用性』法曹界.
司法研修所 編 2007『量刑に関する国民と裁判官の意識についての研究——殺人罪の事案を素材として』法曹会.
司法研修所 編 2012『裁判員裁判における量刑評議の在り方について』法曹会.
椎橋隆幸 1999「犯罪被害者をめぐる立法課題」『法律のひろば』52（5）：12-19.
椎橋隆幸 2000「被害者等の心情その他の意見陳述権」『現代刑事法』2（11）：43-48.
椎橋隆幸・高橋則夫・川出敏裕 2001『わかりやすい犯罪被害者保護制度』有斐閣.
下條信輔 1996『サブリミナル・マインド——潜在的人間観のゆくえ』中央公論社.
篠木涼（under review）「法廷のヴィジュアリティー——H・ミュンスターバーグの初期司法心理学における視覚性の問題」.
白石紘章・仲真紀子・海老原直邦 2006「認知面接と修正版認知面接における出来事の再生と反復提示された誘導情報の情報源再認」『認知心理学研究』4：33-42.
白岩祐子・荻原ゆかり・唐沢かおり 2012「裁判シナリオにおける非対称な認知の検討——被害者参加制度への態度や量刑判断との関係から」『社会心理学研究』28（1）：41-50.
白木功 2008「Ⅰ　刑事訴訟法の改正」酒巻匡 編『Q&A 平成19年犯罪被害者のための刑事手続関連法改正』有斐閣，77-139.

Siegal, Michael 1996 "Conversation and Cognition", Rochel Gelman and Terry K. Au eds. *Perceptual and cognitive development,* San Diego: Academic Press, 243-282.

Skerker, Michael 2010 *AN ETHICS OF INTERROGATION,* University of Chicago Press.

Smith. Alison C. and Edith Greene 2005 "Conduct and its consequences: Attempts at debiasing jury judgments", *Law and Human Behavior* 29: 505-526.

Spencer, John R. and Rhona H. Flin 1990 *The evidence of children: The law and the psychology,* London: Blackstone Press Limited.

Steblay, N. K. 1992 "A Meta-analytic review of the Weapon focus effect", *Law and Human Behavior* 16 (4): 413-424.

Steblay, N. K. 1997 "Social influence in eyewitness recall: A meta-analytic review of lineup instruction effects", *Law and Human Behavior* 21: 283-297.

Steblay, N. K. Jasmina Besirevic, Solomon M. Fulero and Belia Jimenez-Lorente 1999 "The effects of pretrial publicity on juror verdicts: a meta-analytic review", *Law and Human Behavior* 23: 219-235.

Steblay, N. K., J. Dysart, S. Fulero and R. C. L. Lindsay 2001 "Eyewitness accuracy rates in sequential and simultaneous lineup presentations: A meta-analytic comparison", *Law and Human Behavior* 25, 459-473.

Steblay, N., J. Dysert, S. Fulero and R. C. L. Londsay 2003 "Eyewitness accuracy rates in police showup and lineup presentations: Meta-analytic comparison" *Law and Human Behavior* 27: 523-540.

Steblay, N., Harmon M. Hosch, Scott E. Culhane and Adam McWethy 2006 "The Impact on Juror Verdicts of Judicial Instruction to Disregard inadmissible Evidence – A Meta-Analysis", *Law and Human Behavior* 30: 469-492.

Stern, W. 1902 *Zur Psychologie der Aussage – Experimentelle Untersuchungen über Erinnerungstreue.*

Stern, W. 1904 "Wirklichkeitsversuche", Beiträge zur Psychologie der Aussage 2: 1-31. Translation by U. Neisser. In U. Neisser ed. 1982 Memory observed: Remembering in natural context.（＝1988 富田達彦 訳『観察された記憶──自然文脈での想起（上）』の第9論文に収録.）

Stern, W. 1910 "Abstracts of lectures on the psychology of testimony and on the study of individuality", *American Journal of Psychology* 21: 270-282.

Storms, Michael D. 1973 "Videotape and the Attribution Process: Reversing Actors' and Observer's Points of View", *Journal of Personality and Social Psychology* 27: 165-75.

Strang, Heather, Lawrence Sherman, Caroline M. Angel, Daniel J. Woods, Sarah Bennett, Dorothy Newbury-Birch and Nova Inkpen 2006 "Victim Evaluations of Face-to-Face Restorative Justice Conferences: A Quasi-Experimental Analysis", *Journal of Social Issues* 62 (2): 281-306.

Strang, Heather, Lawrence W. Sherman, Daniel Woods and Geoffrey Barnes 2011 "Experiments in Restorative Policing: Final Report on the Canberra Reintegrative Shaming Experiments (RISE)", (Retrieved November 24, 2012, http://www.aic.gov.au/en/criminal_justice_system/rjustice/rise/final.aspx).

末弘厳太郎 1923「小知恵にとらわれた現代の法律学」『嘘の効用』改造社, 105-123.（引用は2008年慧文社の版による）

菅原郁夫 2010『民事訴訟政策と心理学』慈学社出版.

杉田宗久 2012『裁判員裁判の理論と実践』成文堂.

隅田陽介 2000「アメリカ合衆国における Victim Impact Statement (1)」『比較法雑誌』34 (2)：139-165.

隅田陽介 2011「刑事手続における Victim Impact Statement に関する一考察」『法学新報』117 (7-8)：493-554.

角田政芳・辰巳直彦 2000『知的財産法』有斐閣.

Sundby, Scott E. 2003 "The Capital Jury and Empathy: The Problem of Worthy and Unworthy Victims, *Cornell Law Review* 88 (2): 343-381.

Sunstein, C. R., R. Hanstie, J. W. Payne, D. A. Schkade and W. K. Viscusi 2003 *Punitive Damages: How Justice Decide,* Chicago: The University of Chicago Press.

Swann, Jerre B. 1999 "Genericism Rationalized", *Trade Mark Reporter* 89: 639-656.

高田知二 2012『市民のための精神鑑定入門──裁判員裁判のために』批評社.

高木光太郎 2006『証言の心理学──記憶を信じる，記憶を疑う』中央公論新社.

高原勝哉・松岡もと子 2010「岡山仲裁センターにおける被害者加害者対話の試み」『自由と正義』61 (9):21-24.
高橋則夫 2003『修復的司法の探求』成文堂.
Takahashi, Masanobu, Yukio Itsukushima and Yasunari Okabe 2006 "Effects of Test Sequence on Anterograde and Retrograde Impairments of Negative Emotional Scenes", *Japanese Psychological Research* 48: 102-108.
高岡健 2010『精神鑑定とは何か——責任能力論を超えて』明石書店.
田中成明 1989『法的思考とはどのようなものか』有斐閣.
Taylor, Sheely E. and Susan T. Fiske 1975 "Point of View and Perceptions of Causality", *Journal of Personality and Social Psychology* 32: 439-445.
Tetlock, Philip E. 2002 "Social functionalist frameworks for judgment and choice: Intuitive politicians, theologians, and prosecutors", *Psychological Review* 109: 451-471.
Tetlock, Philip E., Penny S. Visser, Ramadhar Singh, Mark Polifroni, Amanda Scott, Sara Beth Elson, Philip Mazzocco and Phillip Rescober 2007 "People as intuitive prosecutors: The impact of social-control goals on attributions of responsibility", *Journal of Experimental Social Psychology* 43: 195-209.
Thibaut, John and Laurens Walker 1975 *Procedural Justice: A psychological analysis*, Hillsdale NJ: Erlbaum.
Thompson, William C., Geoffrey T. Fong and David L. Rosenhan 1981 "Inadmissible Evidence and Juror Verdicts", *Personality and Social Psychology* 40 (3):453-463.
「特集・取調べの可視化と捜査構造の転換」『法律時報』2011年2月号.
Trankell, Arne 1972 *Reliability of evidence*, Stockholm: Beckmans. (=1976 植村秀三 訳『証言のなかの真実』金剛出版.)
Tsoudis, Olga and Lynn Smith-Lovin 1998 "How Bad Was It? The Effects of Victim and Perpetrator Emotion on Responses to Criminal Court Vignettes", *Social Forces* 77 (2): 695-722.
辻孝司 2012「弁護士から見た加害者——刑事裁判における加害者像の位置づけとその変化」廣井亮一 編『加害者臨床』日本評論社,125-139.
津村俊充 2006「グループは発達する」津村俊充・山口真人 編『人間関係トレーニング 第2版』ナカニシヤ出版,69-70.
Tyler, Tom R., Lawrence Sherman, Heather Strang, Geoffrey C. Barnes and Daniel Woods 2007 "Reintegrative Shaming, Procedural Justice, and Recidivism: The Engagement of Offenders' Psychological Mechanisms in the Canberra RISE Drinking-and-Driving Experiment", *Law & Society Review* 41 (3): 553-586.
上田寛 2004『犯罪学講義』成文堂.
上宮愛・仲真紀子 2009「幼児による嘘と真実の概念的理解と嘘をつく行為」『発達心理学研究』20 (4):393-405.
植木百合子 2008「修復的カンファレンス(少年対話会)モデル・パイロット事業報告書

の概要について」『警察学論集』61（4）：83-100.
上山隆大 1994「第 7 章　身体の科学——計測と器具」大林信治・森田敏照 編『科学思想の系譜学』ミネルヴァ書房，149-173.
Undeutsch, Udo 1967 *Forensiche Psychologie* (Handbuch der Psychologie, Bd, 11), Gottingen: Verlag fur Psychologie.（= 1973　植村秀三 訳『証言の心理』東京大学出版会.）
Valentine, Tim., Alan Pickering and Darling 2003 "Characteristics of eyewitness identification that predict the outcome of real lineups", *Applied Cognitive Psychology* 17: 969-993.
Van Prooijen, Jan-Willem 2010 "Retributive versus compensatory justice: Observers' preference for punishing in response to criminal offenses", *European Journal of Social Psychology* 40: 72-85.
Varendonck, Julien 1911 "Les temoignages d'enfants dans un proces retentissant [The testimony of children in a famous trial]", *Archives de Psycholgie* 77: 129-171.
Vidmar, Neil and Dale Miller 1980 "Social psychological processes underlying attitudes toward legal punishment", *Law and Society Review* 14: 565-602.
Vidmar, Neil 1995 *Medical Malpractice and the American Jury: Confronting the Myths about Jury Incompetence, Deep Pockets, and Outrageous Damage Awards*, University of Michigan Press.
Vidmar, Neil 2009 "Juries and medical malpractice claims: Empirical facts versus myths", *Clinical Orthopedics and Related Research* 467: 367-375.
Vigotsky, L. S.（Выготский, Л. С.）1930-31 *История развития высших психических функций*.（= 1987 柴田義松・藤本卓・森岡修一 訳『心理学の危機——歴史的意味と方法論の研究』明治図書.）
Wagenaar, Willem A. and Van der Schrier, Juliette H. 1996 "Face recognition as a function of distance and illumination: A practical tool for use in the courtroom", *Psychology, Crime, and Law* 2: 321-332.
若林宏輔 2010「企画趣旨」『法と心理』9：29-30.
若林宏輔・指宿信・小松加奈子・サトウタツヤ 2012「録画された自白——日本独自の取調べ録画形式が裁判員の判断に与える影響」『法と心理』121：89.
Walker, Anne G. 1993 "Questioning Young Children in Court: A Linguistic Case Study", *Law and Human Behavior* 17: 59-81.
Walsh, Anthony 1986 "Placebo Justice: Victim Recommendations and Offender Sentences in Sexual Assault Cases", *The Journal of Criminal Law & Criminology* 77 (4): 1126-1141.
Warr, Mark 1989 "What is the perceived seriousness of crimes?", *Criminology* 27: 795-821.
Warr, Mark, Robert F. Meier and Maynard L. Erickson 1983 "Norms, theories of pun-

ishment, and publicly preferred penalties for crimes", *Sociological Quarterly* 24: 75-91.

Wasserman, David, Richard Lemport and Reid Hastie 1991"Hindsight and causality", *Personality and Social Psychology Bulletin* 17: 30-35.

Watamura, Eiichiro, Toshihiro Wakebe and Takahisa Maeda 2011 "Can jurors free themselves from retributive objectives? ", *Psychological Studies* 56: 232-240.

綿村英一郎・分部利紘・高野陽太郎 2010「一般市民の量刑判断——応報のため？それとも再犯防止やみせしめのため？」『法と心理』9：98-108.

渡辺昭一 編 2004『捜査心理学』北大路書房.

渡部保夫 1985「被疑者の尋問とテープレコーディング」『判例タイムズ』566：1-2.

渡部保夫 1986「被疑者尋問のテープ録音制度——圧迫的な取調べ，誤判，裁判遅延の防止手段として」『判例タイムズ』608：5-17.

渡部保夫 1992『無罪の発見——証拠の分析と判断基準』勁草書房.

渡部保夫 監修 2001『目撃証言の研究』北大路書房.

渡邉和美・藤田悟郎 2004「被害者学と法制度」菅原郁夫・サトウタツヤ・黒沢香 編『法と心理学のフロンティア（1）』北大路書房.

Wegener, Duane T., Norbert L. Kerr, Monique A. Fleming and Richard E. Petty 2000 "Flexible corrections of juror judgments: Implications for jury instructions", *Psychology Public Policy* 6: 629-654.

Weiner, Bernard, Sandra Graham and Christine Reyna 1997 "An attributional examination of retributive versus utilitarian philosophies of punishment", *Social Justice Research* 10: 431-452.

Welkowitz, David S. 1991 "Reexamining Trademark Dilution", *Vanderbilt Law Review* 44: 531-588.

Wells, G. L. and A. L. Bradfield 1998 "'Good, you identified the suspect': Feedback to eyewitnesses distorts their reports of the witnessing experience", *Journal of Applied Psychology* 83: 360-376.

Wells, G. L., M. Small, S. Penrod, R. S. Malpass, S. M. Fulero and C. A. E. Brimacombe 1998 "Eyewitness identification procedures: Recommendations for lineups and photospreads", *Law and Human Behavior* 22(6)：603-647, doi: 10.1023/A:1025750605807

Whipple, Guy Montrose 1909 "The observer as reporter: A survey of the psychology of testimony", *Psychological Bulletin* 6: 153-170.

Wilson, Timothy D. and Elizabeth Dunn 2004 "Self-knowledge: Its limits, value, and potential for improvement", *Annual Review of Psychology* 55: 493-518.

Winslade, John and Monk, Gerald 2000 Narrative mediation, Jossey Bass.（＝2010 国重浩一・バーナード紫 訳『ナラティヴ・メディエーション——調停・仲裁・対立解決への新しいアプローチ』北大路書房.）

Wissler, Roselle L., Allen J. Hart and Michael J. Saks 1999 "Decision making about general damages: A comparison of jurors, judges, and lawyers", *Michigan Law Review* 98: 751-826.
Wrightsman, Lawrence S. 1999 *Judicial decision making: Is psychology relevant?*, New York: Kluwer Academic/Plenum.
山田由紀子 2006「修復的司法のNPOからのアプローチ――千葉「被害者加害者対話の会運営センター」の実践から」細井洋子・西村春夫・樫村志郎・辰野文理 編『修復的司法の総合的研究――刑罰を超え新たな正義を求めて』風間書房, 116-124.
山田由紀子 2010「NPO活動としての被害者加害者対話――千葉の「対話の会」実践10年目を迎えて」『自由と正義』61（9）：35-38.
山田裕子 2006「被害者関係的視点による公正の心理学の試み（1）――実証的研究を通して」『北大法学論集』57（2）968-921.
山下幸夫 2007「刑事裁判への被害者参加制度の立法経過と実務家から見た問題点」『季刊刑事弁護』50：82-88.
山下幸夫 2008「被害者参加制度で実務はどう変わるのか」『法学セミナー』645：18-21.
吉井匡 2010「若手研究者から見た法学と心理学の協働の現状と課題」『法と心理』9：29-30.
吉村真性 2007「刑事手続における被害者参加論（三・完）」『龍谷法学』39（4）：645-787.
吉村真性 2010「イギリスにおける被害者参加の位置づけに関する一考察」『犯罪と刑罰』20：143-173.

人名索引

ABC

Allport, Gordon Willard ··············· 037
Bazerman, Max H. ······················ 210
Benussi, Vittorio ······················ 228
Binet, Alfred ··························· 225
Bornstein, Brian H. ···················· 151
Brennan, Mark ·························· 090
Bull, Ray ······························· 087
Bush, Robert A. ························ 212
Carlsmith, Kevin M. ············· 142, 147
Cattell, James McKeen ················ 223
Chapman, Gretchen B. ················· 151
Clankie, Shawn ························· 201
Claparède, Édouard ···················· 225
Darley, John M. ························ 147
Davis, James ··························· 037
Ebbinghaus, Hermann ·················· 226
Ferrari, Cesare ························ 225
Fisher, Roger ·························· 210
Fisher, Ronald P. ······················ 083
Fiss, Owen M. ·························· 208
Flin, Rhona H. ························· 089
Folger, Joseph P. ······················ 212
Frye, James Alphonso ·················· 230
Fujita, Masahiro ······················· 200
Geiselman, Edward ····················· 083
Gerfinkel, Harold ······················ 232
Gibb, Jack R. ·························· 213
Grice, H. P. ···························· 200
Gross, Hans Gustrav Adolf ······ 223, 224, 229
Haidt, Jonathan ························ 141

Hans, Valerie ·························· 148
Healy, William ························· 228
von Hentig, Hans ······················ 233
Hershkowitz, Irit ······················ 088
Hotta, Shugo ··························· 200
James, William ························· 227
Jocoby, Jacob ·························· 200
Jung, Carl Gustav ····················· 229
Kebbelle, Mark R. ······················ 090
Keeler, L. ······························ 231
Kohlberg, Lawrence ···················· 232
Lamb, Michael E. ······················ 089
Lassiter, G. Daniel ···················· 058
Lerner, Melvin J. ······················ 232
Lipmann, Otto ···················· 226, 229
von Liszt, Franz Eduard ········ 224, 225
Loftus, Elizabeth F. ············· 216, 231
Lombroso, Cesare ··············· 222, 229
Lyon, Thomas D. ······················· 080
Marston, William Moulton ············· 230
McNaughten, Daniel ···················· 222
Meissener, Christian A. ················ 086
Memon, Amina ·························· 085
Mendelsohn, Benjamin ·················· 233
Münsterberg, Hugo ········ 227, 228, 230
Narchet, Fadia M. ······················ 086
Neale, Margaret Ann ··················· 210
Perry, Nancy ··························· 090
Robbennolt, Jennifer K. ················ 150
Russano, Melissa B. ···················· 086
Shechecter, Frank I. ···················· 199
Spencer, John R. ······················· 089

Steblay, Nancy··041	上宮愛··080
Stern, Lewis William························225, 226	越智啓太··085
Trankell, Arne·······································231	笠原洋子··085
Undeutsch, Udo······································231	川島武宜··208
Ury, William··210	白石祐子··085
Walker, Anne G.·······························078, 090	末広厳太郎······································009
Wertheimer, Max······································229	田中成明··177
Wigmore, John Henry···························224, 228	寺田精一··································228, 229
Wundt, Wilhelm Max···································224	仲真紀子··080
	浜田寿美男·································216, 232
あいう	渕野貴生··039
青木博道··191	堀田秀吾··193
浅田和茂··080	牧野英一··································228, 229
井上由里子······································199	渡部保夫··053
植松正··232	

事項索引

ABC

ADR 法 ················· 207
Anti-Dilution 法 ············ 199
CIT（隠匿情報テスト：Concealed Information Test） ········ 026
CQT（Control Question Technique） ···· 025
DNA 検査 ················ 064
Eveready 方式 ············· 195
Exxon 方式 ··············· 196
FBI 方式のプロファイリング ······ 028
GRIMACE アプローチ ········· 088
NICHD ·················· 083
NICHD 被疑者面接 ·········· 088
NICHD プロトコル ··········· 083
PEACE テクニック ··········· 056
PEACE モデル ············· 086
Teflon 方式 ··············· 198
Thermos 事件 ············· 197
Thermos 方式 ············· 197
SF 商法 ················· 213
SUE テクニック ············ 088
Victim Impact Statement（VIS） ···· 157
Victim Statement of Opinion ······ 157
Win-Win ················· 212

あ 行

アカウント ················ 087
足利事件 ············ 051, 086, 216
あっせん ················· 206
後知恵バイアス ·········· 121, 149
アメリカ法心理学会 ··········· 231

アンカリング効果 ·········· 150, 210
アンケート調査 ············· 193
意見陳述制度 ·············· 155
偽りの記憶 ················ 081
イノセンス・プロジェクト ········ 064
イノセントプロジェクト ········· 086
意味記憶 ················· 079
イメージ ·················· 081
ウォークマン事件 ············ 195
嘘 ····················· 101
嘘と真実 ················· 078
嘘と本当 ················· 080
埋め込み ················· 090
エスノメソドロジー ··········· 232
エピソード記憶 ············· 079
エピソード記憶の訓練 ········· 083
エピソード記憶の発生 ········· 079
円環的認識論 ·············· 178
えん罪 ·················· 051
応報 ···················· 142
応用的分野 ··············· 012
オープン質問 ·············· 083

か 行

会話コントロール ············ 085
カウンセリング ············· 082
科学捜査研究所（科捜研） ······ 062
科学的陪審選任法（Scientific Jury Selection：SJS） ········· 045
確証バイアス ·············· 100
確信度評定 ··············· 023
隔離観察 ················· 193

可視化	052
仮説検証型取調べ	098
仮説固執型取調べ	098
渦中の心理学	106
家庭裁判所	180
家庭裁判所調査官	180
甲山事件	232
カメラ・パースペクティブ・バイアス	058
含意	200
間接的な規制措置	042
慣用商標	197
記憶	225
記憶への社会的影響	072
記憶を語る	095
稀釈化	192
起訴	113
帰属意識	212
起訴状朗読	114
基礎的分野	012
客観主義	228
逆行的構成	103
求刑	115
糾問的アプローチ	086
凶器注目	070
供述弱者（the vulnerable）	057, 091
供述聴取	094
供述の起源	093
供述の信用性	093
供述の変遷	081
供述分析	092
行政型ADR	206
強制調停違憲決定	205
協調の原理	200
虚記憶	081
虚偽検出	223, 229, 230
虚偽自白	086, 101
距離	067
グラウンドルール	083
クロージング	083
クローズド質問	090
計画と準備	087
刑事裁判の原則	138
継時提示法	074

ケース・セオリー	127
結合商標	190
牽引質問	087
言語連想法	229
検察の在り方検討会議	055
限定的な意味での司法面接	083
広告宣伝機能	191
交渉における認知バイアス	210
公正世界観	232
構造化	083
公訴事実	113
公訴提起	113
口頭主義	036
公判	111, 112
公判期日	113
公判前整理手続	128
公判前報道（Pre-trial Publicity：PTP）	038
合理的疑い	099
声と選択肢	208
誤情報効果	070
異なる順序での再生	085
誤判	051
誤判の原因	010
個別化	204
誤誘導効果	071
根源的ニーズ	212
混同	192
混同の恐れ	193

さ行

最終弁論	115, 128
罪状認否	114
裁判員裁判	053, 233
裁判員法39条	138
裁判外紛争解決	205
裁判官の訴示	046
裁判のメリット	201
裁量化	204
最良の証拠を得るために（ABE）	083, 085
狭山事件	232
視覚資料	133
識別後の確証的フィールドワーク	075
識別実施における教示	074

事後情報効果	071	照明	067
自己への気づき	079	証明基準	138
事実認定	124	初期選好（preference）	037
事実を語る	095	新時代の刑事司法制度特別部会	060
事情聴取	082	心証形成	120
システム変数	065	人定質問	114
自他識別機能	189	新派刑法学	228
自他識別力	191	心理学	006, 007
悉皆報告	085	審理中にとられる措置	042
私的復讐	233	心理的リアクタンス	047
自白	050, 053	推定変数	066
自白の信憑性	227	スーパーバイズ	089
志布志事件	051, 054, 086	スキーマ	119
司法型ADR	206	図地文節	096
司法面接	082	生来性犯罪人説	222
司法臨床	168	生来性犯罪人像	222
社会的決定図式（Social decision schema：SDS）	037	責任	014
謝罪追及型の取調べ	099	責任帰属	005
写真面割り	022	責任能力鑑定	169
集合的識別力	200	宣誓	078
囚人のジレンマ	232	選任手続き	044
重大化	086	全面証拠開示制度	128
自由報告	085	専門化された捜査プログラム（PIP）	088
主観主義	229	捜査面接	082
主尋問	089, 130	損害賠償	148

た行

出所表示機能	191	体験した者にしか語りえない供述	097
受容懸念	213	態度	119
需要者	191	態度モデル	119
順行的体験	103	対比観察	193
証言	222, 225	他者の視点	085
証言能力	078	立ち居振る舞い	136
証言の信用性	080	単独面通し	074
証拠調べ	115	秩序型（Organized type）	029
証拠なき確信	100	知的障がい者	055
小集団研究	213	チャレンジ	087
情状心理鑑定	169	仲裁	207
情動と記憶	069	調査面接	082
少年審判	112	調書	051
少年非行	227	調停	202
商標の類否	193	調停制度への批判	208
商標法	190	調停トレーニング	214
商品商標	190		

調停のメリット……………………… 204
懲罰的賠償…………………………… 148
直接主義……………………………… 036
直接的規制措置……………………… 042
直線的因果論………………………… 170
直感…………………………………… 141
治療的司法…………………………… 180
治療法学……………………………… 180
手がかり理論………………………… 123
出来事要因…………………………… 066
手続的公正…………………………… 213
手続的正義…………………………… 004
てっぺい君課題……………………… 106
当事者主義的司法…………………… 180
同時提示法…………………………… 073
道徳性………………………………… 232
特別措置……………………………… 091
特権の存在者………………………… 217
取引的な交渉観……………………… 211

な 行

ナラティブ調停……………………… 212
似顔絵………………………………… 024
日本弁護士連合会…………………053, 059
二流の正義…………………………… 208
人間関係調整………………………… 214
認知インタビュー…………………… 072
認知的不協和………………………… 102
認知ネットワーク（cognitive network）…… 200
認知モデル…………………………… 119

は 行

バックスタッフ……………………… 082
犯罪者………………………………… 222
犯罪心理学…………………………… 225
犯罪心理学者………………………… 228
犯罪捜査……………………………… 021
反対尋問…………………………089, 129
犯人を演じる………………………… 102
反応潜時……………………………… 201
被暗示性…………………………081, 225
被害者………………………………… 233
被害者学……………………………… 233

被害者参加制度……………………… 155
被害者支援…………………………… 233
光市母子殺害事件…………………… 176
引き込みと説明……………………… 087
被疑者………………………………… 050
被告人質問…………………………… 115
氷見事件…………………………051, 086
秘密の暴露…………………………… 097
評議…………………………………… 116
標準化………………………………… 204
標章…………………………………… 189
品質保持機能………………………… 191
付加疑問文…………………………… 090
普通名称……………………………… 197
普通名称化…………………………… 192
フライ基準…………………………… 230
ブランド名…………………………… 198
フレーミング効果…………………… 211
プロファイリング…………………… 028
文脈復元……………………………… 085
偏見…………………………………… 037
偏向…………………………………… 036
弁護士会紛争解決センター………… 207
変容型調停…………………………… 212
ボア・ディール……………………… 044
法心理学……………………………… 225
法心理学者…………………………… 228
冒頭陳述…………………………115, 130
冒頭手続……………………………… 114
法と心理学…………………………… 003
法と心理学会………………………… 232
法律家言葉（lawyerese）…………… 091
保持時間……………………………… 068
ポリグラフ検査（虚偽検出）……024, 062, 223, 229

ま 行

マグショット………………………… 073
マグショットの提示………………… 073
マクノートンルール………………… 222
マクマーチン事件…………………… 082
松本サリン事件……………………… 054
マルチ質問…………………………… 090
民間型ADR………………………… 206

無条件忌避権……………………………044
無秩序型（Disorganized type）…………029
無知の暴露……………………………097, 104
メタ分析………………………………074, 085
面接………………………………………082
面接法の研修……………………………089
面通し……………………………………022
面割り……………………………………022
目撃者要因………………………………066
目撃証言……………………004, 231, 232
目撃証拠：警察官のためのガイド………085
目撃の長さ………………………………067
物語………………………………………130
モンタージュ写真………………………024
問題解決型裁判所………………………180

や 行

役務商標…………………………………190
有標………………………………………200
郵便不正事件（村木事件）………………055
要求………………………………………210

要求特性のバイアス……………………199
要部………………………………………194

ら 行

ライブラインナップ……………………022
ラインナップ……………………………073
ラインナップの構成法…………………073
ラインナップの提示法…………………073
ラポール……………………………083, 087
リード・テクニック……………………056
利害………………………………………210
リバプール方式のプロファイリング……032
リフレーム………………………………211
量刑判断…………………………………140
リンク分析………………………………034
臨床心理士………………………………171
録音録画…………………………………052
論告………………………………………115

わ 行

矮小化……………………………………086

執筆者紹介

＊藤田 政博（ふじた・まさひろ） 　　　　　　　　　　　　　　　　序章・**07**章
　　1973年生．東京大学大学院法学政治学研究科博士課程修了／博士（法学）
　　関西大学社会学部准教授
　　〔主要業績〕
　　『司法への市民参加の可能性』（有斐閣，2008年）
　　『裁判員制度と法心理学』（ぎょうせい，2009年／共編）

越智 啓太（おち・けいた） 　　　　　　　　　　　　　　　　　　　　　　**01**章
　　1965年生．学習院大学大学院人文科学研究科博士前期課程修了
　　法政大学文学部教授
　　〔主要業績〕
　　『progress and application 犯罪心理学』（サイエンス社，2012年）
　　『犯罪捜査の心理学』（化学同人，2008年）

若林 宏輔（わかばやし・こうすけ） 　　　　　　　　　　　　　　　　　　**02**章
　　1982年生．立命館大学大学院文学研究科博士後期課程修了／博士（文学）
　　立命館グローバル・イノベーション研究機構専門研究員
　　〔主要業績〕
　　『社会と向き合う心理学』（新曜社，2012年／共編）
　　「寺田精一の実験研究から見る大正期日本の記憶研究と供述心理学の接点」心理学研究83（3）（2012年／共著）

周防 正行（すお・まさゆき） 　　　　　　　　　　　　　　　　　　　COLUMN01
　　1956年生．立教大学文学部卒業
　　映画監督
　　〔主要作品〕
　　『それでもボクはやってない』（東宝，2007年）
　　『終の信託』（東宝，2012年）

指宿　信（いぶすき・まこと）　　　　　　　　　　　　　　　　　　　03章
　1959年生．北海道大学大学院博士後期課程単位取得退学／法学博士
　成城大学法学部教授
　〔主要業績〕
　『証拠開示と公正な裁判』（現代人文社，2012年）
　『冤罪原因を調査せよ』（勁草書房，2012年／監修）

大上　渉（おおうえ・わたる）　　　　　　　　　　　　　　　　　COLUMN02
　1973年生．九州大学大学院文学研究科博士前期課程修了
　福岡大学人文学部准教授
　〔主要業績〕
　「日本における国内テロ組織の犯行パターン」心理学研究84巻3号（2013年）
　「犯罪現場に遺された血や血痕の知覚優位性」犯罪心理学研究49巻2号（2012年）

厳島　行雄（いつくしま・ゆきお）　　　　　　　　　　　　　　　　04章
　1952年生．日本大学大学院文学研究科心理学専攻博士後期課程修了／文学博士
　日本大学教授
　〔主要業績〕
　『記憶と日常』（北大路書房，2011年／編著）
　『心のかたちの探求』（東京大学出版会，2011年／分担執筆）

仲　真紀子（なか・まきこ）　　　　　　　　　　　　　　　　　　　05章
　1955年生．お茶の水女子大学大学院人間文化研究科博士課程単位取得中退／学術博士
　北海道大学大学院文学研究科教授
　〔主要業績〕
　『法と倫理の心理学』（培風館，2011年）
　『認知心理学』（ミネルヴァ書房，2010年／編著）

浜田寿美男（はまだ・すみお）　　　　　　　　　　　　　　　　　　06章
　1947年生．京都大学大学院文学研究科博士課程単位取得満期退学
　立命館大学特別招聘教授／奈良女子大学名誉教授
　〔主要業績〕
　『「私」とは何か』（講談社，1999年）
　『自白の心理学』（岩波書店，2001年）

荒木　伸怡（あらき・のぶよし）　　　　　　　　　　　COLUMN03
　　1944年生．東京大学大学院法学政治学研究科博士課程修了／法学博士
　　国士舘大学大学院客員教授／立教大学名誉教授
　　〔主要業績〕
　　『裁判　その機能的考察』（学陽書房，1988年）
　　『刑事訴訟法読本』（弘文堂，1996年）

後藤　貞人（ごとう・さだと）　　　　　　　　　　　　08章
　　1947年生．大阪大学法学部卒業
　　弁護士
　　〔主要業績〕
　　『被告人の事情／弁護人の主張』（法律文化社，2009年／共編）
　　『絞首刑は残虐な刑罰ではないのか？』（現代人文社，2011年／共編著）

綿村英一郎（わたむら・えいいちろう）　　　　　　　　09章
　　1978年生．東京大学大学院人文社会系研究科博士後期課程修了／博士（心理学）
　　日本学術振興会特別研究員〔慶應義塾大学〕
　　〔主要業績〕
　　「量刑判断にはたらく応報的動機の認知プロセス」法と心理11巻1号（2011年／共著）
　　'Can Jurors Free Themselves from Retributive Objectives?' Psychological Studies56
　　　(2)（2011年／共著）

佐伯　昌彦（さえき・まさひこ）　　　　　　　　COLUMN04・10章
　　1984年生．東京大学大学院法学政治学研究科修士課程修了
　　千葉大学法経学部准教授
　　〔主要業績〕
　　「犯罪被害者による刑事裁判への参加が量刑に及ぼす影響」法学協会雑誌127巻3号
　　　（2010年）
　　'Victim Participation in Criminal Trials in Japan' International Journal of Law, Crime
　　　and Justice 38 (4)（2010）

廣井 亮一（ひろい・りょういち） 11章
1957年生．新潟大学法文学部卒業／学術博士〔大阪市立大学〕
立命館大学文学部教授
〔主要業績〕
『司法臨床の方法』（金剛出版，2007年）
『司法臨床入門〔第2版〕』（日本評論社，2012年）

村井 敏邦（むらい・としくに） COLUMN05
1941年生．一橋大学法学部卒業
大阪学院大学大学院法務研究科教授／一橋大学・龍谷大学名誉教授
〔主要業績〕
『裁判員のための刑事法ガイド』（法律文化社，2008年）
『刑事司法と心理学』（日本評論社，2005年／単編）

入江 秀晃（いりえ・ひであき） 12章
1969年生．東京大学大学院法学政治学研究科博士課程修了／博士（法学）
九州大学大学院法学研究院准教授
〔主要業績〕
『現代調停論』（東京大学出版会，2013年）
『現代日本の紛争処理と民事司法3　裁判経験と訴訟行動』（東京大学出版会，2010年
　／分担執筆）

高木光太郎（たかぎ・こうたろう） COLUMN06
1965年生．東京大学大学院教育学研究科博士課程単位取得退学
青山学院大学社会情報学部教授
〔主要業績〕
『証言の心理学』（中公新書，2006年）
『ディスコミュニケーションの心理学』（東京大学出版会，2011年／共編著）

堀田 秀吾（ほった・しゅうご） 13章
1968年生．シカゴ大学大学院言語学部博士課程修了／言語学博士
明治大学法学部教授
〔主要業績〕
『裁判とことばのチカラ』（ひつじ書房，2009年）
『法コンテキストの言語理論』（ひつじ書房，2009年）

サトウ タツヤ（佐藤・達哉） **14**章, COLUMN07
1962年生．東京都立大学大学院人文学研究科博士課程中退／博士（文学）〔東北大学〕
立命館大学文学部教授
〔主要業績〕
『方法としての心理学史』（新曜社, 2011年）
『学融とモード論の心理学』（新曜社, 2012年）

中田 友貴（なかた・ゆうき） COLUMN07
1991年生．立命館大学文学部卒業
立命館大学大学院文学研究科博士前期課程在学中

（＊は編者／執筆順）

Horitsu Bunka Sha

法 と 心 理 学

2013年9月30日　初版第1刷発行

編著者	藤田　政博
発行者	田靡　純子
発行所	株式会社 法律文化社

〒603-8053
京都市北区上賀茂岩ヶ垣内町71
電話 075(791)7131　FAX 075(721)8400
http://www.hou-bun.com/

＊乱丁など不良本がありましたら、ご連絡ください。
　お取り替えいたします。

印刷：中村印刷㈱／製本：㈱藤沢製本
装幀：谷本天志

ISBN 978-4-589-03537-0
Ⓒ2013　Masahiro Fujita Printed in Japan

JCOPY　<(社)出版者著作権管理機構　委託出版物>
本書の無断複写は著作権法上での例外を除き禁じられています。複写される
場合は、そのつど事前に、(社)出版者著作権管理機構(電話 03-3513-6969,
FAX 03-3513-6979, e-mail: info@jcopy.or.jp)の許諾を得てください。

村井敏邦・後藤貞人編
被告人の事情／弁護人の主張
―裁判員になるあなたへ―
A5判・210頁・2520円

第一線で活躍する刑事弁護人のケース報告に，研究者・元裁判官がそれぞれの立場からコメントを加える。刑事裁判の現実をつぶさに論じることで裁判員になるあなたに問いかける。なぜ〈悪い人〉を弁護するのか。刑事弁護の本質を学ぶ。

斉藤豊治編
大災害と犯罪
A5判・246頁・3045円

3・11を含む大震災や海外の大災害と犯罪，原発や企業犯罪等について，学際的な知見から体系的に整理。災害の類型×時間的変化×犯罪の類型という定式から，大災害後の犯罪現象について考察し，その特徴をあきらかにする。

髙作正博編
私たちがつくる社会
―おとなになるための法教育―
A5判・232頁・2520円

法という視点をとおして，だれもが〈市民〉となるために必要な知識と方法を学び，実践するための力を涵養する。おとなになる過程のなかで，自分たちが社会をつくるという考え方を育む。北欧に学ぶ法教育の決定版。

葛野尋之・中川孝博・渕野貴生編
判例学習・刑事訴訟法
B5判・356頁・2940円

法が解釈・適用される事案解決過程の有機的関連を意識したテキスト。法の適用部分をていねいに紹介し，当該判例の位置づけや学生が誤解しやすいポイントを簡潔に解説。101の重要判例を収録。学部試験・司法試験対策に必携の一冊。

圷 洋一著
福祉国家
A5判・228頁・2625円

福祉国家のあり方を原理的・批判的に考えるための知見を，編成・構造・目的という3つのレベルに区別して整理。福祉国家の〈いま〉を理解し〈これから〉を展望するうえで重要な論点にも言及。

ネイザン・H・アズリン／ヴィクトリア・A・ベサレル著　津富 宏訳
キャリアカウンセラーのためのジョブクラブマニュアル
―職業カウンセリングへの行動主義的アプローチ―
B5判・204頁・2625円

失業者の増大に苦しんだ米国において，圧倒的な効果をあげたジョブクラブの手法を解説。これまでの職業カウンセリングに革新をもたらした本書は，就職支援にかかわるすべての人に必読。

――法律文化社――

表示価格は定価（5％税込）です